A ARBITRAGEM NA NOVA LEI DE LICITAÇÕES E CONTRATAÇÕES

CARLOS ANTONIO MATOS DA SILVA

Prefácio
Márcia Walquiria Batista dos Santos

A ARBITRAGEM NA NOVA LEI DE LICITAÇÕES E CONTRATAÇÕES

Belo Horizonte

2024

© 2024 Editora Fórum Ltda.

É proibida a reprodução total ou parcial desta obra, por qualquer meio eletrônico, inclusive por processos xerográficos, sem autorização expressa do Editor.

Conselho Editorial

Adilson Abreu Dallari
Alécia Paolucci Nogueira Bicalho
Alexandre Coutinho Pagliarini
André Ramos Tavares
Carlos Ayres Britto
Carlos Mário da Silva Velloso
Cármen Lúcia Antunes Rocha
Cesar Augusto Guimarães Pereira
Clovis Beznos
Cristiana Fortini
Dinorá Adelaide Musetti Grotti
Diogo de Figueiredo Moreira Neto (*in memoriam*)
Egon Bockmann Moreira
Emerson Gabardo
Fabrício Motta
Fernando Rossi
Flávio Henrique Unes Pereira

Floriano de Azevedo Marques Neto
Gustavo Justino de Oliveira
Inês Virgínia Prado Soares
Jorge Ulisses Jacoby Fernandes
Juarez Freitas
Luciano Ferraz
Lúcio Delfino
Marcia Carla Pereira Ribeiro
Márcio Cammarosano
Marcos Ehrhardt Jr.
Maria Sylvia Zanella Di Pietro
Ney José de Freitas
Oswaldo Othon de Pontes Saraiva Filho
Paulo Modesto
Romeu Felipe Bacellar Filho
Sérgio Guerra
Walber de Moura Agra

Luís Cláudio Rodrigues Ferreira
Presidente e Editor

Coordenação editorial: Leonardo Eustáquio Siqueira Araújo
Aline Sobreira de Oliveira

Rua Paulo Ribeiro Bastos, 211 – Jardim Atlântico – CEP 31710-430
Belo Horizonte – Minas Gerais – Tel.: (31) 99412.0131
www.editoraforum.com.br – editoraforum@editoraforum.com.br

Técnica. Empenho. Zelo. Esses foram alguns dos cuidados aplicados na edição desta obra. No entanto, podem ocorrer erros de impressão, digitação ou mesmo restar alguma dúvida conceitual. Caso se constate algo assim, solicitamos a gentileza de nos comunicar através do *e-mail* editorial@editoraforum.com.br para que possamos esclarecer, no que couber. A sua contribuição é muito importante para mantermos a excelência editorial. A Editora Fórum agradece a sua contribuição.

Dados Internacionais de Catalogação na Publicação (CIP) de acordo com ISBD

S586a   Silva, Carlos Antonio Matos da
          A arbitragem na Nova Lei de Licitações e Contratações / Carlos Antonio Matos
          da Silva. Belo Horizonte: Fórum, 2024.
          213p. 14,5x21,5cm

          ISBN 978-65-5518-661-1

          1. Regime jurídico administrativo. 2. Interesse público indisponível. 3. Contrato administrativo. 4. Nova Lei de Licitações e Contratações Administrativas. 5. Arbitragem. 6. Direito patrimonial disponível. I. Título.

                                                                              CDD: 342
                                                                              CDU: 342.2

Ficha catalográfica elaborada por Lissandra Ruas Lima – CRB/6 – 2851

Informação bibliográfica deste livro, conforme a NBR 6023:2018 da Associação Brasileira de Normas Técnicas (ABNT):

SILVA, Carlos Antonio Matos da. *A arbitragem na Nova Lei de Licitações e Contratações*. Belo Horizonte: Fórum, 2024. 213p. ISBN 978-65-5518-661-1.

À minha amada e dedicada esposa Karen, que, não obstante as inúmeras horas de estudo subtraídas de seu convívio, sempre me apoiou de modo incondicional.

Às minhas lindas filhas Maria Aliah e Ana Lamis, por me darem a oportunidade de ser pai e me ensinarem o significado de amor inato.

Aos meus queridos pais Caetano e Rosa, a quem devo tudo que sou.

Aos meus queridos sogros Casem e Mountaha (*in memoriam*), às minhas estimadas cunhadas Marina e Leila e ao meu sobrinho e amigo Haissam, pelo respeito e paciência.

AGRADECIMENTOS

A Deus, por sempre iluminar e abençoar os meus caminhos. À minha amada família, por me apoiar incondicionalmente.

À querida Professora Doutora Márcia Walquiria Batista dos Santos, por aceitar o desafio de me orientar durante o desenvolvimento deste trabalho e, principalmente, por acreditar em minha capacidade.

Às estimadas Professoras Doutoras Érica Thais Ferrara Ishikawa e Flávia Giorgini Fusco Cammarosano, pela participação nas bancas de qualificação e defesa da dissertação de mestrado, que, por meio de suas sugestões, contribuíram imensamente com o desenvolvimento deste trabalho.

Aos prezados Professores Doutores Flávio Murilo Tartuce Silva, Márcia Walquiria Batista dos Santos, César Calo Peghini, Maurício Avila Prazak, Eveline Gonçalves Denardi e Camilo Onoda Luiz Caldas, pelas aulas ministradas durante o curso de mestrado, que permitiram estabelecer a interdisciplinaridade neste trabalho.

Às queridas colegas Silvia Maria Cara Alves e Desiree Flores Fortunato de Paula, por todo o apoio e paciência durante o transcorrer do curso de mestrado.

SUMÁRIO

PREFÁCIO
Márcia Walquiria Batista dos Santos 11

CAPÍTULO 1
INTRODUÇÃO 13

CAPÍTULO 2
PREMISSAS DE DIREITO ADMINISTRATIVO 17
2.1 Regime jurídico da Administração Pública 18
2.1.1 Regime jurídico administrativo 20
2.2 Elementos básicos da teoria dos princípios 25
2.2.1 Interpretação e aplicação do direito 35
2.2.2 Antinomia jurídica 38
2.2.3 Critérios para a solução de antinomias aparentes 41
2.2.3.1 Conflito entre regras 42
2.2.3.1.1 Antinomia de primeiro e de segundo grau e o dever de
coerência 45
2.2.3.2 Colisão entre princípios 48
2.2.3.3 Colisão entre regra e princípio 50
2.3 Princípios da Administração Pública 55
2.3.1 Princípio da legalidade 57
2.3.2 Princípio da publicidade 61
2.3.3 Princípio da supremacia do interesse público 67
2.3.4 Princípio da indisponibilidade do interesse público 76
2.4 Bens públicos 82
2.5 Contratos da Administração 91

CAPÍTULO 3
PREMISSAS DE ARBITRAGEM 103
3.1 Natureza jurídica da arbitragem 112
3.1.1 Jurisdição 114
3.1.2 Arbitragem como jurisdição 116

3.2	Arbitragem como (in)adequada modalidade heterocompositiva para dirimir litígios complexos e de elevado valor econômico	126
3.2.1	Celeridade do processo arbitral	129
3.2.2	Escolha do árbitro	131
3.2.3	Flexibilidade procedimental	136
3.2.4	Definição da norma a ser aplicada para dirimir o litígio	138
3.2.5	Possibilidade de confidencialidade	149

CAPÍTULO 4
ARBITRAGEM COMO MEIO DE SOLUÇÃO EXTRAJUDICIAL DE CONTROVÉRSIAS ENTRE EMPRESA CONTRATADA E ADMINISTRAÇÃO PÚBLICA CONTRATANTE, NO ÂMBITO DOS CONTRATOS REGIDOS PELA LEI Nº 14.133/2021 153

4.1	Arbitrabilidade subjetiva da Administração Pública	156
4.2	Arbitrabilidade objetiva da Administração Pública	159
4.3	Convenção de arbitragem	167
4.3.1	Cláusula compromissória	169
4.3.1.1	Cláusula compromissória cheia	170
4.3.1.2	Cláusula compromissória vazia	172
4.3.1.3	Cláusula compromissória escalonada	173
4.3.1.4	Cláusula compromissória patológica	177
4.3.1.5	Coexistência da cláusula de eleição de foro com a cláusula compromissória	178
4.3.2	Compromisso arbitral	183
4.3.2.1	Compromisso arbitral judicial	185
4.3.2.2	Compromisso arbitral extrajudicial	186
4.3.3	Competência para celebrar a convenção de arbitragem	188

CAPÍTULO 5
CONCLUSÃO 193

REFERÊNCIAS.. 205

PREFÁCIO

Ingressar num programa de pós-graduação *stricto sensu*, cursá-lo e chegar à defesa da dissertação de mestrado é um grande feito nos dias atuais, em especial, quando o candidato precisa, por razões óbvias, exercer um ofício de forma concomitante. No mundo ideal, os orientandos só se dedicariam aos estudos ou, pelo menos, utilizariam boa parte do seu tempo para isso. Mas, em meus anos de professora na pós-graduação *stricto sensu*, que ultrapassam uma década, não me deparei com a dedicação exclusiva por parte dos orientandos e até pude perceber que trabalhar e estudar ao mesmo tempo, na área do direito, dá uma visão mais prática à pesquisa e às aulas.

Este foi o caminho trilhado pelo dr. Carlos Antonio Matos da Silva, que foi meu orientando no Programa de Mestrado da Escola Paulista de Direito – EPD/SP. Aluno brilhante, que mostrou desde o início das aulas e da pesquisa forte tendência a ultrapassar os limites medianos dos estudos, destacando-se pela inteligência e preparo.

E não foi diferente com a escolha do tema da dissertação, que dá título a esta obra: A arbitragem na *Nova Lei de Licitações e Contratações*. O Dr. Carlos Antonio Matos da Silva não temeu enfrentar a complexidade do assunto e o fez com competência e descortino numa dissertação bem fundamentada na melhor doutrina a respeito do assunto.

Iniciou avaliando as premissas do direito administrativo no intuito de contextualizar o seu trabalho ante as premissas da arbitragem, cujo tema compõe o capítulo seguinte, conferindo uma ótica moderna à sua análise, que interage com os contratos administrativos ante a Nova Lei de Licitações e Contratações – Lei nº 14.133/2021.

A monografia trouxe à discussão o contexto de alguns princípios a que está sujeita a Administração Pública, pelo menos os que se sobressaem em face do tema da monografia, avaliando todos os ângulos do regime jurídico a que está submetida.

O autor propôs uma leitura dos princípios diante da análise dos bens públicos e da estrutura dos contratos administrativos, regulados pela Lei nº 14.133/2021, considerada um referencial recente para aplicação do sistema multiportas pelo Poder Público.

Dentro da realidade trazida pelo Dr. Carlos Antonio Matos da Silva, o direito administrativo contemporâneo instiga espaços maiores de consensualidade, admitindo-se a defesa da conscientização ampliada da sociedade, com vistas a possibilitar a solução pacífica de conflitos. Assim, é possível, atualmente, falar-se em acordos administrativos, concertação administrativa, métodos alternativos na Administração, entre outros.

Na verdade, estamos diante de fortes mudanças de perspectiva das ações do Poder Público, que deixa de ser provedor e assume funções de regulação, demonstrando a premência de assumir espaços de orientação e controle, muito mais do que de impor posturas à sociedade em troca de benesses. O cidadão tende a ser mais participativo, ocupando espaços que são seus, por conquista diuturna advinda do controle social.

Não obstante, o autor preocupou-se em trazer modelos de boas práticas de consensualidade e legislação, no contexto da arbitragem, avaliando a natureza jurídica deste instituto, a celeridade do processo arbitral, a escolha do árbitro, os espaços de flexibilidade na sua atuação, entre outros assuntos.

Demonstrou que o panorama que se descortina em prol da solução alternativa de soluções extrajudiciais de conflitos, por meio da arbitragem, é um caminho que tende a se expandir, comprovando que fazer justiça não cabe apenas ao modelo tradicional de Poder Judiciário existente no nosso país.

Enfim, o Dr. Carlos Antonio Matos da Silva aprofundou na exata medida o tema proposto, oferecendo inestimável contribuição jurídica, num campo ainda extremamente novo e, ao mesmo tempo, essencial ao cumprimento das finalidades impostas à Administração Pública.

Registro, pois, minha grata satisfação em me encontrar neste ponto da nossa relação de orientador-orientando, superando qualquer expectativa que pudesse ter em relação aos resultados de sua monografia, fruto de sua grande capacidade de análise. Tenho certeza que a comunidade jurídica está ganhando uma grande obra, a partir deste momento, profunda e moderna e, acima de tudo, extremamente pertinente.

São Paulo, agosto de 2023.

Márcia Walquiria Batista dos Santos
Pós-Doutora em Gestão de Políticas Públicas pela EACH/USP. Doutora pela Faculdade de Direito da USP. Profa. Titular do Programa de Mestrado em Soluções Alternativas de Controvérsias Empresariais da EPD/SP.

CAPÍTULO 1

INTRODUÇÃO

Este trabalho objetiva estudar as condicionantes fáticas e jurídicas que podem levar à escolha da arbitragem como meio adequado para a solução de controvérsia, atual ou futura, entre empresa contratada e Administração Pública contratante, no âmbito dos contratos regidos pela Nova Lei de Licitações e Contratações Administrativas. Essa delimitação tem por hipótese que a adequabilidade da arbitragem deve ser analisada casuisticamente, considerando as características pessoais das partes, o direito material processualizado e a compatibilização do exercício da jurisdição com a utilidade que o processo arbitral possa oferecer para dirimir litígios complexos e de elevado valor econômico, inusuais ao Estado-Juiz.

A escolha dessa hipótese de trabalho e dessa delimitação considera a hodierna importância do emprego da arbitragem para dirimir litígios nos contratos regidos pela Nova Lei de Licitações e Contratações Administrativas.

Mesmo antes da edição da Lei nº 13.129/2015, a Administração Pública indireta já adotava a arbitragem para a solução de controvérsias relacionadas a direitos patrimoniais disponíveis.

Sucede que Lei nº 9.307/1996, que dispõe sobre a arbitragem, teve o seu âmbito de aplicação ampliado pela Lei nº 13.129/2015, para o fim de prever a possibilidade de a Administração Pública, direta e indireta, utilizar a arbitragem para dirimir conflitos relativos a direitos patrimoniais disponíveis. Com efeito, a Lei de Arbitragem passou a evidenciar, em caráter genérico, a possibilidade de a Administração Pública utilizar a arbitragem como meio de solução extrajudicial de litígio relativo a direito patrimonial disponível.

A nova Lei de Licitações e Contratações Administrativas, por sua vez, prevê expressamente que, nas contratações por ela regidas, é possível o emprego da arbitragem e de outros meios de solução extrajudicial de controvérsias relacionadas a direitos patrimoniais disponíveis.

Assim, caberá à Administração, orientada pelos princípios da razoabilidade e proporcionalidade, optar pelo meio de solução extrajudicial de controvérsias que, casuisticamente, ofereça a consequência prática mais adequada.

Nesse contexto, a par da validade do ato de escolha da arbitragem, este trabalho busca estabelecer critérios para analisar a eficiência, oportunidade e conveniência da adoção da jurisdição privada no caso concreto.

Por essa razão, mister compreender o regime jurídico administrativo e o delineamento que ele confere à arbitragem, uma vez que o processo arbitral deve conformar-se a condicionantes próprias do direito público.

De fato, a análise da adequabilidade ou inadequabilidade da adoção da arbitragem para dirimir litígio em contratação regida pela Lei nº 14.133/2021 tem de considerar (a) as características ínsitas à arbitragem, algumas mitigadas por força do regime jurídico administrativo, (b) a arbitrabilidade subjetiva e objetiva da Administração Pública contratante e (c) a utilidade que, casuisticamente, o processo arbitral ou estatal possa oferecer.

Assim, por didatismo, estudam-se, no Capítulo 2, temas relevantes do direito administrativo moderno que têm reflexos na validade jurídica da adoção da arbitragem pela Administração Pública.

No Capítulo 3, analisam-se a arbitragem como jurisdição privada e as suas características inerentes, pontualmente atenuadas pela incidência de normas de direito público.

Objetiva-se, por meio dos capítulos 2 e 3, estabelecer as bases conceituais que têm utilidade prática para afastar a contrariedade ou a contraditoriedade normativa em uma vasta gama de possibilidades de adoção do juízo arbitral.

No Capítulo 4, abordam-se especificamente as facetas polêmicas do tema deste trabalho.

Desse modo, por meio do estabelecimento de um diálogo das premissas de direito administrativo e de arbitragem, objetiva-se estabelecer critérios para, no caso concreto, as partes (a) reconhecerem a arbitrabilidade subjetiva e objetiva da Administração Pública, (b) definirem o conteúdo da convenção arbitral e (c) identificarem a autoridade competente para a sua celebração.

Com efeito, o desafio será o de debater "como" e "quando" utilizar a arbitragem para dirimir litígios no âmbito dos contratos regidos pela Lei nº 14.133/2021, respeitando o enfoque específico acima apontado, a fim de se consolidar como um adequado meio de solução extrajudicial de controvérsias.

Nesse cenário, para investigar as condicionantes fáticas e jurídicas que podem levar à escolha da arbitragem para dirimir litígios relativos a direitos patrimoniais disponíveis no âmbito das contratações regidas pela Lei nº 14.133/2021, este trabalho analisa a produção teórica de eminentes doutrinadores, aproveitando-a no desenvolvimento de todo o texto, bem como a experiência do Superior Tribunal de Justiça no julgamento do tema.

CAPÍTULO 2

PREMISSAS DE DIREITO ADMINISTRATIVO

A autoridade competente, ao escolher a arbitragem para solucionar determinada controvérsia, atual ou futura, no âmbito do contrato administrativo, deve considerar as consequências práticas dessa opção. Sem embargo, esse ato administrativo não é valorado pelo atingimento em si dos resultados pretendidos pela autoridade competente, mas sim pela prática de conduta prevista no ordenamento jurídico que, considerando a necessidade e a adequação da jurisdição privada, alcança as melhores consequências práticas.[1]

Nesse diapasão, a escolha da arbitragem tem como antecedente uma análise multidisciplinar, que visa a aferir a validade jurídica da adoção da jurisdição privada e os seus resultados no mundo fenomênico.

Assim, em razão da evolução do direito administrativo – advinda, mormente, de sua constitucionalização, consensualidade e democratização –, o estudo de suas premissas importa para estabelecer as bases

---

[1] Nesse sentido, a Lei de Introdução às Normas do Direito Brasileiro dispõe: "Art. 20. Nas esferas administrativa, controladora e judicial, não se decidirá com base em valores jurídicos abstratos sem que sejam consideradas as consequências práticas da decisão. Parágrafo único. A motivação demonstrará a necessidade e a adequação da medida imposta ou da invalidação de ato, contrato, ajuste, processo ou norma administrativa, inclusive em face das possíveis alternativas". Observa-se que o Decreto-Lei nº 4.657, de 4.9.1942, não adotou o "consequencialismo", mas sim o "pragmatismo". De fato, "para os consequencialistas, a ênfase deve ser dada aos possíveis resultados ou aos fins pretendidos pelo agente, isto é, um ato não é moral ou imoral *a priori*, mas será um ou outro, a depender das consequências dele resultantes" (CARVALHO, Cristiano. *Teoria da decisão tributária*. São Paulo: Saraiva, 2013. p. 84). Já para os pragmatistas, o melhor ato é aquele que, levando todas as circunstâncias em consideração, resulta nas melhores consequências práticas. O pragmatismo trata-se, verdadeiramente, de "um agir criativo que dirige seu olhar para o futuro (*foward-looking*)" (NÓBREGA, Flavianne Fernanda Bitencourt. *Um método para a investigação das consequências*: a lógica pragmática da abdução de C. S. Pierce aplicada ao direito. João Pessoa: Ideia, 2013. p. 19).

conceituais imprescindíveis ao exame da necessidade e adequabilidade da adoção da arbitragem para dirimir litígio em contratação regida pela Lei nº 14.133/2021.

Trata-se, pois, "de perspectiva que parte do *direito material*, mas que produz um tecido normativo tal que regras de *direito processual* sofrem sua inflexão".[2]

Nesse contexto, convém rememorar: (a) o regime jurídico administrativo; (b) os princípios da Administração Pública que asseguram as suas prerrogativas, sem descurar das liberdades dos indivíduos; e (c) o contrato administrativo, por ser tratar de uma das formas que a Administração, atuando como agente econômico, interage com outros entes que agem no mercado.

2.1 Regime jurídico da Administração Pública

O regime jurídico da Administração Pública compreende os regimes jurídicos de direito privado e direito público a que pode submeter-se a Administração Pública. A opção por um regime ou outro é feita, em regra, pela Constituição ou pela lei.

De fato, como a Administração Pública está vinculada ao princípio da legalidade, ela não pode, por ato de natureza administrativa, optar por um regime jurídico não autorizado em norma constitucional ou legal.[3]

Assim, ante a impossibilidade de determinar, *a priori*, todas as hipóteses em que a Administração Pública pode atuar sob o regime de direito privado (como ocorre, por exemplo, com as pessoas jurídicas, contratos e bens de domínio privado do Estado), aplica-se, em regra, o direito privado, no silêncio da norma de direito público.

Não obstante, a submissão ao direito privado nunca será integral, pois a norma de direito público sempre determinará desvios ao modelo privatístico, visando a possibilitar a necessária adequação do

---

[2] MEGNA, Bruno Lopes. *Arbitragem e Administração Pública*: fundamentos teóricos e soluções práticas. Belo Horizonte: Fórum, 2020. p. 83.

[3] Em guisa de exemplo, o art. 173, §1º, II, da Constituição Federal prevê que a empresa pública, a sociedade de economia mista e suas subsidiárias que explorem atividade econômica de produção ou comercialização de bens ou de prestação de serviços, nos termos do estatuto jurídico estabelecido por lei, estarão sujeitas ao regime jurídico próprio das empresas privadas, inclusive quanto aos direitos e obrigações civis, comerciais, trabalhistas e tributários.

meio utilizado pela Administração Pública à consecução do fim público atribuído pelo ordenamento jurídico.[4]

> Não há possibilidade de estabelecer-se, aprioristicamente, todas as hipóteses em que a Administração pode atuar sob regime de direito privado; em geral, a opção é feita pelo próprio legislador, como ocorre com as *pessoas jurídicas, contratos e bens de domínio privado do Estado*. Como regra, aplica-se o direito privado, no silêncio da norma de direito público. O que é importante salientar é que, quando a Administração emprega modelos privatísticos, nunca é integral a sua submissão ao direito privado; às vezes, ela se nivela ao particular, no sentido de que não exerce sobre ele qualquer prerrogativa de Poder Público; mas nunca se despe de determinados *privilégios*, como o juízo privativo, a prescrição quinquenal, o processo especial de execução, a impenhorabilidade de seus bens; e sempre se submete a *restrições* concernentes à competência, finalidade, motivo, forma, procedimento, publicidade. Outras vezes, mesmo utilizando o direito privado, a Administração conserva algumas de suas prerrogativas, que derrogam parcialmente o direito comum, na medida necessária para adequar o *meio* utilizado ao *fim* público a cuja consecução se vincula por lei.
>
> Por outras palavras, a norma de direito público sempre impõe desvios ao direito comum, para permitir à Administração Pública, quando dele se utiliza, alcançar os fins que o ordenamento jurídico lhe atribui e, ao mesmo tempo, preservar os direitos dos administrados, criando limitações à atuação do Poder Público.[5]

Com efeito, quando a Administração emprega modelos privatísticos, não há falar em posição de preponderância nas relações mantidas com os particulares. Logo, inexistindo a posição de predomínio, não se mostra possível à Administração, unilateralmente, impor comportamentos aos particulares e alterar relações jurídicas já estabelecidas.

---

[4] Nesse sentido, o Tribunal Pleno do Supremo Tribunal Federal, no julgamento de mérito do *leading case* RE nº 627.051/PE (Tema nº 402), fixou a seguinte tese de repercussão geral: "Não incide o ICMS sobre o serviço de transporte de encomendas realizado pela Empresa Brasileira de Correios e Telégrafos – ECT, tendo em vista a imunidade recíproca prevista no art. 150, VI, a, da Constituição Federal". Naquela oportunidade, o Tribunal Pleno assentou que o transporte de encomendas está inserido no rol das atividades desempenhadas pela ECT, que deve cumprir o encargo de alcançar todos os lugares do Brasil, não importa o quão pequenos ou subdesenvolvidos. Ademais, apontou que não há comprometimento do *status* de empresa pública prestadora de serviços essenciais por conta do exercício da atividade de transporte de encomendas, de modo que essa atividade constitui *conditio sine qua non* para a viabilidade de um serviço postal contínuo, universal e de preços módicos.

[5] DI PIETRO, Maria Sylvia Zanella. *Direito administrativo*. 30. ed. Rio de Janeiro: Forense, 2017. *E-book*. p. 101-102, grifo do autor.

Sem embargo, mesmo se submetendo ao direito privado, o ordenamento jurídico outorga diversos privilégios e impõe várias restrições.

O regime jurídico administrativo, por sua vez, é composto por normas de direito público que conferem prerrogativas e sujeições à Administração Pública, sem equivalentes nas relações privadas.

2.1.1 Regime jurídico administrativo

Antes de avançar no estudo do regime jurídico administrativo, importa identificar a matriz ideológica que subjaz à criação de suas normas.

O direito administrativo brasileiro recebeu grande influência da doutrina e jurisprudência francesas, que adotaram duas noções para explicar esse ramo publicístico: a escola da *puissance publique* e a do serviço público.

A escola da *puissance publique*, desenvolvida no século XIX, distinguia: (a) as atividades de autoridade, exercidas pelo Estado nas hipóteses em que seus órgãos empregavam ordens, proibições e regulamentações unilaterais, manifestando uma vontade de comando sobre os particulares; e (b) as atividades de gestão, realizadas em posição de igualdade com os cidadãos e submetidas às regras do direito privado.

No Brasil, ainda hoje, muitos autores, ao tratarem do tema da classificação dos atos administrativos, fazem referência à distinção entre *atos de império* (praticados pelo poder público com prerrogativas próprias de autoridade e, portanto, com supremacia sobre o particular), e *atos de gestão* (praticados sem prerrogativas públicas, em posição de igualdade com os particulares).

Essa distinção chegou a servir de critério, na França, para separar as competências da jurisdição administrativa (responsável pelo julgamento dos atos de império) e da jurisdição comum (responsável pelo julgamento dos atos de gestão). E também foi utilizada pelo Conselho de Estado para abrandar a teoria da irresponsabilidade do Estado, herdada do Estado de Polícia. Passou-se a entender que a irresponsabilidade só existiria com relação aos atos de império, tendo em vista a posição de supremacia do poder público, porém não incidiria quanto aos atos de gestão. Neste caso, sendo a posição do poder público colocada em pé de igualdade com os particulares, as regras de responsabilidade também deveriam ser as mesmas.[6]

---

[6] DI PIETRO, Maria Sylvia Zanella. *Direito administrativo*. 30. ed. Rio de Janeiro: Forense, 2017. *E-book*. p. 86, grifo do autor.

De fato, ao praticar atos de *puissance publique*, o Estado realizava atividades de autoridade fundadas em um regime jurídico exorbitante do direito comum.

Infere-se, pois, que a matriz ideológica do direito administrativo, para a escola da *puissance publique*, seria a superioridade do Estado, que podia se valer de um poder de comando como meio para a realização de suas atividades.

A escola do serviço público (também conhecida como Escola de Bordeaux), inaugurada por Léon Duguit,[7] sustentava que os atos de *puissance publique* somente eram aceitáveis enquanto as tarefas do Estado restringiam-se aos serviços de guerra, de polícia e de justiça.

Sem embargo, em razão das transformações que afetaram as relações entre Estado e cidadão na segunda metade do século XIX, a coletividade passou a demandar do Poder Público, para além da manutenção da ordem pública, a prestação de serviços públicos destinados à satisfação das necessidades de interesse geral, como exemplo, a organização da vida econômica, social e cultural.

Conclui-se, assim, que a matriz ideológica do direito administrativo, para a escola do serviço público, seria o dever de o Estado agir para a consecução de um objetivo de interesse geral.

Com efeito, esse ramo publicístico deixava de ser um conjunto de normas aplicáveis ao Estado, enquanto pessoa soberana investida do direito de comandar, e passava a ser um conjunto de normas que determinavam a organização dos serviços públicos, assegurando o seu regular e contínuo funcionamento, em prol do interesse público.

---

[7] "Formou-se na França a chamada Escola do Serviço Público, integrada, entre outros, por Duguit, Jèze e Bonnard. Inspirou-se na jurisprudência do Conselho de Estado francês que, a partir do caso Blanco, decidido em 1873, passou a fixar a competência dos Tribunais Administrativos em função da execução de serviços públicos. Essa escola acabou por ganhar grande relevo, pelo fato de ter o Estado-providência assumido inúmeros encargos que, antes atribuídos ao particular, passaram a integrar o conceito de serviço público. [...] Para Duguit (1911:40), o direito público se resume às regras de organização e gestão dos serviços públicos. Ele, acompanhado de Bonnard (1953:1-8), considera o serviço público como *atividade* ou *organização*, em *sentido amplo*, abrangendo todas as funções do Estado, sem distinguir o regime jurídico a que se sujeita essa atividade. [...] O conceito não faz nenhuma distinção entre a atividade jurídica do Estado e o serviço público, que é a atividade material. Gaston Jèze (1948:3-39), ao contrário, considera o serviço público como *atividade* ou *organização*, em *sentido estrito*, abrangendo a atividade material exercida pelo Estado para satisfação de necessidades coletivas, com submissão a regime exorbitante do direito comum" (DI PIETRO, Maria Sylvia Zanella. *Direito administrativo*. 30. ed. Rio de Janeiro: Forense, 2017. *E-book*. p. 87, grifo do autor).

Ante o exposto, torna-se indubitável que o regime jurídico administrativo brasileiro foi influenciado pela escola do serviço público, uma vez que esse complexo de normas se destina, fundamentalmente, a assegurar o poder de autoridade à Administração Pública para o cumprimento do dever de satisfação das necessidades de interesse geral.

O regime jurídico administrativo corresponde, portanto, ao sistema coerente e harmônico de normas (princípios e regras) que, visando à satisfação do interesse público, regula as relações entre as pessoas e órgãos da Administração Pública, bem como desta com a coletividade.

Nesse sentido, Celso Antônio Bandeira de Mello sustenta que só "se pode, portanto, falar em direito administrativo, no pressuposto de que existam princípios que lhe são peculiares e que guardam entre si uma relação lógica de coerência e unidade compondo um sistema ou regime: o regime jurídico administrativo".[8]

De fato, não se trata de normas de direito público derrogatórias do direito privado,[9] mas sim de normas diretamente propensas a alcançar a Administração Pública, internamente, e a coletividade a que se destina.

Com o desenvolvimento do quadro de princípios e normas voltados à atuação do Estado, o Direito Administrativo se tornou ramo autônomo

---

[8] BANDEIRA DE MELLO, Celso Antônio. O conteúdo do regime jurídico-administrativo e seu valor metodológico. *Revista de Direito Administrativo*, v. 89, p. 8-33, 1967. p. 8. DOI: 10.12660/rda.v89.1967.30088. Disponível em: https://bibliotecadigital.fgv.br/ojs/index.php/rda/article/view/30088. Acesso em: 23 jul. 2022.

[9] Impende destacar que, atualmente, a dicotomia direito público-direito privado está superada, uma vez que o direito de um Estado é uno. Ademais, todo ramo jurídico contém, em regra, normas de direito privado e normas de direito público. Assim, apenas com o propósito didático, pode-se afirmar que o direito administrativo se caracteriza como ramo do direito público, ante a predominância destas normas sobre as do direito privado. "Esse critério tem sido criticado porque existem normas de direito privado que objetivam defender o interesse público (como as concernentes ao Direito de Família) e existem normas de direito público que defendem também interesses dos particulares (como as normas de segurança, saúde pública, censura, disposições em geral atinentes ao poder de polícia do Estado e normas no capítulo da Constituição consagrado aos direitos fundamentais do homem). Apesar das críticas a esse critério distintivo, que realmente não é absoluto, algumas verdades permanecem: em primeiro lugar, as normas de direito público, embora protejam reflexamente o interesse individual, têm o objetivo primordial de atender ao interesse público, ao bem-estar coletivo. Além disso, pode-se dizer que o direito público somente começou a se desenvolver quando, depois de superados o primado do Direito Civil (que durou muitos séculos) e o individualismo que tomou conta dos vários setores da ciência, inclusive a do Direito, substituiu-se a ideia do homem como fim único do direito (própria do individualismo) pelo princípio que hoje serve de fundamento para todo o direito público e que vincula a Administração em todas as suas decisões: o de que os interesses públicos têm supremacia sobre os individuais" (DI PIETRO, Maria Sylvia Zanella. *Direito administrativo*. 30. ed. Rio de Janeiro: Forense, 2017. *E-book*. p. 105, grifo do autor).

dentre as matérias jurídicas. Como assinalou VEDEL, agora a comunidade jurídica não mais se defrontava com normas derrogatórias do direito privado, mas, ao contrário, surgiam normas diretamente vocacionadas à solução de eventuais litígios oriundos das relações entre o Estado e os administrados, formando um bloco diverso do adotado para o direito privado. [...]

Em nosso entender, porém, o Direito Administrativo, com a evolução que o vem impulsionando contemporaneamente, há de focar-se em dois tipos fundamentais de relações jurídicas: uma, de *caráter interno*, que existe entre as pessoas administrativas e entre os órgãos que as compõem; outra, de *caráter externo*, que se forma entre o Estado e a coletividade em geral.

Desse modo, sem abdicar dos conceitos dos estudiosos, parece-nos se possa conceituar o Direito Administrativo como sendo *o conjunto de normas e princípios que, visando sempre ao interesse público, regem as relações jurídicas entre as pessoas e* órgãos *do Estado e entre este e as coletividades a que devem servir.*

De fato, tanto é o Direito Administrativo que regula, por exemplo, a relação entre a Administração Direta e as pessoas da respectiva Administração Indireta, como também a ele compete disciplinar a relação entre o Estado e os particulares participantes de uma licitação, ou entre o Estado e a coletividade, quando se concretiza o exercício do poder de polícia.[10]

Celso Antônio Bandeira de Mello, por meio de suas teorizações, assenta que os princípios da supremacia do interesse público e indisponibilidade do interesse público, além de nortearem todos os ramos publicísticos, delineiam a disciplina normativa que dá identidade ao direito administrativo. À luz de suas palavras:

O que importa sobretudo é conhecer o Direito Administrativo como um sistema coerente e lógico, investigando liminarmente as noções que instrumentam sua compreensão sob uma perspectiva unitária.

É oportuno aqui recordar as palavras de Geraldo Ataliba:

"O caráter orgânico das realidades componentes do mundo que nos cerca e o caráter lógico do pensamento humano conduzem o homem a abordar as realidades que pretende estudar, sob critérios unitários, de alta utilidade científica e conveniência pedagógica, em tentativa de reconhecimento coerente e harmônico da composição de diversos elementos em um todo unitário, integrado em uma realidade maior.

---

[10] CARVALHO FILHO, José dos Santos. *Manual de direito administrativo*. 33. ed. São Paulo: Atlas, 2019. p. 8.

A esta composição de elementos, sob perspectiva unitária, se denomina sistema".

26. A este sistema, reportado ao direito administrativo, designamos regime jurídico-administrativo.

Feitas estas considerações preliminares, importa indicar quais são, em nosso entender, as "pedras de toque" do regime jurídico-administrativo. Partindo do universal para o particular, diríamos que o Direito Administrativo, entroncado que está no Direito Público, reproduz, no geral, as características do regime de Direito Público, acrescidas àquelas que o especificam dentro dele.

O regime de direito público resulta da caracterização normativa de determinados interesses como pertinentes à sociedade e não aos particulares considerados em sua individuada singularidade.

Juridicamente esta caracterização consiste, no Direito Administrativo, segundo nosso modo de ver, na atribuição de uma disciplina normativa peculiar que, fundamentalmente, se delineia em função da consagração de dois princípios:

a) *supremacia* do *interesse público sobre* o *privado;*

b) *indisponibilidade, pela Administração, dos interesses públicos.*

27. Interessam-nos, aqui, repita-se, estes aspectos, porque pertinentes ao regime público *especificamente* administrativo. Concernem à função estatal, exercitada tanto através do corpo de órgãos não personalizados que compõem a chamada Administração em sentido orgânico – coincidindo *grosso modo* com os órgãos do Poder Executivo – quanto através das pessoas públicas exclusivamente administrativas, designadas na técnica do Direito italiano e brasileiro como "autarquias". Aliás, afetam também, embora às vezes apenas parcialmente, quaisquer entidades da Administração indireta, mesmo quando têm personalidade de Direito Privado.[11]

O regime jurídico administrativo é constituído, verdadeiramente, pelo conjunto de prerrogativas e restrições a que está sujeita a Administração Pública.

As prerrogativas conferem à Administração a supremacia sobre o indivíduo, visando à satisfação dos interesses coletivos. A Administração é colocada, assim, em uma posição privilegiada, desconhecida na esfera do direito privado, ante a imperiosa necessidade de prestar serviços públicos ou de limitar o exercício dos direitos individuais em benefício do bem-estar coletivo.

---

[11] BANDEIRA DE MELLO, Celso Antônio. *Curso de direito administrativo.* 32. ed. São Paulo: Malheiros, 2015. p. 55-56.

As sujeições decorrem do princípio da legalidade e impõem à Administração a necessária conformidade de seus atos com o ordenamento jurídico. De fato, essas sujeições limitam a atividade da Administração Pública a determinados fins, cuja inobservância implica desvio de poder e consequente invalidade do ato administrativo. Assim, para assegurar-se a liberdade e a proteção dos direitos individuais ante o Estado, a Administração Pública sujeita-se à observância do ordenamento jurídico.

Muitas dessas prerrogativas e restrições são expressas sob a forma de princípios que informam os ramos publicísticos, notadamente o direito administrativo.

2.2 Elementos básicos da teoria dos princípios

A teoria dos princípios realiza a distinção normativo-teórica entre regras e princípios. Não obstante haver vários conceitos para essas espécies normativas, o objetivo deste trabalho não é debater se há critério melhor ou pior.

José Cretella Júnior sustenta que os "*Princípios* de uma ciência são as *proposições básicas*, fundamentais, típicas, que condicionam todas as estruturações subsequentes. *Princípio*, neste sentido, são os alicerces, os fundamentos da ciência".[12]

Para esse autor, há: (a) os princípios de realidade (*principia essendi*), que derivam de outras entidades, dando origem às filosofias realistas que indicam a coisa; e (b) os princípios de razão ou de conhecimento (*principia cognoscendi*), cujas proposições procuram apontar ora um postulado, ora um axioma, ora um teorema, sendo, no âmbito da filosofia, o fundamento ou a razão de ser da coisa.[13]

Além disso, José Cretella Júnior[14] aparece para revelar que, para a compreensão dos cânones do direito administrativo, interessa o estudo dos princípios onivalentes, plurivalentes, monovalentes e setoriais.

---

[12] CRETELLA JÚNIOR, José. Os cânones do direito administrativo. *Revista de Informação Legislativa*, v. 25, n. 97, p. 5-52, jan./mar. 1988. p. 7. Disponível em: https://www2.senado. leg.br/bdsf/bitstream/handle/id/181819/000435101.pdf?sequence=1&isAllowed=y. Acesso em: 8 set. 2022.

[13] CRETELLA JÚNIOR, José. Os cânones do direito administrativo. *Revista de Informação Legislativa*, v. 25, n. 97, p. 5-52, jan./mar. 1988. p. 7. Disponível em: https://www2.senado. leg.br/bdsf/bitstream/handle/id/181819/000435101.pdf?sequence=1&isAllowed=y. Acesso em: 8 set. 2022.

[14] CRETELLA JÚNIOR, José. Os cânones do direito administrativo. *Revista de Informação Legislativa*, v. 25, n. 97, p. 5-52, jan./mar. 1988. p. 7-8. Disponível em: https://www2.senado.

Nesse cenário, os princípios onivalentes, universais ou lógicos são proposições fundantes de todas as outras e presentes em todo o raciocínio do homem, condicionando, assim, a própria harmonia da razão consigo mesma.[15] Os princípios plurivalentes ou regionais são proposições comuns e igualmente válidas ao grupo científico-natural, mas inaplicáveis ao grupo científico-cultural, e vice-versa.[16] Os princípios monovalentes são proposições que servem de fundamento a um só campo do conhecimento, havendo, portanto, tantos princípios

---

leg.br/bdsf/bitstream/handle/id/181819/000435101.pdf?sequence=1&isAllowed=y. Acesso em: 8 set. 2022.

[15] "Os *princípios onivalentes* (ou *omnivalentes*, de *omnis*, todo, e *valentes*, que valem, donde *onivalentes* = de validade integral ou universal) ou princípios universais são proposições gerais, porque delas podem ser deduzidas diversas proposições especiais. Tais proposições são os princípios racionais ou princípios diretores do conhecimento, proposições formais que dirigem o exercício do pensamento, como o *princípio da identidade*, o *princípio da contradição*, o *princípio do terceiro excluído* e o *princípio da razão suficiente*. O *princípio da identidade* significa que há similitude total entre uma noção e todas as suas conotações constitutivas, assim como similitude parcial entre essa mesma noção e cada uma dessas conotações constitutivas. [...] O *princípio da contradição* afirma que duas proposições contraditórias não podem ser, ao mesmo tempo, ambas verdadeiras, nem ambas falsas. Dois atributos que se excluem, reciprocamente, não podem coexistir no mesmo objeto. [...] O *princípio do terceiro excluído*, também chamado *princípio do meio excluso*, afirma que, havendo duas proposições contraditórias, se uma for verdadeira, a outra será necessariamente falsa e, reciprocamente, sem que seja possível terceira solução. [...] O *princípio da razão suficiente* ou *da razão determinante*, cogitado durante muitos séculos por vários filósofos (Abelardo, Giordano Bruno), mas que só com Leibnitz recebeu precisa enunciação, declara que *nada existe sem que haja razão pata isso* (ou *sem que haja razão que explique o porquê dessa existência* ou *desse acontecimento*), ou, nas palavras do próprio filósofo, que, aliás, considera esse princípio como uma das grandes proposições em que se alicerça o raciocínio humano, 'nenhum fato é verdadeiro ou inexistente e nenhum enunciado é verdadeiro sem a razão suficiente para que assim sejam e não o seja de outro modo'. [...] Na *hierarquia dos princípios*, os princípios universais ou onivalentes ocupam o lugar de 'primeiros princípios', de proposições fundantes de todas as outras, verdadeiros postulados da razão humana, ponto de partida para a enunciação de outras proposições, menos gerais, peculiares a determinado grupo de ciências, que descem para campos específicos, sem, no entanto, se afastar daquelas proposições básicas condicionantes" (CRETELLA JÚNIOR, José. Os cânones do direito administrativo. *Revista de Informação Legislativa*, v. 25, n. 97, p. 5-52, jan./mar. 1988. p. 8-10. Disponível em: https://www2.senado. leg.br/bdsf/bitstream/handle/id/181819/000435101.pdf?sequence=1&isAllowed=y. Acesso em: 8 set. 2022).

[16] "*Princípios plurivalentes* são os que presidem às ciências científico-naturais, de um lado; princípios plurivalentes igualmente são os que presidem às ciências científico-culturais, de outro lado. [...] O direito, por exemplo, na classificação de Windelband, é ciência científico-cultural ou espiritual, colocando-se ao lado da ética, da psicologia, da sociologia. Desse modo, há uma série de princípios que valem igualmente para todas essas disciplinas" (CRETELLA JÚNIOR, José. Os cânones do direito administrativo. *Revista de Informação Legislativa*, v. 25, n. 97, p. 5-52, jan./mar. 1988. p. 10. Disponível em: https://www2.senado. leg.br/bdsf/bitstream/handle/id/181819/000435101.pdf?sequence=1&isAllowed=y. Acesso em: 8 set. 2022).

monovalentes quantas sejam as ciências cogitadas pelo espírito humano.[17] Já os princípios setoriais são proposições básicas que informam os diversos setores em que se divide determinada ciência.[18]

Robert Alexy,[19] por sua vez, sustenta que as regras instituem direitos e deveres definitivos, uma vez que não são superáveis por normas contrapostas. Assim, se a regra é válida e a sua hipótese de incidência é preenchida, a consequência normativa não pode ser ponderada. Já os princípios instituem direitos e deveres *prima facie*, haja vista que podem ser superados ou derrogados por princípios contrapostos. Logo, para esse autor, a distinção entre regras e princípios reside no modo final de aplicação dessas normas, ou seja, as regras são comandos definitivos aplicados pela subsunção, ao passo que os princípios são mandamentos de otimização que consideram as possibilidades jurídicas e de fato, aplicados por meio da ponderação.

Virgílio Afonso da Silva,[20] de modo semelhante, afirma que a distinção entre regras e princípios está na estrutura dos direitos ga-

---

[17] "*Princípios monovalentes* são proposições que servem de fundamento a um conjunto de juízos relativos a um só campo do conhecimento. [...] Em todos os sistemas jurídicos modernos, há contínua referência aos *princípios gerais do direito*, o que demonstra que não só a doutrina jurídico-filosófica, como até o próprio legislador (é o que ocorre, por exemplo, entre nós, como se depreende da consulta à Lei de Introdução ao Código Civil), reconhecem que o direito é regido por *princípios monovalentes*, proposições específicas que valem para este campo dos conhecimentos humanos. [...] Inúmeros outros princípios monovalentes poderiam ser citados no campo do direito, como por exemplo, o *princípio da legalidade*, que informa todos os sistemas jurídicos, fundados no Estado de direito. Informando, com efeito, todos os ramos do direito, público ou privado, inscreve-se o *princípio da legalidade*, consubstanciado na fórmula sintética – *suporta a lei que fizeste* -, como juízo categórico e necessário, segundo o qual a Administração está submetida à lei, que o próprio Estado editou através do órgão competente" (CRETELLA JÚNIOR, José. Os cânones do direito administrativo. *Revista de Informação Legislativa*, v. 25, n. 97, p. 5-52, jan./mar. 1988. p. 11. Disponível em: https://www2. senado.leg.br/bdsf/bitstream/handle/id/181819/000435101.pdf?sequence=1&isAllowed=y. Acesso em: 8 set. 2022).

[18] "*Princípios setoriais* são proposições básicas que informam os diversos setores em que se divide a ciência. Quando o progresso científico impõe a determinado ramo do conhecimento humano especialização maior, este compartimento passa a exigir particular orientação, momento em que se denominados *princípios setoriais*, ou seja, proposições mais restritas, são aplicadas aos novos setores da ciência" (CRETELLA JÚNIOR, José. Os cânones do direito administrativo. *Revista de Informação Legislativa*, v. 25, n. 97, p. 5-52, jan./mar. 1988. p. 11. Disponível em: https://www2.senado.leg.br/bdsf/bitstream/handle/id/181819/000435101. pdf?sequence=1&isAllowed=y. Acesso em: 8 set. 2022).

[19] ALEXY, Robert. A dignidade humana e a análise da proporcionalidade. Tradução de Rogério Luiz Nery da Silva. *In*: ALEXY, Robert; BAEZ, Narciso Leandro Xavier; SILVA, Rogério Luiz Nery da (Org.). *Dignidade humana, direitos sociais e não-positivismo inclusivo*. Florianópolis: Qualis, 2015. p. 17-18.

[20] SILVA, Virgílio Afonso da. *Direitos fundamentais*: conteúdo essencial, restrições e eficácia. 2. ed. São Paulo: Malheiros, 2017. p. 45.

rantidos por essas normas. Assim, o direito garantido por uma regra será definitivo e realizado totalmente, não dependendo das condições jurídicas do caso concreto. Já no caso dos princípios, há uma diferença entre o direito garantido *prima facie* e o definitivo e realizado no caso concreto.

De fato, essa falta de semelhança entre o direito garantido *prima facie* e o definitivo e realizado no caso concreto ocorre porque os princípios podem ser realizados em diversos graus, de acordo com as condições fáticas e jurídicas. Como essas condições dificilmente são ideais, mormente em casos difíceis (*hard cases*), a realização de um direito garantido por princípio encontra, em regra, obstáculos em outro direito garantido por princípio.

Willis Santiago Guerra Filho,[21] por seu turno, sustenta que os princípios se referem diretamente a valores. Essas normas trazem ínsitas determinações de otimização, a fim de que sejam cumpridas de acordo com as possibilidades fáticas e jurídicas existentes. Assim, em razão de seu alto grau de generalidade e abstração, não fundamentam diretamente nenhuma ação, dependendo, pois, da intermediação de uma ou mais regras. Já as regras estão fundadas nos princípios e trazem a descrição de dada situação, formada por um fato ou uma espécie deles. Desse modo, ante um acontecimento, é possível dizer se a regra foi observada ou infringida, e, neste caso, como se poderia ter evitado a sua violação.

Humberto Bergmann Ávila assevera que os princípios e as regras são normas de primeiro grau, sendo aqueles imediatamente finalísticos, primariamente prospectivos e com pretensão de complementariedade e de parcialidade, ao passo que estas são imediatamente descritivas, primariamente retrospectivas e com pretensão de decidibilidade e abrangência. Assim, segundo o seu pensamento:

> As regras são normas imediatamente descritivas, primariamente retrospectivas e com pretensão de decidibilidade e abrangência, para cuja aplicação se exige a avaliação da correspondência, sempre centrada na finalidade que lhes dá suporte ou nos princípios que lhes são axiologicamente sobrejacentes, entre a construção conceitual da descrição normativa e a construção conceitual dos fatos.

---

[21] GUERRA FILHO, Willis Santiago. Proposta de teoria fundamental da constituição (com uma inflexão processual). *Revista Brasileira de Direito Constitucional*, São Paulo, v. 1, n. 7, p. 365-377, jan./jun. 2006. p. 367-368. Disponível em: http://www.esdc.com.br/seer/index.php/rbdc/article/view/328/321. Acesso em: 8 jun. 2023.

Os princípios são normas imediatamente finalísticas, primariamente prospectivas e com pretensão de complementariedade e de parcialidade, para cuja aplicação se demanda uma avaliação da correlação entre o estado de coisas a ser promovido e os efeitos decorrentes da conduta havida como necessária à sua promoção.[22]

Com efeito, os princípios são normas imediatamente finalísticas, uma vez que descrevem um estado ideal de coisas a ser promovido ou conservado. Ademais, para ser aplicados, os princípios exigem uma avaliação da correlação positiva entre os efeitos da conduta adotada e o estado de coisas que deve ser promovido ou mantido. Assim os princípios servem de razões a serem conjugadas com outras para alcançar a solução do problema.

Já as regras são normas imediatamente descritivas, pois estabelecem obrigações, permissões e proibições por meio da narração dos sujeitos, condutas, matérias, fontes, efeitos jurídicos, conteúdos. Além disso, para ser aplicadas, as regras exigem um exame de correspondência entre a descrição normativa e os atos praticados ou fatos ocorridos. Logo, as regras visam a alcançar uma solução provisória para um problema conhecido e antecipável.

Por outro lado, Humberto Bergmann Ávila[23] afirma que há os postulados hermenêuticos,[24] reservados ao entendimento interno e abstrato do ordenamento jurídico, e os postulados normativos, que instituem os critérios para a aplicação concreta das normas. Por essa razão, sustenta que os postulados normativos são normas de segundo grau ou metanormas, pois, situadas no metanível aplicativo, qualificam-se como normas sobre a aplicação dos princípios e das regras.

---

[22] ÁVILA, Humberto Bergmann. *Teoria dos princípios*: da definição à aplicação dos princípios jurídicos. 18. ed. rev. e atual. São Paulo: Malheiros, 2018. p. 102.

[23] ÁVILA, Humberto Bergmann. *Teoria dos princípios*: da definição à aplicação dos princípios jurídicos. 18. ed. rev. e atual. São Paulo: Malheiros, 2018. p. 163-164.

[24] "Dentre os mais importantes está o *postulado da unidade do ordenamento jurídico*, a exigir do intérprete o relacionamento entre a parte e o todo mediante o emprego das categorias de ordem e de unidade. Subelemento desse postulado, é o *postulado da coerência*, a impor ao intérprete, entre outros deveres, a obrigação de relacionar as normas com as normas que lhes são formal ou materialmente superiores. As condições do conhecimento reveladas pela hermenêutica são verdadeiros postulados: onde há uma parte há o todo; onde há um objeto cognoscível há um sujeito cognoscente; onde há um sistema, há um problema. A compreensão do ordenamento como uma estrutura escalonada de normas baseia-se no *postulado da hierarquia*, do qual resultam alguns critérios importantes para a interpretação das normas, tais como o da interpretação conforme a Constituição" (ÁVILA, Humberto Bergmann. *Teoria dos princípios*: da definição à aplicação dos princípios jurídicos. 18. ed. rev. e atual. São Paulo: Malheiros, 2018. p. 165-166).

Com efeito, como os postulados normativos são normas metodicamente sobrejacentes que orientam a aplicação de outras normas, não há falar em conflituosidade necessária com as normas objeto da aplicação. "Nesse sentido, sempre que se está diante de um postulado normativo, há uma diretriz metódica que se dirige ao intérprete relativamente à interpretação de outras normas".[25]

Humberto Bergmann Ávila[26] afirma, ademais, que os postulados normativos aplicativos não se confundem com as sobrenormas do Estado de direito e da segurança jurídica, uma vez que estas são normas semântica e axiologicamente sobrejacentes, que se situam no nível das normas objeto de aplicação, ao passo que aqueles são normas metodicamente sobrejacentes, situadas no metanível aplicativo.

Além disso, Humberto Bergmann Ávila[27] assevera que os postulados normativos inespecíficos ou incondicionais, como o da ponderação, concordância prática e proibição de excesso, são aplicáveis independentemente dos elementos que serão objeto de relacionamento, ao passo que a aplicação dos postulados normativos específicos ou condicionais, como o da igualdade, razoabilidade e proporcionalidade, depende da existência de elementos específicos e de critérios que orientem a relação entre eles.

Com efeito, os postulados normativos inespecíficos exigem o relacionamento entre elementos, sem especificar quais são os elementos e os critérios que devem orientar a relação entre eles. "Constituem-se, pois, em meras ideias gerais, despidas de critérios orientadores da aplicação, razão pela qual são denominados, neste estudo, de *postulados inespecíficos* (ou incondicionais)".[28]

A ponderação consiste em um método destinado a atribuir pesos aos elementos (bens jurídicos, interesses, valores, princípios)[29] que se

---

[25] ÁVILA, Humberto Bergmann. *Teoria dos princípios*: da definição à aplicação dos princípios jurídicos. 18. ed. rev. e atual. São Paulo: Malheiros, 2018. p. 164.

[26] ÁVILA, Humberto Bergmann. *Teoria dos princípios*: da definição à aplicação dos princípios jurídicos. 18. ed. rev. e atual. São Paulo: Malheiros, 2018. p. 164.

[27] ÁVILA, Humberto Bergmann. *Teoria dos princípios*: da definição à aplicação dos princípios jurídicos. 18. ed. rev. e atual. São Paulo: Malheiros, 2018. p. 184-185.

[28] ÁVILA, Humberto Bergmann. *Teoria dos princípios*: da definição à aplicação dos princípios jurídicos. 18. ed. rev. e atual. São Paulo: Malheiros, 2018. p. 185.

[29] "Os *bens jurídicos* são situações, estados ou propriedades essenciais à promoção dos princípios jurídicos. [...] Os *interesses* são os próprios bens jurídicos na sua vinculação com algum sujeito que os pretende obter. [...] Os *valores* constituem o aspecto axiológico das normas, na medida em que indicam que algo é bom e, por isso, digno de ser buscado ou preservado. [...] Os *princípios* constituem o aspecto deontológico dos valores, pois, além de

entremeiam, sem referência a pontos de vista materiais que orientem esse sopesamento. Uma ponderação intensamente estruturada exige: (a) a análise exaustiva de todos os elementos e argumentos postos; (b) a fundamentação da relação estabelecida entre os elementos objeto de sopesamento; e (c) a formulação de regras de relação, com a pretensão de validade para além do caso.

A concordância prática visa à realização máxima de elementos que apontam total ou parcialmente para sentidos contrários ou contraditórios, sem, entretanto, indicar os critérios materiais ou formais por meio dos quais deve ser feita essa otimização.

Com efeito, a ponderação e a concordância prática objetivam a promoção de finalidades, a despeito de aquela não indicar como deve ser feito o sopesamento dos elementos e esta não apontar os elementos a serem objeto de otimização.

A proibição de excesso, por sua vez, fornece o limite para a promoção de finalidades, a fim de que, por meio da utilização da ponderação ou da concordância prática, nenhum elemento seja excessivamente restringido.

Já a aplicação dos postulados normativos específicos ou condicionais, como o da igualdade, razoabilidade e proporcionalidade, depende do relacionamento entre elementos particularizados, que será regrado por certos critérios. "Também são postulados normativos formais, mas relacionados a elementos com espécies determinadas, razão pela qual são denominados, neste estudo, de *postulados específicos* (ou condicionais)".[30]

A igualdade, em si, nada diz. Como postulado normativo, a aplicação da igualdade depende do critério diferenciador e da finalidade da distinção, bem como da relação de adequação do discrímen ao fim a ser alcançado. De fato, fins diversos levam à utilização de critérios distintos, haja vista que somente alguns critérios são adequados à consecução de determinados fins. Além disso, fins diversos conduzem a medidas diferentes de controle.

A violação do postulado normativo da igualdade, de per si, implica a violação de alguma norma jurídica incidente no caso concreto.

---

demonstrarem que algo vale a pena ser buscado, determinam que esse estado de coisas deve ser promovido" (ÁVILA, Humberto Bergmann. *Teoria dos princípios*: da definição à aplicação dos princípios jurídicos. 18. ed. rev. e atual. São Paulo: Malheiros, 2018. p. 186).

[30] ÁVILA, Humberto Bergmann. *Teoria dos princípios*: da definição à aplicação dos princípios jurídicos. 18. ed. rev. e atual. São Paulo: Malheiros, 2018. p. 185.

> A igualdade pode funcionar como regra, prevendo a proibição de tratamento discriminatório; como princípio, instituindo um estado igualitário como fim a ser promovido; e como postulado normativo, estruturando a aplicação do Direito em função de elementos (critério de diferenciação e finalidade da distinção) e da relação entre eles (congruência do critério em razão do fim). [...]
> Como postulado, sua violação reconduz a uma violação de alguma norma jurídica. Os sujeitos devem ser considerados iguais em liberdade, propriedade, dignidade. A violação da igualdade implica a violação de algum princípio fundamental.[31]

A razoabilidade estrutura a aplicação de outras normas, notadamente a das regras.

A razoabilidade como equidade impõe, na aplicação das normas jurídicas, que as circunstancias fáticas sejam consideradas com a presunção de estarem dentro da normalidade. Ademais, exige a consideração do aspecto individual do caso, pois uma regra é aplicável se, e somente se, suas condições são satisfeitas e sua aplicação não é excluída pela razão motivadora da própria regra ou pela existência de um princípio que institua uma razão contrária.

A razoabilidade como congruência exige, para qualquer medida, a recorrência a um suporte empírico existente, pois a eleição de uma causa inexistente ou insuficiente viola a exigência de vinculação à realidade. "Desvincular-se da realidade é violar os princípios do Estado de Direito e do devido processo legal",[32] uma vez que estes obstam o emprego de razões arbitrárias e a subversão dos procedimentos institucionais utilizados. Além disso, a razoabilidade como congruência exige a correlação entre o critério distintivo utilizado e a medida implementada.

A razoabilidade como equivalência impõe o dever de vinculação entre duas grandezas. Demais, semelhantemente à congruência, exige a correspondência entre a medida adotada e o critério que a dimensiona, e não uma relação de causalidade entre o efeito de uma ação (meio) e a promoção de um estado de coisas (fim).

Relativamente à razoabilidade, dentre tantas acepções, três se destacam. Primeiro, a razoabilidade é utilizada como diretriz que exige a relação

---

[31] ÁVILA, Humberto Bergmann. *Teoria dos princípios*: da definição à aplicação dos princípios jurídicos. 18. ed. rev. e atual. São Paulo: Malheiros, 2018. p. 192-194.

[32] ÁVILA, Humberto Bergmann. *Teoria dos princípios*: da definição à aplicação dos princípios jurídicos. 18. ed. rev. e atual. São Paulo: Malheiros, 2018. p. 200.

das normas gerais com as individuais do caso concreto, quer mostrando sob qual perspectiva a norma deve ser aplicada, quer indicando em quais hipóteses o caso individual, em virtude de suas especificidades, deixa de se enquadrar na norma geral. Segundo, a razoabilidade é empregada como diretriz que exige uma vinculação das normas jurídicas com o mundo ao qual elas fazem referência, seja reclamando a existência de um suporte empírico e adequado a qualquer ato jurídico, seja demandando uma relação congruente entre a medida adotada e o fim que ela pretende atingir. Terceiro, a razoabilidade é utilizada como diretriz eu exige a relação de equivalência entre duas grandezas.[33]

A proporcionalidade, em seu caráter trifásico, aplica-se apenas a situações empiricamente dimensionadas em que há uma relação de causalidade entre um meio e um fim concreto.

Assim, o exame de proporcionalidade não se aplica a qualquer estado desejado de coisas (resultado concreto extrajurídico), uma vez que há diferentes fins no direito. O fim interno estabelece resultado que reside na própria pessoa ou situação objeto de comparação ou diferenciação, fazendo referência a medidas de justiça ou juízos de justiça. "Como consequência disso, o exame de igualdade do ponto de vista de um fim interno e uma medida de justiça exige tão somente um exame de correspondência".[34] Já os fins externos podem ser empiricamente dimensionados, pois estabelecem resultados que se constituem em finalidades atribuídas ao Estado. Desse modo, ante a possibilidade de considerar o meio como causa da realização do fim concreto, admite-se o exame de adequação, necessidade e proporcionalidade em sentido estrito.

A adequação exige a utilização de um meio cuja eficácia, no momento da escolha, possa justificadamente contribuir para a consecução gradual do fim concreto.

A necessidade implica o exame da existência de meios alternativos àquele escolhido, que possam igualmente promover o fim concreto, sem restringir, na mesma intensidade, os direitos indiretamente afetados.

Nesse sentido, o exame da necessidade envolve duas etapas de investigação: em primeiro lugar, o *exame da igualdade de adequação dos meios,*

---

[33] ÁVILA, Humberto Bergmann. *Teoria dos princípios*: da definição à aplicação dos princípios jurídicos. 18. ed. rev. e atual. São Paulo: Malheiros, 2018. p. 194-195.

[34] ÁVILA, Humberto Bergmann. *Teoria dos princípios*: da definição à aplicação dos princípios jurídicos. 18. ed. rev. e atual. São Paulo: Malheiros, 2018. p. 208.

para verificar se os meios alternativos promovem igualmente o fim; em segundo lugar, o *exame do meio menos restritivo*, para examinar se os meios alternativos restringem em menor medida os direitos fundamentais colateralmente afetados.[35]

A proporcionalidade em sentido estrito depende de uma avaliação complexa fortemente subjetiva, uma vez que envolve a comparação entre as vantagens causadas pela consecução do fim concreto (importância da realização do fim) e as desvantagens resultantes do meio escolhido (intensidade da restrição aos direitos). "Normalmente, um meio é adotado para atingir uma finalidade pública, relacionada ao interesse coletivo (proteção ao meio ambiente, proteção aos consumidores), e sua adoção causa, como efeito colateral, restrição a direitos fundamentais do cidadão".[36]

Celso Antônio Bandeira de Mello[37] sustenta que o princípio da razoabilidade e da proporcionalidade descendem do princípio da legalidade, sendo que aquele visa a controlar a consecução do fim legal no campo da discricionariedade administrativa, ao passo que este incide no momento da escolha da medida administrativa que será implementada.

Assim, por força do princípio da razoabilidade,[38] quando couber à Administração, no caso concreto, exercitar certa discrição concedida pela lei, ela não poderá agir de modo desarrazoado ou incongruente, sob pena de o ato administrativo praticado ser inválido, ante a sua desconformidade com a finalidade legal. Ademais, firme no princípio

---

[35] ÁVILA, Humberto Bergmann. *Teoria dos princípios*: da definição à aplicação dos princípios jurídicos. 18. ed. rev. e atual. São Paulo: Malheiros, 2018. p. 217.

[36] ÁVILA, Humberto Bergmann. *Teoria dos princípios*: da definição à aplicação dos princípios jurídicos. 18. ed. rev. e atual. São Paulo: Malheiros, 2018. p. 219.

[37] BANDEIRA DE MELLO, Celso Antônio. *Curso de direito administrativo*. 32. ed. São Paulo: Malheiros, 2015. p. 81-82.

[38] "*63. Descende também do princípio da legalidade o princípio da razoabilidade*. Com efeito, nos casos em que a Administração dispõe de certa liberdade para eleger o comportamento cabível diante do caso concreto, isto é, quando lhe cabe exercitar certa discrição administrativa, evidentemente tal liberdade não lhe foi concedida pela lei para agir desarrazoadamente, de maneira ilógica, incongruente. [...] É claro, pois, que um ato administrativo afrontoso à razoabilidade não é apenas censurável perante a Ciência da Administração. É também inválido, pois não se poderia considerá-lo confortado pela finalidade da lei. Por ser inválido, é cabível sua fulminação pelo Poder Judiciário a requerimento dos interessados. Não haverá nisto invasão do mérito do ato, isto é, do campo da discricionariedade administrativa, pois discrição é margem de liberdade para atender o sentido da lei e em seu sentido não se consideram abrigadas intelecções induvidosamente desarrazoadas, ao menos quando comportar outro entendimento" (BANDEIRA DE MELLO, Celso Antônio. *Curso de direito administrativo*. 32. ed. São Paulo: Malheiros, 2015. p. 81).

da proporcionalidade,[39] a adoção, no caso concreto, de providência administrativa mais extensa ou mais intensa do que a necessária para a consecução da finalidade legal torna o ato inválido, diante do transbordamento do fim previsto em lei.

Por derradeiro, importa ressaltar, independentemente da classificação adotada, que a diferença entre regras e princípios não decorre de uma distinção entre textos normativos (uma vez que, geralmente, utilizam sempre a mesma linguagem e os mesmos operadores deônticos de obrigação, permissão ou proibição), mas do produto da interpretação.

Desse modo, caberá ao intérprete definir se a norma objeto da interpretação é uma regra ou princípio.

2.2.1 Interpretação e aplicação do direito

O signo linguístico é a unidade constituída do significante (expressão) e do significado (conteúdo). Normalmente, o significado é polissêmico, apresentando conteúdo cuja compreensão é preexistente aos membros de dada comunidade linguística.

Na comunidade jurídica, a polissemia é a regra e afeta a linguagem técnica, pois os significados são móveis e incertos, causando muitas obscuridades.

> Não há qualquer acordo sobre o sentido de termos tão fundamentais. O que é provavelmente inevitável: a *polissemia* é a regra de nossa linguagem comum, sendo a causa de muitas das obscuridades que teremos que discutir.
>
> Mas o rigor de uma ciência (inclusive o de uma ciência do direito) consiste precisamente em escapar a essa flutuação da linguagem e assegurar a cada termo um significado constante e relativamente preciso. [...]
>
> Veremos mais adiante que só será possível esclarecer a linguagem do direito, restituir-lhe a coerência, tirar da presente confusão os grandes

---

[39] "*64*. Procede, ainda, do princípio da legalidade o *princípio da proporcionalidade* do ato à situação que demandou sua expedição. Deveras, a lei outorga competências em vista de certo fim. Toda demasia, todo excesso desnecessário ao seu atendimento, configura uma superação do escopo normativo. Assim, a providência administrativa *mais extensa* ou *mais intensa* do que o requerido para atingir o interesse público insculpido na regra aplicanda é inválida, por consistir em um transbordamento da finalidade legal. Daí que o Judiciário deverá anular os atos administrativos incursos neste vício ou, quando possível, fulminar apenas aquilo que seja caracterizável como excesso" (BANDEIRA DE MELLO, Celso Antônio. *Curso de direito administrativo*. 32. ed. São Paulo: Malheiros, 2015. p. 82).

instrumentos conceituais da ciência jurídica, apenas quando o *fim* do direito for conhecido.[40]

Humberto Bergmann Ávila ensina que a interpretação consiste, verdadeiramente, em reconstruir os significados dos dispositivos, pois o intérprete não pode, em sua atividade cognitiva, menosprezar o conteúdo mínimo preexistente nos textos. De fato, esse conteúdo mínimo, destinado à preservação de valores e ao atingimento de certos fins, assegura a compatibilidade entre o texto legislado e a norma concretizada. À luz de suas palavras:

> *Normas* não são textos nem o conjunto deles, mas os sentidos construídos a partir da interpretação sistemática de textos normativos. Daí se afirmar que os dispositivos se constituem no objeto da interpretação; e as normas, no seu resultado. [...] Daí se dizer que *interpretar é construir a partir de algo*, por isso significa *reconstruir*: a uma, porque utiliza como ponto de partida os textos normativos, que oferecem limites à construção de sentidos; a duas, porque manipula a linguagem, à qual são incorporados *núcleos de sentidos*, que são, por assim dizer, constituídos pelo uso, e preexistem ao processo interpretativo individual.[41]

Com efeito, a atividade do intérprete (hermenêutica) tem por objeto reconstruir os significados existentes nos textos normativos, visando a revelar a norma jurídica. "A norma é resultado de um processo que visa a *reduzir a equivocidade do texto* e *concentrar o seu significado*. Daí a razão pela qual texto e norma não se confundem e nem há entre os mesmos uma correspondência biunívoca".[42]

Não se pode olvidar que o intérprete, além de preservar o conteúdo mínimo preexistente nos dispositivos, deve observar as possibilidades de livre apreciação determinadas pela norma hierarquicamente superior.[43]

---

[40] VILLEY, Michel. *Filosofia do direito*: definições e fins do direito: os meios do direito. 3. ed. São Paulo: Martins Fontes, 2019. p. 10.

[41] ÁVILA, Humberto Bergmann. *Teoria dos princípios*: da definição à aplicação dos princípios jurídicos. 18. ed. rev. e atual. São Paulo: Malheiros, 2018. p. 50-54.

[42] MARINONI, Luiz Guilherme; ARENHART, Sérgio Cruz; MITIDIERO, Daniel. *Novo Curso de Processo Civil*: teoria do processo civil. 3. ed. São Paulo: Revista dos Tribunais, 2017. v. 1. *E-book*. p. 35.

[43] "Se por 'interpretação' se entende a fixação por via cognoscitiva do sentido do objeto a interpretar, o resultado de uma interpretação jurídica somente pode ser a fixação da moldura que representa o Direito a interpretar e, consequentemente, o conhecimento das várias possibilidades que dentro dessa moldura existem. Sendo assim, a interpretação de uma lei

A atividade cognoscitiva do intérprete não se encerra com a obtenção da norma, haja vista a sua imprescindível atuação no momento da aplicação do direito, a partir de uma relação da vida real.

De fato, aplicação do direito pressupõe a interpretação, uma vez que há a prévia necessidade de concentrar o significado do texto normativo, a fim de obter a norma jurídica. "Aplicar o direito significa *retirar consequências jurídicas* da incidência de normas jurídicas em uma determinada situação jurídica – vale dizer, retirar *consequências práticas* no mundo normativo normalmente a partir de um *caso concreto*".[44]

Carlos Maximiliano ensina que a aplicação do direito consiste em adaptar eficientemente a norma jurídica a um acontecimento do mundo fenomênico, visando a amparar juridicamente um interesse humano. Logo, segundo o seu pensamento:

> A aplicação do Direito consiste no enquadrar um caso concreto em a norma jurídica adequada. Submete às prescrições da lei uma relação da vida real; procura e indica o dispositivo adaptável a um fato determinado. Por outras palavras: tem por objeto descobrir o modo e os meios de amparar juridicamente um interesse humano.
>
> O direito precisa transformar-se em realidade eficiente, no interesse coletivo e também no individual. [...]
>
> Busca-se, em primeiro lugar, o grupo de tipos jurídicos que se parecem, de um modo geral, com o fato sujeito a exame; reduz-se depois a investigação aos que, revelam semelhança evidente, mais aproximada, por maior número de faces; o último na série gradativa, o que se equipara, mais ou menos, ao caso proposto, será o dispositivo colimado. [...]
>
> Para atingir, pois, o escopo de todo o Direito objetivo é força examinar: a) a norma em sua essência, conteúdo e alcance (*quaestio juris*, no sentido estrito); b) o caso concreto e suas circunstâncias (*quaestio facti*); c) a adaptação do preceito à hipótese em apreço. [...]

---

não deve necessariamente conduzir a uma única solução como sendo a única correta, mas possivelmente a várias soluções que – na medida em que apenas sejam aferidas pela lei a aplicar – têm igual valor, se bem que apenas uma delas se torne direito positivo no ato do órgão aplicador do direito – no ato do tribunal, especialmente. Dizer que uma sentença judicial é fundada na lei não significa, na verdade, senão que ela se contém dentro da moldura ou quadro que a lei representa – não significa que ela é *a* norma individual, mas apenas que é *uma* das normas individuais que podem ser produzidas dentro da moldura da norma geral" (KELSEN, Hans. *Teoria pura do direito*. 6. ed. São Paulo: Martins Fontes, 1998. p. 390-391).

[44] MARINONI, Luiz Guilherme; ARENHART, Sérgio Cruz; MITIDIERO, Daniel. *Novo Curso de Processo Civil*: teoria do processo civil. 3. ed. São Paulo: Revista dos Tribunais, 2017. v. 1. *E-book*. p. 34.

A Aplicação não prescinde da Hermenêutica: a primeira pressupõe a segunda, como a medicação a diagnose. Em erro também incorre quem confunde as duas disciplinas: uma, a Hermenêutica, tem um só objetivo – a lei; a outra, dois – o Direito, no sentido objetivo, e o fato. Aquela é um meio para atingir a esta; é um momento da atividade do aplicador do Direito. Pode a última ser o estudo preferido do teórico; a primeira, a Aplicação, revela o adaptador da doutrina à prática, da ciência à realidade: o verdadeiro jurisconsulto.

A Aplicação, no sentido amplo, abrange a Crítica e a Hermenêutica; mas o termo é geralmente empregado para exprimir a atividade prática do juiz, ou administrador, o ato final, posterior ao exame da autenticidade, constitucionalidade e conteúdo da norma.[45]

Destarte, a aplicação do direito deve conduzir a um resultado sem superfluidade e consentâneo ao Estado constitucional, bem como produzir a melhor consequência para a relação da vida real. Esse é o pensamento que deve nortear o aplicador do direito durante o exercício da atividade.

2.2.2 Antinomia jurídica

Para melhor entender a antinomia jurídica, faz-se necessário, primeiramente, distinguir a antinomia lógico-matemática, a antinomia semântica e a antinomia pragmática.

A antinomia lógico-matemática, que ocorre em sistemas formais, consiste na autocontradição por processos aceitos de raciocínio.

Assim, um enunciado será simultaneamente contraditório e demonstrável, decorrendo de uma rigorosa dedução lógica na violação das leis da lógica, o que configura uma falácia.

Essa antinomia será resolvida pela teoria dos tipos lógicos, desenvolvida por Bertrand Russell, que enuncia que tudo o que envolve a totalidade de um conjunto não deve ser parte do conjunto.

A antinomia lógico-matemática pode ser apontada num famoso problema constitucional, referente a uma constituição formal, que contém regras para sua própria reforma, e essas regras são consideradas como parte da constituição e, em consequência, estão sujeitas ao mesmo procedimento de reforma que elas mesmas estabelecem. Considerando que uma autoridade A1, constituída pelas regras que regulam a modificação da

---

[45] MAXIMILIANO, Carlos. *Hermenêutica e aplicação do direito*. 21. ed. Rio de Janeiro: Forense, 2018. p. 6-9.

constituição, modifique aquelas regras, teríamos uma nova condição para modificar a constituição, o que conduziria à seguinte antinomia: a autoridade A1 tem competência para modificar qualquer norma constitucional, sendo ela, portanto, ao mesmo tempo, uma autoridade originária e uma autoridade cuja competência deriva das regras que ela modificou; ora, se a autoridade é originária, não podendo derivar sua competência de nenhuma outra regra, isso significa que há uma norma básica que pode ser reformada de acordo com ela mesma, o que fere o princípio de Russell, segundo o qual um enunciado que se refere a si mesmo carece de significado; se, porém, dizemos que a autoridade A1 deriva das regras de modificações, então somos obrigados a sustentar que essas regras são imutáveis, estando, na realidade, fora do sistema constitucional, e sua validade não é decorrente da própria constituição que as instituiu.[46]

A antinomia semântica consiste em incoerências, ocultas na estrutura de níveis da linguagem, que resultam de uma dedução correta baseada em premissas coerentes, configurando um sem-sentido.

Como as palavras não possuem uma hierarquia lógica, essa antinomia será resolvida pela teoria dos níveis da linguagem, desenvolvida por Alfred Tarski e Rudolf Carnap.[47] Assim, no nível mais baixo, há os enunciados sobre objetos (linguagem-objeto) e, acima, os enunciados sobre a língua-objeto (metalinguagem).

Com base nesse postulado, estabelece-se o seguinte princípio: o que vale para uma língua-objeto não pode valer ao mesmo tempo para a metalíngua, ou seja, o enunciado *eu estou mentindo* é metalíngua para

---

[46] FERRAZ JUNIOR, Tercio Sampaio. *Introdução ao estudo do direito*: técnica, decisão, dominação. 9. ed. São Paulo: Atlas, 2016. p. 167-168.

[47] Alfred Tarski, para defender a análise semântica da linguagem, sustentava a necessidade de haver a linguagem-objeto e a metalinguagem, visando a evitar antinomias e paradoxos, notadamente a "Antinomia do Mentiroso". O problema de autorreferência, conhecido como "Antinomia do Mentiroso", foi inspirado em um conto de Epimênides, que afirmara que "todos os cretenses são mentirosos". Esse conto inspirou a versão clássica da "Antinomia do Mentiroso", descrita pela máxima "esta sentença é falsa". Com efeito, a sentença é verdadeira se, e somente se, ela for falsa, que é exatamente o sentido que ela encerra. Porém, de acordo com o princípio de não contradição, a sentença tem de ser ou verdadeira ou falsa e, de qualquer forma, ela é ambas as coisas. Já Rudolf Carnap desenvolveu a sua compreensão inicial da metateoria por meio da análise sintática da linguagem, a fim de demonstrar que a metalinguagem sintática estava contida na linguagem-objeto. Posteriormente, influenciado por Alfred Tarski, Rudolf Carnap modificou o seu pensamento, passando a afirmar que a análise sintática da linguagem, embora correta, tinha de ser suplementada pela análise semântica e pragmática.

todos os demais enunciados do mentiroso, mas não pode referir-se a si próprio sob pena de carência de sentido.[48]

A antinomia pragmática consiste em uma conclusão paradoxal que, embora careça de sentido lógico e semântico, decorre de situação factível nas relações humanas, levando uma das partes a um estado de indecidibilidade.

> Temos antinomia pragmática quando as seguintes condições são preenchidas: (1) forte relação complementar entre o emissor de uma mensagem e seu receptor, isto é, relação fundada na diferença (superior-inferior, autoridade--sujeito, senhor-escravo, chefe-subordinado etc.); (2) nos quadros dessa relação é dada uma instrução que deve ser obedecida, mas que também deve ser desobedecida para ser obedecida (isto é, pressupõe-se uma contradição no sentido lógico-matemático e semântico); (3) o receptor, que ocupa posição inferior, fica numa posição insustentável, isto é, não pode agir sem ferir a complementaridade nem tem meios para sair da situação.[49]

No domínio da pragmática, só há falar em antinomia real quando essas três condições estiverem preenchidas. Assim, haverá uma relação de incompatibilidade normativa em dado ordenamento jurídico, que, tendo o mesmo âmbito de validade temporal, espacial, pessoal e/ou material, levará o destinatário a uma situação de indecidibilidade, ante a inexistência de critérios para solucionar a contrariedade ou a contraditoriedade.

Desse modo, a antinomia jurídica, para não caracterizar uma falácia ou um sem-sentido, será mais bem tratada no âmbito da pragmática, podendo ser compreendida como a relação de incompatibilidade de normas emanadas de autoridades competentes num mesmo âmbito normativo, que levam o destinatário a um estado insustentável, ante a impossibilidade de decidir de acordo com o ordenamento dado.

As relações de incompatibilidade normativa que caracterizam a antinomia real verificam-se nas seguintes circunstâncias: (a) entre uma norma que ordena fazer algo e uma norma que proíbe fazê-lo (contrariedade); (b) entre uma norma que ordena fazer e uma que permite

---

[48] FERRAZ JUNIOR, Tercio Sampaio. *Introdução ao estudo do direito*: técnica, decisão, dominação. 9. ed. São Paulo: Atlas, 2016. p. 168.

[49] FERRAZ JUNIOR, Tercio Sampaio. *Introdução ao estudo do direito*: técnica, decisão, dominação. 9. ed. São Paulo: Atlas, 2016. p. 168-169.

não fazer (contraditoriedade); e (c) entre uma norma que proíbe fazer e uma que permite fazer (contraditoriedade).

À guisa de exemplo, haverá antinomia real quando duas leis nacionais, que estabelecem disposições gerais e contrárias sobre a mesma matéria (uma obriga o destinatário a fazer alguma coisa e a outra, a deixar de fazer), entrarem em vigor na mesma data. Assim, os destinatários dessas normas serão levados a um estado insustentável, ante a impossibilidade de decidir fazer ou deixar de fazer alguma coisa, de acordo com o ordenamento jurídico.

A solução efetiva da antinomia real dar-se-á (a) por meio da revogação de uma das normas contrárias ou contraditórias por norma posterior; ou (b) por intermédio da interpretação, que irá reconstruir os significados dos textos normativos, a fim de afastar, no caso concreto, a contrariedade ou a contraditoriedade. "O reconhecimento de que há antinomias reais indica, por fim, que o direito não tem o caráter de sistema lógico-matemático, pois sistema pressupõe consistência, o que a presença da antinomia real exclui".[50]

Por outro lado, a antinomia será aparente quando a terceira condição não estiver preenchida, ou seja, quando o receptor, que ocupa posição inferior, ficar numa situação que: (a) consiga agir sem ferir a relação de complementaridade com o emissor, que está em posição superior; e (b) possua meios para sair da circunstância de incompatibilidade normativa. Desse modo, haverá critérios para solucionar a contrariedade ou a contraditoriedade normativa.

2.2.3 Critérios para a solução de antinomias aparentes

Nas antinomias aparentes, o ordenamento jurídico oferece critérios para solucionar a contrariedade ou a contraditoriedade de normas.

Esses conflitos normativos, em regra, serão solucionados pela revogação ou ponderação, de acordo com a distinção normativo-teórica entre regras e princípios.

Assim, para o desenvolvimento deste trabalho científico, serão estudados o conflito entre regras, a colisão entre princípios e a colisão entre regra e princípio.

---

[50] FERRAZ JUNIOR, Tercio Sampaio. *Introdução ao estudo do direito*: técnica, decisão, dominação. 9. ed. São Paulo: Atlas, 2016. p. 172.

2.2.3.1 Conflito entre regras

Conforme visto acima, o direito garantido por uma regra será definitivo e realizado totalmente, não dependendo das condições jurídicas do caso concreto. Logo, pode-se afirmar que, no ordenamento jurídico, a regra tem a função de aumentar o grau de segurança na aplicação do direito.

> Se duas regras preveem consequências diferentes para o mesmo ato ou fato, uma delas é necessariamente inválida, no todo ou em parte. Caso contrário não apenas haveria um problema de coerência no ordenamento, como também o próprio critério de classificação das regras – dever-ser definitivo – cairia por terra.[51]

Com efeito, a solução do conflito entre regras não poderá relativizar a definitividade do direito garantido, tampouco a totalidade de sua realização, ou seja, deverá ser adotado o raciocínio "tudo ou nada", uma vez que não haverá espaço para sopesamento.

Assim, o conflito entre regras será dirimido por meio dos critérios *lex posterior derogat legi priori, lex specialis derogat legi generali* ou *lex superior derogat legi inferiori.*

O art. 2º, §1º, da Lei de Introdução às Normas do Direito Brasileiro, adota o princípio *lex posterior derogat legi priori*, pois dispõe que a "lei posterior revoga a anterior quando expressamente o declare, quando seja com ela incompatível ou quando regule inteiramente a matéria de que tratava a lei anterior". Logo, a solução será a revogação do texto normativo ou da norma jurídica da lei anterior.

A revogação pode ser, quanto à sua extensão, total ou parcial (ab-rogação ou derrogação) e, quanto à sua atuação, expressa ou tácita.

A revogação expressa ocorre quando a lei posterior assim dispuser (LINDB, art. 2º, §1º). Nesse sentido, o art. 9º da Lei Complementar nº 95/1998 dispõe que a "cláusula de revogação deverá enumerar, expressamente, as leis ou disposições legais revogadas". Logo, a revogação expressa deve enunciar especificamente o texto normativo eliminado.[52]

---

[51] SILVA, Virgílio Afonso da. *Direitos fundamentais*: conteúdo essencial, restrições e eficácia. 2. ed. São Paulo: Malheiros, 2017. p. 47-48.

[52] À guisa de exemplo, o art. 1.046 do CPC dispõe que, "Ao entrar em vigor este Código, suas disposições se aplicarão desde logo aos processos pendentes, ficando revogada a Lei 5.869, de 11 de janeiro de 1973".

Consectário lógico da revogação expressa da lei ou disposição legal é a eliminação das disposições, dependentes ou acessórias da lei revogada, não enumeradas na cláusula de revogação.

Não obstante, ainda é possível que a revogação expressa ocorra por intermédio de proposição geral de supressão das disposições em contrário. Acontece que, nesta hipótese, caberá ao intérprete identificar a lei ou disposição legal antiga que foi revogada, ante a ausência de enumeração expressa na cláusula de revogação.

Posto isso, infere-se que, como a revogação expressa elimina o texto normativo anterior, não há falar em conflito de leis no tempo.

O conflito de leis no tempo, embora apenas aparente, surge na hipótese de revogação tácita.

A revogação tácita, a despeito de ser frequente, é mais delicada. Assim, no Brasil, essa pesquisa envolve uma questão de hermenêutica, haja vista que o intérprete terá de investigar se a lei nova, sem mencionar expressamente, revogou a lei ou disposição legal antiga, ou se existe a intenção de conservá-las coexistentes. Todavia, não ficou ao arbítrio do intérprete pesquisar a ocorrência da revogação tácita, uma vez que, no ordenamento jurídico, há regras que norteiam o intérprete em sua atividade de investigação.

Caio Mario da Silva Pereira explica que a pesquisa sobre a revogação tácita da lei deve ser norteada pelo critério da incompatibilidade. "Não é admissível que o legislador, sufragando uma contradição material de seus próprios comandos, adote uma atitude insustentável ('*simul esse et non esse*') e disponha diferentemente sobre um mesmo assunto".[53]

De fato, como a revogação tácita não decorre de cláusula de revogação, ela surge da antinomia aparente.

Importante ressaltar que a revogação tácita será investigada casuisticamente pelo intérprete, pois o seu resultado será, verdadeiramente, a eliminação da norma jurídica incompatível, e não do texto normativo.

Logo, ante a impossibilidade de coexistência de normas jurídicas incompatíveis, irá prevalecer a mais recente (LINDB, art. 2º, §1º).

Maior dificuldade existirá ao intérprete quando a lei nova erigir uma incompatibilidade normativa parcial ou disciplinar apenas parte da matéria regulada pela lei anterior.

---

[53] PEREIRA, Caio Mário da Silva. *Instituições de direito civil*. 30. ed. rev. e atual. Rio de Janeiro: Forense, 2017. v. I. E-book. p. 119.

Aqui é que o esforço exegético é exigido ao máximo na pesquisa do objetivo a que o legislador visou, da intenção que o animou, da finalidade que teve em mira, para apurar se efetivamente as normas são incompatíveis, se o legislador contrariou os ditames da anterior, e, em consequência, se a lei nova não pode coexistir com a velha, pois, na falta de uma incompatibilidade entre ambas, viverão lado a lado, cada uma regulando o que especialmente lhe pertence.[54]

Desse modo, caberá ao intérprete pesquisar se a lei nova, que estabeleça disposições especiais a par de gerais já existentes, não colide com a normatividade da lei anterior.

Havendo inconciliabilidade, a *lex specialis derogat legi generali*.

Não havendo incompatibilidade, a lei geral e a especial coexistirão, pois a "lei nova, que estabeleça disposições gerais ou especiais a par das já existentes, não revoga nem modifica a lei anterior" (LINDB, art. 2º, §2º).

A revogação tácita ocorre, também, na hipótese de a lei posterior regular inteiramente a matéria de que tratava a lei anterior. Nessa hipótese de revogação tácita, não se exige a incompatibilidade entre todas as disposições das leis posterior e anterior, mas apenas que aquela trate completamente da matéria que era regulada por esta.

> Não se exige conflito entre todas as disposições das duas leis. Qualquer incompatibilidade verificada é suficiente para legitimar a revogação da lei anterior. Dispondo de maneira diferente, manifesta, implicitamente, o legislador o propósito de abolir todo o texto anterior, entendendo-se que, pelo simples fato de ter estabelecido compatibilidade entre algumas disposições, teve em mira dispor, de maneira formal, em texto único, sobre determinada matéria.[55]

A revogação tácita por inteira regulação da matéria resulta na eliminação do texto normativo, mas não necessariamente da norma jurídica. À guisa de exemplo, no direito penal, o princípio da continuidade normativo-típica possibilita a permanência da norma penal incriminadora, a despeito de ter ocorrido a revogação do texto normativo.[56]

---

[54] PEREIRA, Caio Mário da Silva. *Instituições de direito civil*. 30. ed. rev. e atual. Rio de Janeiro: Forense, 2017. v. I. E-book. p. 120.

[55] TENÓRIO, Oscar. *Lei de Introdução ao Código Civil brasileiro*. Rio de Janeiro: Borsoi, 1955. p. 82.

[56] "A título de exemplo, podemos citar o que ocorreu com o revogado art. 12 da Lei nº 6.368/76, cujos elementos foram abrangidos pela atual figura típica constante do art. 33 da Lei nº

Importante ressaltar que os critérios *lex posterior derogat legi priori* e *lex specialis derogat legi generali* aplicam-se às hipóteses de conflito aparente de textos normativos ou normas jurídicas do mesmo nível hierárquico.

Assim, caso sobrevenha regra constitucional contrária à regra legal, esta será revogada por aquela por força do critério *lex superior derogat legi inferiori*. Todavia, na hipótese de advir regra legal incompatível com a Constituição Federal, não há falar em revogação, mas sim em inconstitucionalidade.

2.2.3.1.1 Antinomia de primeiro e de segundo grau e o dever de coerência

A antinomia de primeiro grau será solucionada pelos critérios *lex posterior derogat legi priori, lex specialis derogat legi generali* ou *lex superior derogat legi inferiori*, que foram analisados no item antecedente.

Sem embargo, quando houver a necessidade de aplicação simultânea de dois desses critérios, ter-se-á a antinomia de segundo grau.

Com efeito, a antinomia de segundo grau caracteriza-se pela incompatibilidade de critérios de solução de antinomias.

Assim, quando a norma anterior e superior for contraditória ou contrária à norma posterior e inferior, haverá o conflito entre o critério hierárquico e o cronológico. Nesse caso, prevalecerá o critério hierárquico (*lex posterior inferiori non derogat legi priori superior*). "Essa solução é bastante óbvia: se o critério cronológico devesse prevalecer sobre o hierárquico, o princípio mesmo da ordem hierárquica das normas seria tornado vão, porque a norma superior perderia o poder, que lhe é próprio, de não ser ab-rogada pelas normas inferiores".[57]

Já na hipótese de a norma anterior e especial ser contraditória ou contrária à norma posterior e geral, existirá o conflito entre o critério da especialidade e o cronológico. Logo, prevalecerá o critério da especialidade, pois a lei geral posterior não revoga a lei especial anterior (*lex posterior generali non derogat legi priori speciali*). "Essa regra, por outro

---

11.343/2006. Também podemos raciocinar com o revogado delito de atentado violento ao pudor, cujos elementos migraram para a nova figura típica do art. 213 do Código Penal, com a redação que lhe foi conferida pela Lei nº 12.015/2009" (GRECO, Rogério. *Curso de direito penal*. 18. ed. Rio de Janeiro: Impetus, 2016. v. 1. p. 165).

[57] BOBBIO, Norberto. *Teoria do ordenamento jurídico*. Tradução de Maria Celeste Cordeiro Leite dos Santos. 6. ed. Brasília: Universidade de Brasília, 1995. p. 107-108.

lado, deve ser tomada com uma certa cautela, e tem um valor menos decisivo que o da regra anterior. Dir-se-ia que a *lex specialis* é menos forte que a *lex superior*, e que, portanto, a sua vitória sobre a *lex posterior* é mais contrastada".[58]

De fato, na antinomia de segundo grau, os critérios hierárquico e da especialidade são mais fortes do que o critério cronológico, pois aqueles prevalecem sobre este.

Já agora o caso de conflito entre o critério hierárquico e o da especialidade é mais delicado, pois não existe uma regra consolidada para a solução. Desse modo, caberá ao intérprete, de acordo com o caso concreto, dirimir essa antinomia de segundo grau.

> A gravidade do conflito deriva do fato de que estão em jogo dois valores fundamentais de todo o ordenamento jurídico, o do respeito da ordem, que exige o respeito da hierarquia e, portanto, do critério da superioridade, e o da justiça, que exige a adaptação gradual do Direito às necessidades sociais e, portanto, respeito do critério da especialidade. Teoricamente, deveria prevalecer o critério hierárquico: se se admitisse o princípio de que uma lei ordinária especial pode derrogar os princípios constitucionais, que são normas generalíssimas, os princípios fundamentais de um ordenamento jurídico seriam destinados a se esvaziar rapidamente de qualquer conteúdo. Mas, na prática, a exigência de adaptar os princípios gerais de uma Constituição às sempre novas situações leva frequentemente a fazer triunfar a lei especial, mesmo que ordinária, sobre a constitucional.[59]

Insta ressaltar que esses critérios para dirimir as antinomias objetivam, verdadeiramente, assegurar a coerência do ordenamento jurídico.

Há, assim, um dever de coerência imposto tanto ao legislador (que possui a função típica de criação de normas jurídicas gerais, abstratas e impessoais) quanto ao juiz (que possui a função típica de criação de normas jurídicas concretas e individuais).

Deveras, o legislador possui o dever de não criar norma inferior contraditória ou contrária à norma superior. Assim, descumprido o dever de coerência, a norma posterior incompatível com a Constituição Federal será inconstitucional e, portanto, inválida.

---

[58] BOBBIO, Norberto. *Teoria do ordenamento jurídico*. Tradução de Maria Celeste Cordeiro Leite dos Santos. 6. ed. Brasília: Universidade de Brasília, 1995. p. 108.

[59] BOBBIO, Norberto. *Teoria do ordenamento jurídico*. Tradução de Maria Celeste Cordeiro Leite dos Santos. 6. ed. Brasília: Universidade de Brasília, 1995. p. 109.

Já para a hipótese de normas sucessivas e do mesmo nível hierárquico, não há falar no dever de coerência para o legislador, uma vez que o ordenamento jurídico oferece critérios para solucionar, no caso concreto, a contrariedade ou a contraditoriedade das normas.

O legislador, igualmente, não possui o dever de coerência no caso de criar normas do mesmo nível hierárquico e de igual âmbito de validade temporal, espacial, pessoal e/ou material, como exemplo, as dispostas em um código. Nesta situação, ante a inexistência de critérios para dirimir a contrariedade ou a contraditoriedade das normas, haverá uma antinomia real que viola "duas exigências fundamentais que inspiram ou tendem a inspirar-se os ordenamentos jurídicos: a exigência da certeza (que corresponde ao valor da paz ou da ordem), e a exigência da justiça (que corresponde ao valor da igualdade)".[60] Assim, no âmbito do Poder Legislativo, a solução efetiva dessa antinomia real dar-se-á por meio da revogação de uma das normas contrárias ou contraditórias por norma posterior.

O juiz, por sua vez, quando, no caso concreto, verificar que a norma inferior é contraditória ou contrária à norma superior, possui o dever de aplicar a norma superior (*lex superior derogat legi inferiori*).

Ademais, no caso de normas sucessivas e do mesmo nível hierárquico, o juiz possui o dever de investigar se a lei nova, sem mencionar expressamente, revogou a lei ou disposição legal antiga, ou se existe a intenção de conservá-las coexistentes. Sucede que não ficou ao arbítrio do juiz pesquisar a ocorrência da revogação tácita, uma vez que, no ordenamento jurídico, há regras que norteiam a sua atividade de investigação (*lex posterior derogat legi priori* e *lex specialis derogat legi generali*).

O juiz, entretanto, não possui o dever de coerência no caso de uma antinomia real, ante a inexistência de critérios para solucionar a contrariedade ou a contraditoriedade entre as normas. Logo, caberá ao magistrado, por intermédio da interpretação, reconstruir os significados dos textos normativos, a fim de afastar, no caso concreto, a contrariedade ou a contraditoriedade. Essa solução, entretanto, não assegura aos destinatários das normas incompatíveis o conhecimento prévio das consequências jurídicas de suas condutas, tampouco o tratamento igualitário para situações fáticas semelhantes.

---

[60] BOBBIO, Norberto. *Teoria do ordenamento jurídico*. Tradução de Maria Celeste Cordeiro Leite dos Santos. 6. ed. Brasília: Universidade de Brasília, 1995. p. 113.

2.2.3.2 Colisão entre princípios

No caso dos princípios, há uma diferença entre o direito garantido *prima facie* e o definitivo e realizado no caso concreto. Isso ocorre porque: (a) os princípios podem ser realizados em diversos graus, de acordo com as condições fáticas e jurídicas; e (b) a realização de um direito garantido por princípio encontra, de modo frequente, obstáculos em outro direito garantido por princípio.

Nesse diapasão, será necessário desenvolver uma solução dotada de racionalidade e de controlabilidade, capaz de operar multidirecionalmente em busca da norma concreta que vai reger o caso, tendo em vista a impossibilidade de utilização dos critérios hierárquico, cronológico e da especialidade para a solução das antinomias jurídicas.

Assim, a colisão entre princípios será dirimida por meio da ponderação, que consiste em uma técnica de decisão jurídica aplicável aos casos difíceis.

> Decerto, as normas principiológicas consubstanciam valores e fins não raro distintos, apontando para perspectivas contraditórias para um mesmo problema. Logo, com a colisão de princípios jurídicos, pode incidir mais de uma norma sobre o mesmo conjunto de fatos, como quando várias premissas maiores disputam a primazia de aplicabilidade a uma premissa menor. A interpretação jurídica contemporânea, na esteira do pós-positivismo, deparou-se, então, com a necessidade de desenvolver técnicas capazes de lidar com a natureza essencialmente dialética da ordem jurídica, ao tutelar interesses potencialmente conflitantes, exigindo um novo instrumental metodológico para aplicação de um direito justo e capaz de materializar a dignidade da pessoa humana. Trata-se do uso da ponderação de bens e/ou interesses.[61]

De fato, o intérprete terá de apreciar detidamente os valores envolvidos, realizando o sopesamento dos princípios que asseguram direitos *prima facie*, contrários ou contraditórios em função de determinado contexto fático e jurídico, a fim de estabelecer, à luz dos postulados normativos da proporcionalidade e razoabilidade, qual direito será definitivo e realizado no caso concreto, sem, entretanto, esvaziar o conteúdo essencial dos demais direitos concorrentes.

---

[61] SOARES, Ricardo Maurício Freire. *Hermenêutica e interpretação jurídica*. 4. ed. São Paulo: Saraiva Educação, 2019. p. 171.

A ponderação pode ser descrita como um processo composto de três fases.

Na primeira fase, o aplicador terá de revelar a existência de normas relevantes para a solução do caso, agrupando os diversos fundamentos normativos em função das soluções que estejam propondo. Assim, será possível identificar os eventuais conflitos entre normas que asseguram direitos *prima facie*.

Na segunda fase, caberá ao aplicador apreciar as circunstâncias fáticas concretas do caso e sua interação com os diversos fundamentos normativos agrupados na etapa anterior. Logo, nessa etapa serão identificadas as consequências práticas da incidência das normas relevantes para a solução do caso. "Assim, o exame dos fatos e os reflexos sobre eles das normas identificadas na primeira fase poderão apontar com maior clareza o papel de cada uma delas e a extensão de sua influência".[62]

Na terceira fase, dedicada à decisão, as circunstâncias fáticas concretas do caso e os diversos fundamentos normativos agrupados em função das soluções que estejam propondo serão analisados conjuntamente, a fim de determinar, à luz da proporcionalidade e da razoabilidade, o agrupamento que irá preponderar, bem como a intensidade desse predomínio.

Com efeito, por meio da ponderação, o aplicador do direito irá, primeiramente, considerar os direitos em conflito sob um ponto de vista relativo, a fim de compatibilizá-los e preservá-los o máximo possível. Não sendo possível essa compatibilização, o aplicador do direito irá determinar, no caso concreto, o direito que irá prevalecer.

> Pois bem: nessa fase dedicada à decisão, os diferentes grupos de normas e a repercussão dos fatos do caso concreto estarão sendo examinados de forma conjunta, de modo a apurar os pesos que devem ser atribuídos aos diversos elementos em disputa e, portanto, o grupo de normas que deve preponderar no caso. Em seguida, será preciso ainda decidir quão intensamente esse grupo de normas – e a solução por ele indicada – deve prevalecer em detrimento dos demais, isto é: sendo possível graduar a intensidade da solução escolhida, cabe ainda decidir qual deve ser o grau apropriado em que a solução deve ser aplicada. Todo esse processo

---

[62] BARROSO, Luís Roberto. *Curso de direito constitucional contemporâneo*: os conceitos fundamentais e construção do novo modelo. 2. ed. São Paulo: Saraiva, 2010. *E-book*. p. 342.

intelectual tem como fio condutor o princípio da proporcionalidade ou razoabilidade (v. supra).[63]

Não se pode olvidar, entretanto, que as fases da ponderação envolvem avaliações de caráter subjetivo, ante a inexistência de referências materiais ou axiológicas para a apreciação a ser feita. Logo, as conclusões alcançadas poderão variar em razão de circunstâncias pessoais do aplicador do direito e de outros tantos influxos.

> De fato, para que as decisões produzidas mediante ponderação tenham legitimidade e racionalidade, deve o intérprete: a) reconduzi-las sempre ao sistema jurídico, a uma norma constitucional ou legal que lhe sirva de fundamento: a legitimidade das decisões judiciais decorre sempre de sua vinculação a uma decisão majoritária, seja do constituinte seja do legislador; b) utilizar-se de um parâmetro que possa ser generalizado aos casos equiparáveis, que tenha pretensão de universalidade: decisões judiciais não devem ser casuísticas nem voluntaristas; c) produzir, na intensidade possível, a concordância prática dos enunciados em disputa, preservando o núcleo essencial dos direitos.

Infere-se que a ponderação é, verdadeiramente, uma técnica de decisão necessária para a resolução da colisão entre princípios, que visa a promover, no caso concreto, a máxima concordância prática entre os direitos em disputa, devendo o aplicador do direito demonstrar, analiticamente, a construção de seu raciocínio.

2.2.3.3 Colisão entre regra e princípio

A regra não admite ponderação, pois se trata de norma descritiva e retrospectiva, que assegura um direito definitivo. Já o princípio não admite revogação, uma vez que se qualifica como norma finalística e prospectiva, que garante um direito *prima facie*. Logo, a colisão entre regra e princípio não será resolvida pela ponderação, tampouco pela revogação.

Essa colisão envolve, na generalidade, uma regra que restringe definitivamente um direito e um princípio que assegura esse direito *prima facie*.

---

[63] BARROSO, Luís Roberto. *Curso de direito constitucional contemporâneo*: os conceitos fundamentais e construção do novo modelo. 2. ed. São Paulo: Saraiva, 2010. *E-book*. p. 342.

A colisão entre regra e princípio nada mais é que o resultado do processo de restrição ao princípio, que se exprime nessa regra colidente.

O legislador, no exercício de sua função típica, realiza o prévio sopesamento entre princípios, restringindo um desses direitos *prima facie* por meio da criação da regra.

Logo, não há falar em colisão entre regra e princípio, mas em restrição do princípio por intermédio da regra.

Corolário dessa conclusão é a impossibilidade de o aplicador do direito, empregando raciocínios ou argumentos sutis, afastar a incidência da regra sobre o fundamento de que o princípio deva prevalecer, invariavelmente, no caso concreto. Em geral, a regra, por ser a consequência do processo de restrição ao princípio, tem de ser simplesmente aplicada por subsunção, sob pena de criar um alto grau de insegurança jurídica.[64]

> Esse é um ponto que é muitas vezes ignorado quando se pensa em colisão entre regras e princípios. Em geral, não se pode falar em uma colisão propriamente dita. O que há é simplesmente o produto de um sopesamento, *feito pelo legislador*, entre dois princípios que garantem direitos fundamentais, e cujo resultado é uma regra de direito ordinário. A relação entre a regra e um dos princípios não é, portanto, uma relação de colisão, mas uma relação de restrição. A regra é a expressão dessa restrição. Essa regra deve, portanto, ser simplesmente aplicada por *subsunção*.[65]

Sem embargo, não se pode olvidar que o Poder Judiciário exerce um papel contramajoritário e protetivo de específica importância, uma vez que é compromissado apenas com a lei e com a Constituição, e não com as maiorias votantes. Assim, a discricionariedade das medidas políticas não impede o seu controle judicial, desde que haja violação a direitos *prima facie* assegurados pela Constituição.

Não obstante ser complicado em demasia precisar os limites que separam uma violação de uma restrição a direito *prima facie*, tal

---

[64] Willis Santiago Guerra Filho, contrariamente, sustenta que "na hipótese de choque entre regra e princípio, é evidente que o princípio deva prevalecer, embora aí, na verdade, ele prevalece, em determinada situação concreta, sobre o princípio em que a regra se baseia – a rigor, portanto, não há colisão direta entre regra(s) e princípio(s)" (GUERRA FILHO, Willis Santiago. Proposta de teoria fundamental da constituição (com uma inflexão processual). *Revista Brasileira de Direito Constitucional*, São Paulo, v. 1, n. 7, p. 365-377, jan./jun. 2006. p. 368. Disponível em: http://www.esdc.com.br/seer/index.php/rbdc/article/view/328/321. Acesso em: 8 jun. 2023).

[65] SILVA, Virgílio Afonso da. *Direitos fundamentais*: conteúdo essencial, restrições e eficácia. 2. ed. São Paulo: Malheiros, 2017. p. 52.

conjuntura não deve servir de subterfúgio para que o Poder Judiciário se abstenha do cumprimento de seu dever de controle das questões políticas que desrespeitam a Constituição.

Logo, quando uma regra criada pelo legislador violar, em abstrato, um direito *prima facie* assegurado por princípio constitucional, a solução será simples: caberá ao Poder Judiciário declarar a sua inconstitucionalidade, seja pelo controle concentrado, seja pelo controle difuso.[66]

A solução, entretanto, será mais complexa quando a regra em abstrato for compatível com os preceitos previstos na Constituição, mas

---

[66] "Desenvolvido a partir de diferentes concepções filosóficas e de experiências históricas diversas, o controle judicial de constitucionalidade continua a ser dividido, para fins didáticos, em modelo difuso e modelo concentrado, ou, às vezes, entre sistema americano e sistema austríaco ou europeu de controle. Essas concepções aparentemente excludentes acabaram por ensejar o surgimento dos modelos mistos, com combinações de elementos dos dois sistemas básicos (*v. g.*, o sistema brasileiro e o sistema português). [...] Assim, o controle jurisdicional é aquele exercido por órgão integrante do Poder Judiciário ou por Corte Constitucional. Pode ser: a) concentrado (também chamado austríaco); b) difuso (também chamado americano); c) misto. O controle concentrado de constitucionalidade (austríaco ou europeu) defere a atribuição para o julgamento das questões constitucionais a um órgão jurisdicional superior ou a uma Corte Constitucional. O controle de constitucionalidade concentrado tem ampla variedade de organização, podendo a própria Corte Constitucional ser composta por membros vitalícios ou por membros detentores de mandato, em geral, com prazo bastante alargado. Referido modelo adota as ações individuais para a defesa de posições subjetivas e cria mecanismos específicos para a defesa dessas posições, como a atribuição de eficácia *ex tunc* da decisão para o caso concreto que ensejou a declaração de inconstitucionalidade do sistema austríaco. [...] O sistema americano, por seu turno, perde em parte a característica de um modelo voltado para a defesa de posições exclusivamente subjetivas e adota uma modelagem processual que valora o interesse público em sentido amplo. A abertura processual largamente adotada pela via do *amicus curiae* amplia e democratiza a discussão em torno da questão constitucional. A adoção de um procedimento especial para avaliar a relevância da questão, o *writ of certiorari*, como mecanismo básico de acesso à Corte Suprema e o reconhecimento do efeito vinculante das decisões por força do *stare decisis* conferem ao processo natureza fortemente objetiva. O controle de constitucionalidade difuso ou americano assegura a qualquer órgão judicial incumbido de aplicar a lei a um caso concreto o poder-dever de afastar a sua aplicação se a considerar incompatível com a ordem constitucional. [...] Finalmente, o controle misto de constitucionalidade congrega os dois sistemas de controle, o de perfil difuso e o de perfil concentrado. Em geral, nos modelos mistos defere-se aos órgãos ordinários do Poder Judiciário o poder-dever de afastar a aplicação da lei nas ações e processos judiciais, mas se reconhece a determinado órgão de cúpula – Tribunal Supremo ou Corte Constitucional – a competência para proferir decisões em determinadas ações de perfil abstrato ou concentrado. Talvez os exemplos mais eminentes desse modelo misto sejam o modelo português, no qual convivem uma Corte Constitucional e os órgãos judiciais ordinários com competência para aferir a legitimidade da lei em face da Constituição, e o modelo brasileiro, em que se conjugam o tradicional modelo difuso de constitucionalidade, adotado desde a República, com as ações diretas de inconstitucionalidade (ação direta de inconstitucionalidade, ação declaratória de constitucionalidade, ação direta de inconstitucionalidade por omissão e representação interventiva), da competência do Supremo Tribunal Federal" (MENDES, Gilmar Ferreira; BRANCO, Paulo Gustavo Gonet. *Curso de direito constitucional*. 13. ed. São Paulo: Saraiva Educação, 2018. p. 1158-1160).

a sua aplicação por subsunção mostrar-se incompatível com princípio constitucional decisivo para o caso concreto.

Virgílio Afonso da Silva propõe que, nesse caso, deva haver o sopesamento entre o princípio que sustenta a regra e o princípio colidente. Assim, será possível ao juiz, em um momento inicial, afastar a incidência da regra, por entender que o princípio deva prevalecer no caso concreto. Consolidado esse entendimento, cria-se uma regra decorrente de construção jurisprudencial que excetua a regra criada pelo legislador. À luz de suas palavras:

> Como se percebe, essa estratégia pode ser considerada como um sopesamento entre o princípio que sustenta a regra e o princípio com ela colidente, mas quando muito em uma primeira decisão, que, ao menos inicialmente, é uma decisão *contra legem*. Não é, contudo, um sopesamento que se repete a cada decisão. Isso porque, uma vez consolidado o entendimento em determinado sentido, *cria-se uma regra* que institui exceção à regra proibitiva. [...] Por isso, pode-se dizer que essa é uma regra como outra qualquer, que é o produto do sopesamento entre dois princípios. A única diferença é que ela não decorre de uma disposição legal, mas de uma construção jurisprudencial. Mas seu processo de surgimento – sopesamento entre princípios – e aplicação – subsunção – é o mesmo. Se se puder falar em algum sopesamento, portanto, é apenas nesse processo de surgimento, mas não no processo de aplicação. Uma vez criada a exceção, vale para ela também o raciocínio de *direito ou dever definitivo*, típico das regras.[67]

A criação jurisprudencial dessa regra de exceção caracteriza, verdadeiramente, o exercício do poder contramajoritário.

Impende destacar que a democracia não se esgota no respeito à vontade majoritária, pressupondo, igualmente, a garantia de direitos básicos, como a participação igualitária do cidadão na esfera pública, bem como a proteção às minorias estigmatizadas.

Em guisa de exemplo, a Lei nº 7.716, de 5.1.1989, que define os crimes resultantes de preconceito de raça ou de cor, considera racismo a segregação decorrente de raça, cor, etnia, religião ou procedência nacional. Não obstante, o Supremo Tribunal Federal, no julgamento da Ação Direta de Inconstitucionalidade por Omissão (ADO) nº 26, de relatoria do Ministro Celso de Mello, e do Mandado de Injunção

---

[67] SILVA, Virgílio Afonso da. *Direitos fundamentais*: conteúdo essencial, restrições e eficácia. 2. ed. São Paulo: Malheiros, 2017. p. 55-56.

(MI) nº 4.733, relatado pelo Ministro Edson Fachin, reconheceu a mora do Congresso Nacional para incriminar atos atentatórios a direitos fundamentais dos integrantes da comunidade LGBT e reconstruiu os significados existentes no texto dessa lei à luz da Constituição Federal, a fim de enquadrar a homofobia e a transfobia como crimes de racismo. Em razão de sua relevância, transcreve-se uma das teses fixadas pelo Pretório Excelso nesse julgamento:

> 3. O conceito de racismo, compreendido em sua dimensão social, projeta-se para além de aspectos estritamente biológicos ou fenotípicos, pois resulta, enquanto manifestação de poder, de uma construção de índole histórico-cultural motivada pelo objetivo de justificar a desigualdade e destinada ao controle ideológico, à dominação política, à subjugação social e à negação da alteridade, da dignidade e da humanidade daqueles que, por integrarem grupo vulnerável (LGBTI+) e por não pertencerem ao estamento que detém posição de hegemonia em uma dada estrutura social, são considerados estranhos e diferentes, degradados à condição de marginais do ordenamento jurídico, expostos, em consequência de odiosa inferiorização e de perversa estigmatização, a uma injusta e lesiva situação de exclusão do sistema geral de proteção do direito. (BRASIL. Supremo Tribunal Federal. Ação direta de inconstitucionalidade por omissão 26. Relator: Ministro Celso de Mello. Brasília, 13 de junho de 2019)

Sem embargo, o exagero dessa atividade contramajoritária revela-se antidemocrático, pois restringe excessivamente a possibilidade de o povo exercer o seu poder por meio dos representantes eleitos.

De fato, a dificuldade contramajoritária concerne à possibilidade de os juízes moldarem as normas de acordo com as suas preferências políticas e valorativas, em detrimento daquelas adotadas pelos legisladores.

> O problema se agrava quando a jurisdição constitucional passa a ser concebida como o fórum central para o equacionamento dos conflitos políticos, sociais e morais mais relevantes da sociedade, ou como a detentora do poder de ditar a "última palavra" sobre o sentido da Constituição. Em outras palavras, a dificuldade democrática pode não vir do remédio – o controle judicial de constitucionalidade – mas da sua dosagem.
> A concepção "eufórica" da jurisdição constitucional, referida no parágrafo anterior, gera consequências negativas tanto no plano descritivo quanto na esfera normativa. Sob o prisma descritivo, transmite-se uma imagem muito parcial do fenômeno constitucional, que não é captado com

todas as suas nuances e riquezas, enfatizando-se apenas a ação de um dentre os vários agentes importantes da concretização constitucional. Sob o ângulo normativo, favorece-se um governo à moda platônica, de presumidos sábios, que são convidados a assumir uma posição paternalista diante de uma sociedade infantilizada. E se não é correto, no debate sob a legitimidade da jurisdição constitucional, idealizar o Legislativo como encarnação da vontade geral do povo, tampouco se deve cometer o mesmo erro em relação ao Judiciário, supondo que os juízes constitucionais sejam sempre agentes virtuosos e sábios, imunes ao erro, sem agenda política própria e preocupados apenas com a proteção dos direitos fundamentais, dos valores republicanos e dos pressupostos da democracia.[68]

A complexidade da solução da colisão entre regra e princípio diz respeito à inexistência de uma cultura democrática na sociedade.

A efetiva observância da ordem jurídica depende do espírito crítico do povo, que, não fechando os olhos para as imperfeições das normas, contribui para o aperfeiçoamento do sistema.

Para além disso, o real cumprimento da ordem jurídica é corolário da estabilidade social, alcançada por meio do respeito ao crescente pluralismo das sociedades contemporâneas, da harmonia do povo e de sua identidade com os valores que norteiam a criação das normas.

2.3 Princípios da Administração Pública

O estudo dos princípios da Administração Pública não pode basear-se puramente em raciocínios lógicos e semânticos, deduzidos de máximas jurídicas correntes. O aplicador do direito, em seu mister, tem de basear-se igualmente em raciocínios pragmáticos, a fim de resolver problemas sociais eminentemente complexos por meio de soluções práticas.

Conforme analisado alhures, o direito baseia-se, primeiramente, em princípios ou proposições onivalentes, que informam todo o raciocínio do homem.

Ademais, como ciência social, o direito é informado por proposições plurivalentes, comuns e igualmente válidas a esse grupo científico-cultural.

---

[68] SOUZA NETO, Cláudio Pereira de; SARMENTO, Daniel. *Direito constitucional*: teoria, história e métodos de trabalho. 2. ed. Belo Horizonte: Fórum, 2016. p. 39-40.

Além disso, o direito é orientado por princípios monovalentes, que servem especificamente de fundamento a esse campo do conhecimento. Essas proposições monovalentes informam e legitimam as relações jurídicas, regulando a vida das pessoas com o objetivo de alcançar a pacificação social. O princípio monovalente, "saindo das considerações casuísticas, se eleva a plano científico de abstração e generalização, trabalhando com noções categoriais e chegando a formulações amplas que abrangem e explicam as matrizes do justo e injusto, inserindo-as em ordem maior".[69]

À guisa de exemplo, o *caput* do art. 37 da Constituição Federal de 1988 expressamente determina a submissão da Administração Pública direta e indireta de quaisquer dos poderes da União, dos estados, do Distrito Federal e dos municípios aos princípios monovalentes da legalidade, impessoalidade, moralidade, publicidade e eficiência. De fato, esses princípios, que se encontram na raiz do direito constitucional, informam todos os ramos publicísticos.

Já os princípios setoriais são proposições básicas que informam este ou aquele ramo do direito. Assim, enunciadas, classificadas e hierarquizadas, essas proposições básicas possibilitam a elaboração de institutos autônomos que diferenciam os ramos do direito, sendo, portanto, o fundamento de qualquer estruturação rigorosa que se leve a efeito.

> Ressente-se a ciência jurídica de tratação sistemática dos princípios que a informam, faltando-lhe ainda a estruturação principiológica de conjunto, *more geometrico*, que considerasse as proposições, enunciando-as, definindo-as, classificando-as, escalonando-as hierarquicamente, sob a forma de peças articuladas numa pirâmide, do vértice à base, configurando os pontos maiores e menores para o delineamento sistemático e coerente, base de qualquer construção no mundo do direito.
>
> Por sua vez, todos os ramos da ciência jurídica, uns de recente formação, outros de tradicional existência, com objeto próprio, método próprio e princípios informativos próprios, proclamam sua autonomia, necessitando, porém, de reexame crítico da problemática principiológica setorial, para que se firmem na análise do regime jurídico dos respectivos

---

[69] CRETELLA JÚNIOR, José. Os cânones do direito administrativo. *Revista de Informação Legislativa*, v. 25, n. 97, p. 5-52, jan./mar. 1988. p. 13. Disponível em: https://www2.senado.leg.br/bdsf/bitstream/handle/id/181819/000435101.pdf?sequence=1&isAllowed=y. Acesso em: 8 set. 2022.

institutos, sempre em conexão com as categorias jurídicas, momento anterior de generalidade que se ergue no vestíbulo de cada ramo.[70]

Nesse contexto, o direito administrativo, a despeito de ser um ramo de recente formação, reúne os pressupostos necessários para a elaboração de seus institutos, diferenciando-o, assim, das demais disciplinas publicísticas e privatística. Há, verdadeiramente, proposições específicas que conferem ao direito administrativo atributos inequívocos de especificidade, como exemplo, o princípio da autotutela, da continuidade dos serviços públicos, da vinculação ao edital, da segregação de funções, do julgamento objetivo.

2.3.1 Princípio da legalidade

A Declaração dos Direitos do Homem e do Cidadão, de 1789,[71] reconheceu e expôs o princípio da legalidade como direito natural, inalienável e sagrado do homem.[72]

---

[70] CRETELLA JÚNIOR, José. Os cânones do direito administrativo. *Revista de Informação Legislativa*, v. 25, n. 97, p. 5-52, jan./mar. 1988. p. 16. Disponível em: https://www2.senado. leg.br/bdsf/bitstream/handle/id/181819/000435101.pdf?sequence=1&isAllowed=y. Acesso em: 8 set. 2022.

[71] "Artigo 4º - A liberdade consiste em poder fazer tudo aquilo que não prejudique outrem; assim, o exercício dos direitos naturais de cada homem não tem por limites senão os que asseguram aos outros membros da sociedade o gozo dos mesmos direitos. Esses limites apenas podem ser determinados pela lei" (Disponível em: https://www.ufsm.br/app/ uploads/sites/414/2018/10/1789.pdf. Acesso em: 12 set. 2022).

[72] "Essa ideia inicial de 'Império da Lei', originada dos ideários burgueses da Revolução Francesa, busca sua fonte inspiradora no pensamento iluminista, principalmente em Rousseau, cujo conceito inovador na época trazia a lei como norma geral e expressão da vontade geral (*volonté general*). A generalidade de origem e de objeto da lei (Rousseau) e sua consideração como instrumento essencial de proteção dos direitos dos cidadãos (Locke) permitiu, num primeiro momento, consolidar esse então novo conceito de lei típico do Estado Liberal, expressado no art. 4º da Declaração de Direitos de 1789" (MENDES, Gilmar Ferreira; BRANCO, Paulo Gustavo Gonet. *Curso de direito constitucional*. 13. ed. São Paulo: Saraiva Educação, 2018. p. 917).

No mesmo sentido, a Constituição Federal reconhece o princípio da legalidade como direito fundamental individual,[73] restrição da atuação da Administração Pública[74] e limitação do poder de tributar.[75]

O fundamento do princípio da legalidade está vinculado à própria ideia do Estado de direito, baseado, especialmente, no princípio liberal e nos princípios democrático e da separação de poderes.

De fato, no Estado democrático de direito, todo poder e autoridade submetem-se à soberania da lei, entendida como a expressão de autodeterminação e autogoverno da sociedade.

O inc. II do art. 5º da Constituição Federal dispõe, verdadeiramente, que ninguém será obrigado a fazer ou deixar de fazer alguma coisa que não esteja previamente estabelecida na própria Constituição e nas normas jurídicas dela derivadas, cujos conteúdos sejam inovadores no ordenamento jurídico.

Desse modo, o termo "lei" encerra o bloco de legalidade, que inclui a Constituição, as emendas à Constituição, as leis complementares, as leis ordinárias, as leis delegadas, as medidas provisórias e os tratados internacionais em que a República Federativa do Brasil seja parte.[76] "Em suma, a lei ou mais precisamente o sistema legal é o fundamento jurídico de tôda e qualquer ação administrativa. A expressão *legalidade*

---

[73] "Art. 5º Todos são iguais perante a lei, sem distinção de qualquer natureza, garantindo-se aos brasileiros e aos estrangeiros residentes no País a inviolabilidade do direito à vida, à liberdade, à igualdade, à segurança e à propriedade, nos termos seguintes: [...] II - ninguém será obrigado a fazer ou deixar de fazer alguma coisa senão em virtude de lei; [...] XXXIX - não há crime sem lei anterior que o defina, nem pena sem prévia cominação legal; [...]".

[74] "Art. 37. A administração pública direta e indireta de qualquer dos Poderes da União, dos Estados, do Distrito Federal e dos Municípios obedecerá aos princípios de legalidade, impessoalidade, moralidade, publicidade e eficiência e, também, ao seguinte: [...]".

[75] "Art. 150. Sem prejuízo de outras garantias asseguradas ao contribuinte, é vedado à União, aos Estados, ao Distrito Federal e aos Municípios: I - exigir ou aumentar tributo sem lei que o estabeleça; [...]".

[76] Os tratados e convenções internacionais que não versem sobre direitos humanos ingressarão no ordenamento jurídico brasileiro com força de lei ordinária. Assim, por exemplo, competirá ao Supremo Tribunal Federal julgar, mediante recurso extraordinário, as causas decididas em única ou última instância, quando a decisão recorrida declarar a inconstitucionalidade de tratado ou lei federal (CF, art. 102, III, "b"). Já os tratados e convenções internacionais de direitos humanos, aprovados em cada Casa do Congresso Nacional, em dois turnos, por três quintos dos votos dos respectivos membros, serão equivalentes às emendas constitucionais (CF, art. 5º, §3º) Já agora os tratados internacionais de direitos humanos, devidamente ratificados e internalizados na ordem jurídica brasileira, porém não submetidos ao processo legislativo estipulado pelo art. 5º, §3º, da CF, possuem o *status* normativo supralegal, pois, ao mesmo passo em que criam diretamente direitos para os indivíduos, operam a supressão de efeitos da legislação infraconstitucional que se contrapõe à sua plena efetivação. Nesse sentido é o Enunciado nº 25 de súmula vinculante do STF, *verbis*: "É ilícita a prisão civil de depositário infiel, qualquer que seja a modalidade de depósito".

deve, pois, ser entendida como 'conformidade ao direito', adquirindo então um sentido mais extenso".[77]

Por consectário lógico, o termo "lei" não compreende o decreto de que cuida o art. 84, VI, da Constituição, que se limita às hipóteses de "organização e funcionamento da administração federal, quando não implicar aumento de despesa nem criação ou extinção de órgãos públicos", e de "extinção de funções ou cargos públicos, quando vagos", uma vez que, nessas situações, a atuação do presidente da República ou dos agentes delegatários não inova decisivamente no ordenamento jurídico.

> Na ordem jurídica brasileira, os decretos e regulamentos não possuem valor normativo primário, de forma que têm função meramente regulamentar da lei. Assim, pode-se afirmar que no sistema constitucional brasileiro não são admitidos os regulamentos e decretos ditos autônomos ou independentes, mas apenas os de *caráter executivo* (art. 84, IV) e os de *natureza organizatória* (art. 84, VI), os quais possuem função normativa secundária ou subordinada à lei. É preciso enfatizar, não obstante, que a modificação introduzida pela EC n. 32/2000 parece ter inaugurado, no sistema constitucional de 1988, o assim denominado "decreto autônomo", isto é, decreto de perfil não regulamentar, cujo fundamento de validade repousa diretamente na Constituição. Ressalte-se, todavia, que o decreto de que cuida o art. 84, VI, da Constituição, limita-se às hipóteses de "organização e funcionamento da administração federal, quando não implicar aumento de despesa nem criação ou extinção de órgãos públicos", e de "extinção de funções ou cargos públicos, quando vagos". Em todas essas situações, a atuação do Poder Executivo não tem força criadora autônoma, nem parece dotada de condições para inovar decisivamente na ordem jurídica, uma vez que se cuida de atividades que, em geral, estão amplamente reguladas na ordem jurídica.
> É bem verdade que a relação entre lei e regulamento não é despida de dificuldades.
> A diferença entre lei e regulamento, no Direito brasileiro, não se limita à origem ou à supremacia daquela sobre este. A distinção substancial reside no fato de que a lei pode inovar originariamente no ordenamento jurídico,

---

[77] BANDEIRA DE MELLO, Celso Antônio. O conteúdo do regime jurídico-administrativo e seu valor metodológico. *Revista de Direito Administrativo*, v. 89, p. 8-33, 1967. p. 17. DOI: 10.12660/rda.v89.1967.30088. Disponível em: https://bibliotecadigital.fgv.br/ojs/index.php/rda/article/view/30088. Acesso em: 23 jul. 2022.

enquanto o regulamento não o altera, mas tão somente desenvolve, concretiza ou torna específico o que já está disposto na lei.[78]

Ademais, é importante destacar que o termo "lei" empregado na Constituição não corresponde ao texto normativo, mas à norma jurídica produto da interpretação. Assim, caberá ao intérprete definir se a norma resultante da interpretação é uma regra ou princípio direcionado à atividade estatal ou privada.

O princípio da legalidade, dessa forma, contempla a ideia de supremacia da norma jurídica, pois subordina toda a atividade estatal e privada à força normativa da Constituição, que condiciona inteiramente a produção, interpretação e aplicação da lei.

Para além disso, não se pode olvidar que o princípio da legalidade compreende o princípio ou subprincípio da reserva legal, uma vez que a Constituição Federal pode: (a) conferir à lei a exclusividade na disciplina da totalidade de determinada matéria; ou (b) admitir que na lei sejam estabelecidas as bases, os fundamentos ou o regime jurídico geral da matéria, que poderá ser regulamentada por ato infralegal.

No âmbito da Administração Pública, confere-se destaque ao princípio da legalidade e da reserva legal, pois a lei, ao mesmo tempo em que garante direitos, estabelece os limites da atuação administrativa que tenha por objeto a restrição ao exercício desses direitos em benefício da coletividade.

Assim, segundo o princípio da legalidade, a Administração Pública só pode fazer o que a lei permite, porquanto a sua vontade decorre da norma jurídica que contém deveres-poderes que devem ser utilizados em benefício da coletividade.

Já o particular, em regra, pode fazer tudo o que a lei não proíbe.[79]

Na Administração Pública não há liberdade nem vontade pessoal. Enquanto na administração particular é lícito fazer tudo que a lei não

---

[78] MENDES, Gilmar Ferreira; BRANCO, Paulo Gustavo Gonet. *Curso de direito constitucional.* 13. ed. São Paulo: Saraiva Educação, 2018. p. 920-921.

[79] Hodiernamente, nos negócios jurídicos (sobretudo nos contratos), busca-se, por meio da socialidade e eticidade, a equivalência substancial entre as partes e o justo equilíbrio dinâmico entre as prestações, visando a evitar vantagens desproporcionais, de um lado, e onerosidades excessivas, de outro. De fato, a autonomia da vontade, símbolo do individualismo, foi substituída pela autonomia privada, símbolo da socialidade e eticidade. Desse modo, a autonomia privada limita efetivamente a autonomia da vontade por intermédio da incidência da boa-fé objetiva, solidariedade social e equilíbrio material entre as prestações, bem como da vedação ao abuso de direito.

proíbe, na Administração Pública só é permitido fazer o que a lei autoriza. A lei para o particular significa "pode fazer assim"; para o administrador público significa "deve fazer assim".[80]

Enfim, só é lícita a atividade realizada pelo administrador público se estiver condizente com o disposto na lei, entendida como a expressão de autodeterminação e autogoverno da sociedade.

2.3.2 Princípio da publicidade

A Constituição Federal reconhece o princípio da publicidade como direito e garantia fundamental,[81] restrição da atuação da Administração Pública[82] e condição de validade dos julgamentos dos órgãos do Poder Judiciário.[83]

---

[80] MEIRELLES, Hely Lopes; BURLE FILHO, José Emmanuel. *Direito administrativo brasileiro*. 42. ed. São Paulo: Malheiros, 2016. p. 93.

[81] "Art. 5º Todos são iguais perante a lei, sem distinção de qualquer natureza, garantindo-se aos brasileiros e aos estrangeiros residentes no País a inviolabilidade do direito à vida, à liberdade, à igualdade, à segurança e à propriedade, nos termos seguintes: [...] XIV - é assegurado a todos o acesso à informação e resguardado o sigilo da fonte, quando necessário ao exercício profissional; [...] XXXIII - todos têm direito a receber dos órgãos públicos informações de seu interesse particular, ou de interesse coletivo ou geral, que serão prestadas no prazo da lei, sob pena de responsabilidade, ressalvadas aquelas cujo sigilo seja imprescindível à segurança da sociedade e do Estado; [...] XXXIV - são a todos assegurados, independentemente do pagamento de taxas: [...] b) a obtenção de certidões em repartições públicas, para defesa de direitos e esclarecimento de situações de interesse pessoal; LX - a lei só poderá restringir a publicidade dos atos processuais quando a defesa da intimidade ou o interesse social o exigirem; LXXII - conceder-se-á '*habeas-data*': a) para assegurar o conhecimento de informações relativas à pessoa do impetrante, constantes de registros ou bancos de dados de entidades governamentais ou de caráter público; [...]".

[82] "Art. 37. A administração pública direta e indireta de qualquer dos Poderes da União, dos Estados, do Distrito Federal e dos Municípios obedecerá aos princípios de legalidade, impessoalidade, moralidade, publicidade e eficiência e, também, ao seguinte: [...] §1º A publicidade dos atos, programas, obras, serviços e campanhas dos órgãos públicos deverá ter caráter educativo, informativo ou de orientação social, dela não podendo constar nomes, símbolos ou imagens que caracterizem promoção pessoal de autoridades ou servidores públicos. [...] §3º A lei disciplinará as formas de participação do usuário na administração pública direta e indireta, regulando especialmente: [...] II - o acesso dos usuários a registros administrativos e a informações sobre atos de governo, observado o disposto no art. 5º, X e XXXIII; [...] §16. Os órgãos e entidades da administração pública, individual ou conjuntamente, devem realizar avaliação das políticas públicas, inclusive com divulgação do objeto a ser avaliado e dos resultados alcançados, na forma da lei. [...] Art. 216. Constituem patrimônio cultural brasileiro os bens de natureza material e imaterial, tomados individualmente ou em conjunto, portadores de referência à identidade, à ação, à memória dos diferentes grupos formadores da sociedade brasileira, nos quais se incluem: [...] §2º Cabem à administração pública, na forma da lei, a gestão da documentação governamental e as providências para franquear sua consulta a quantos dela necessitem".

[83] "Art. 93. Lei complementar, de iniciativa do Supremo Tribunal Federal, disporá sobre o Estatuto da Magistratura, observados os seguintes princípios: [...] IX - todos os julgamentos

Com efeito, o princípio da publicidade está vinculado à própria ideia de Estado democrático de direito.

Assim, enquanto corolário do princípio democrático, o princípio da publicidade assegura: (a) o direito à informação e ao acesso à informação, como garantia de participação e controle social pelos cidadãos; e (b) o dever de transparência, que impõe aos órgãos e entidades do Poder Público a obrigação de divulgar as informações de forma objetiva, clara e em linguagem de fácil compreensão pelo seu receptor.

Nesse contexto, foi promulgada a Lei nº 12.527/2011, que dispõe sobre os procedimentos a serem observados pela União, estados, Distrito Federal e municípios, visando à concretude do direito à informação e do direito ao acesso à informação.

> No sistema da Lei de Acesso, foram contempladas duas formas de publicidade. A primeira foi denominada de *transparência ativa*, marcada pelo fato de que as informações são transmitidas *ex officio* pela Administração, inclusive pela referência nos respectivos sítios eletrônicos. A segunda chama-se *transparência passiva*, caracterizando-se pelo procedimento em que o interessado formula sua postulação ao órgão que detém a informação.[84]

A transparência ativa[85] impõe à Administração Pública o dever de promover, independentemente de requerimento, a divulgação de informações de interesse coletivo ou geral, por ela produzidas ou custodiadas.

À guisa de exemplo, a Administração está obrigada a divulgar, em sítio oficial da internet, as informações concernentes a processos

---

dos órgãos do Poder Judiciário serão públicos, e fundamentadas todas as decisões, sob pena de nulidade, podendo a lei limitar a presença, em determinados atos, às próprias partes e a seus advogados, ou somente a estes, em casos nos quais a preservação do direito à intimidade do interessado no sigilo não prejudique o interesse público à informação; [...]".

[84] CARVALHO FILHO, José dos Santos. *Manual de direito administrativo*. 33. ed. São Paulo: Atlas, 2019. p. 28.

[85] Nesses termos, a Lei nº 12.527/2011 prevê: "Art. 6º Cabe aos órgãos e entidades do poder público, observadas as normas e procedimentos específicos aplicáveis, assegurar a: I - gestão transparente da informação, propiciando amplo acesso a ela e sua divulgação; II - proteção da informação, garantindo-se sua disponibilidade, autenticidade e integridade; e III - proteção da informação sigilosa e da informação pessoal, observada a sua disponibilidade, autenticidade, integridade e eventual restrição de acesso".

licitatórios, inclusive os respectivos editais e resultados, bem como a todos os contratos celebrados.[86]

Além disso, a Lei nº 14.133/2021 reforçou o dever de transparência ativa com a criação do Portal Nacional de Contratações Públicas.[87] Trata-se, pois, de sítio oficial da internet destinado à: (a) divulgação centralizada e obrigatória de atos relacionados às licitações e contratações administrativas; e (b) realização facultativa dos procedimentos de licitação e de todos os procedimentos auxiliares pelos órgãos e entidades dos poderes Executivo, Legislativo e Judiciário de todos os entes federativos.[88]

---

[86] Nesse sentido, a Lei de Acesso à Informação dispõe: "Art. 8º É dever dos órgãos e entidades públicas promover, independentemente de requerimentos, a divulgação em local de fácil acesso, no âmbito de suas competências, de informações de interesse coletivo ou geral por eles produzidas ou custodiadas. §1º Na divulgação das informações a que se refere o *caput*, deverão constar, no mínimo: [...] IV - informações concernentes a procedimentos licitatórios, inclusive os respectivos editais e resultados, bem como a todos os contratos celebrados; [...] §2º Para cumprimento do disposto no *caput*, os órgãos e entidades públicas deverão utilizar todos os meios e instrumentos legítimos de que dispuserem, sendo obrigatória a divulgação em sítios oficiais da rede mundial de computadores (internet)".

[87] Nessa direção, a Lei nº 14.133/2021 estabelece: "Art. 174. É criado o Portal Nacional de Contratações Públicas (PNCP), sítio eletrônico oficial destinado à: I - divulgação centralizada e obrigatória dos atos exigidos por esta Lei; II - realização facultativa das contratações pelos órgãos e entidades dos Poderes Executivo, Legislativo e Judiciário de todos os entes federativos. [...] §2º O PNCP conterá, entre outras, as seguintes informações acerca das contratações: I - planos de contratação anuais; II - catálogos eletrônicos de padronização; III - editais de credenciamento e de pré-qualificação, avisos de contratação direta e editais de licitação e respectivos anexos; IV - atas de registro de preços; V - contratos e termos aditivos; VI - notas fiscais eletrônicas, quando for o caso. [...] §3º O PNCP deverá, entre outras funcionalidades, oferecer: [...] VI - sistema de gestão compartilhada com a sociedade de informações referentes à execução do contrato, que possibilite: a) envio, registro, armazenamento e divulgação de mensagens de texto ou imagens pelo interessado previamente identificado; b) acesso ao sistema informatizado de acompanhamento de obras a que se refere o inciso III do *caput* do art. 19 desta Lei; c) comunicação entre a população e representantes da Administração e do contratado designados para prestar as informações e esclarecimentos pertinentes, na forma de regulamento; d) divulgação, na forma de regulamento, de relatório final com informações sobre a consecução dos objetivos que tenham justificado a contratação e eventuais condutas a serem adotadas para o aprimoramento das atividades da Administração".

[88] "A redação do dispositivo é problemática. A alusão a 'contratações' gera dúvida, eis que a terminologia tanto pode referir-se à realização de licitações como à formalização da contratação propriamente dita. Em princípio, pode-se estimar que a expressão 'contratação' não é sinônima de licitação. No entanto, a previsão de que a formalização propriamente dita das contratações far-se-á por meio do PNCP não apresenta racionalidade. Afinal, a formalização do contrato pode fazer-se por via eletrônica. Os recursos disponíveis permitem o aperfeiçoamento muito simples e rápido da contratação com a utilização de certificado digital. Nesse contexto, não existe maior utilidade em prever a existência de um Portal para tanto. Pode-se estimar, portanto, que a Lei 14.133/2021 pretendeu estabelecer que o PNCP seria o veículo para a implementação de todos os procedimentos de licitação e de

A transparência passiva, por sua vez, ocorre quando a Administração, atendendo a pedido apresentado pelo interessado, autoriza ou concede o acesso à informação disponível.[89]

Não se pode olvidar que o acesso, a divulgação e o tratamento dos dados devem objetivar a transparência de informações de interesse público individual, coletivo ou geral, desde que inexista vedação constitucional ou legal. "Assim, veda-se a divulgação de informação inútil e sem relevância, que deturpe informações e dados públicos em favor de uma devassa, de uma curiosidade ou de uma exposição ilícitas de dados pessoais, para mero deleite de quem a acessa".[90]

De fato, a realização do direito à informação e do direito ao acesso à informação, garantidos pelo princípio da publicidade, encontra, de modo frequente, obstáculos em outro direito garantido por princípio.

Logo, o intérprete, amiúde, terá de apreciar detidamente os valores envolvidos, realizando o sopesamento dos princípios que asseguram direitos *prima facie*, contrários ou contraditórios em função de determinado contexto fático e jurídico, a fim de estabelecer, à luz dos postulados normativos da proporcionalidade e razoabilidade, qual direito será definitivo e realizado no caso concreto, sem, entretanto, esvaziar o conteúdo essencial dos demais direitos concorrentes.

Não obstante, por vezes, o próprio legislador, no exercício de sua função típica, realiza esse prévio sopesamento dos princípios, restringindo o direito à informação e o direito ao acesso à informação por meio da criação de regras.

Nesse sentido, a Lei nº 12.527/2011 dispõe que é dever do Estado restringir o acesso, a divulgação e o tratamento de informação, cujo

---

todos os procedimentos auxiliares" (JUSTEN FILHO, Marçal. *Comentários à lei de licitações e contratações administrativas*: lei 14.133/2021. São Paulo: Thomson Reuters Brasil, 2021. p. 1717).

[89] Nesse sentido, a Lei de Acesso à Informação dispõe: "Art. 10. Qualquer interessado poderá apresentar pedido de acesso a informações aos órgãos e entidades referidos no art. 1º desta Lei, por qualquer meio legítimo, devendo o pedido conter a identificação do requerente e a especificação da informação requerida. [...] Art. 11. O órgão ou entidade pública deverá autorizar ou conceder o acesso imediato à informação disponível. §1º Não sendo possível conceder o acesso imediato, na forma disposta no *caput*, o órgão ou entidade que receber o pedido deverá, em prazo não superior a 20 (vinte) dias: I - comunicar a data, local e modo para se realizar a consulta, efetuar a reprodução ou obter a certidão; II - indicar as razões de fato ou de direito da recusa, total ou parcial, do acesso pretendido; ou III - comunicar que não possui a informação, indicar, se for do seu conhecimento, o órgão ou a entidade que a detém, ou, ainda, remeter o requerimento a esse órgão ou entidade, cientificando o interessado da remessa de seu pedido de informação".

[90] MENDES, Gilmar Ferreira; BRANCO, Paulo Gustavo Gonet. *Curso de direito constitucional*. 13. ed. São Paulo: Saraiva Educação, 2018. p. 932.

CAPÍTULO 2
PREMISSAS DE DIREITO ADMINISTRATIVO | 65

sigilo seja ou permaneça imprescindível à segurança da sociedade ou do Estado, a pessoas devidamente credenciadas que tenham necessidade de conhecê-la, sem prejuízo das atribuições dos agentes públicos autorizados por lei.[91]

Além disso, a Lei de Acesso à Informação prevê que o tratamento dos dados pessoais deve ser feito de forma transparente e com respeito aos direitos e garantias individuais, ademais de restringir o acesso às informações pessoais (relativas à intimidade, vida privada, honra e imagem das pessoas) a agentes públicos legalmente autorizados e à pessoa a que elas se referirem.[92] Não obstante, a própria lei mitiga essa restrição de acesso à informação pessoal quando o dado for necessário ao cumprimento de ordem judicial, à defesa de direitos humanos, à proteção de interesse público e geral preponderante, bem como à apuração de irregularidades em que o titular da informação estiver envolvido.[93]

---

[91] Nesses termos, a Lei de Acesso à Informação prevê: "Art. 23. São consideradas imprescindíveis à segurança da sociedade ou do Estado e, portanto, passíveis de classificação as informações cuja divulgação ou acesso irrestrito possam: I - pôr em risco a defesa e a soberania nacionais ou a integridade do território nacional; II - prejudicar ou pôr em risco a condução de negociações ou as relações internacionais do País, ou as que tenham sido fornecidas em caráter sigiloso por outros Estados e organismos internacionais; III - pôr em risco a vida, a segurança ou a saúde da população; IV - oferecer elevado risco à estabilidade financeira, econômica ou monetária do País; V - prejudicar ou causar risco a planos ou operações estratégicos das Forças Armadas; VI - prejudicar ou causar risco a projetos de pesquisa e desenvolvimento científico ou tecnológico, assim como a sistemas, bens, instalações ou áreas de interesse estratégico nacional; VII - pôr em risco a segurança de instituições ou de altas autoridades nacionais ou estrangeiras e seus familiares; ou VIII - comprometer atividades de inteligência, bem como de investigação ou fiscalização em andamento, relacionadas com a prevenção ou repressão de infrações. [...] Art. 25. É dever do Estado controlar o acesso e a divulgação de informações sigilosas produzidas por seus órgãos e entidades, assegurando a sua proteção. §1º O acesso, a divulgação e o tratamento de informação classificada como sigilosa ficarão restritos a pessoas que tenham necessidade de conhecê-la e que sejam devidamente credenciadas na forma do regulamento, sem prejuízo das atribuições dos agentes públicos autorizados por lei. §2º O acesso à informação classificada como sigilosa cria a obrigação para aquele que a obteve de resguardar o sigilo".

[92] Nessa direção, a Lei nº 12.527/2011 dispõe: "Art. 31. O tratamento das informações pessoais deve ser feito de forma transparente e com respeito à intimidade, vida privada, honra e imagem das pessoas, bem como às liberdades e garantias individuais. §1º As informações pessoais, a que se refere este artigo, relativas à intimidade, vida privada, honra e imagem: I - terão seu acesso restrito, independentemente de classificação de sigilo e pelo prazo máximo de 100 (cem) anos a contar da sua data de produção, a agentes públicos legalmente autorizados e à pessoa a que elas se referirem; e II - poderão ter autorizada sua divulgação ou acesso por terceiros diante de previsão legal ou consentimento expresso da pessoa a que elas se referirem. §2º Aquele que obtiver acesso às informações de que trata este artigo será responsabilizado por seu uso indevido".

[93] Nesse sentido, a Lei de Acesso à Informação estabelece: "Art. 31. [...] §3º O consentimento referido no inciso II do §1º não será exigido quando as informações forem necessárias: I - à prevenção e diagnóstico médico, quando a pessoa estiver física ou legalmente incapaz, e para utilização única e exclusivamente para o tratamento médico; II - à realização de estatísticas e

O Código de Processo Civil, por sua vez, restringe a publicidade dos atos processuais às partes e aos seus procuradores quando o processo versar, por exemplo, sobre arbitragem, inclusive sobre cumprimento de carta arbitral, desde que a confidencialidade estipulada na arbitragem seja comprovada perante o juízo.[94]

No mesmo sentido, o art. 13, parágrafo único, da Lei nº 14.133/2021 diferiu, nos processos licitatórios, a publicidade do conteúdo das propostas até a respectiva abertura, bem como do orçamento estimado da contratação, desde que justificado.

Por outro lado, há outras hipóteses em que os atos normativos expedidos pelas autoridades administrativas têm na publicidade o termo inicial de sua vigência e vigor[95] (Código Tributário Nacional, art. 103, I). Assim, a partir de sua divulgação, esses atos administrativos são integrados ao sistema jurídico, estando aptos à produção concreta de efeitos.[96]

Além disso, a publicidade é condição de eficácia do contrato administrativo regido pela Lei de Licitações e Contratações Administrativas. Assim, nos termos do art. 94 da Lei nº 14.133/2021, o contrato

---

pesquisas científicas de evidente interesse público ou geral, previstos em lei, sendo vedada a identificação da pessoa a que as informações se referirem; III - ao cumprimento de ordem judicial; IV - à defesa de direitos humanos; ou V - à proteção do interesse público e geral preponderante. §4º A restrição de acesso à informação relativa à vida privada, honra e imagem de pessoa não poderá ser invocada com o intuito de prejudicar processo de apuração de irregularidades em que o titular das informações estiver envolvido, bem como em ações voltadas para a recuperação de fatos históricos de maior relevância".

[94] Nesses termos, o Código de Processo Civil dispõe: "Art. 189. Os atos processuais são públicos, todavia tramitam em segredo de justiça os processos: I - em que o exija o interesse público ou social; II - que versem sobre casamento, separação de corpos, divórcio, separação, união estável, filiação, alimentos e guarda de crianças e adolescentes; III - em que constem dados protegidos pelo direito constitucional à intimidade; IV - que versem sobre arbitragem, inclusive sobre cumprimento de carta arbitral, desde que a confidencialidade estipulada na arbitragem seja comprovada perante o juízo. §1º O direito de consultar os autos de processo que tramite em segredo de justiça e de pedir certidões de seus atos é restrito às partes e aos seus procuradores. §2º O terceiro que demonstrar interesse jurídico pode requerer ao juiz certidão do dispositivo da sentença, bem como de inventário e de partilha resultantes de divórcio ou separação".

[95] A vigência corresponde ao intervalo de tempo em que a norma pode ser invocada para produzir efeitos, ao passo que vigor é entendido como uma força vinculante que a norma tem ou mantém, mesmo não sendo mais vigente.

[96] "Em princípio, a norma válida vige a partir de sua publicação. Isto é, integrada no sistema, seu tempo de validade começa a correr. Simultaneamente, ela está apta a produzir efeitos. Ela é tecnicamente eficaz. Norma válida, vigente e eficaz, ela incide, isto é, configura situações. Validade, vigência e eficácia são, pois, condições da incidência" (FERRAZ JUNIOR, Tercio Sampaio. *Introdução ao estudo do direito*: técnica, decisão, dominação. 9. ed. São Paulo: Atlas, 2016. p. 205).

administrativo e os seus aditamentos somente produzirão efeitos jurídicos após a divulgação no Portal Nacional de Contratações Públicas.

A forma como a concretização do princípio da publicidade será satisfeita constitui tarefa dos órgãos e entidades do Poder Público, nos diferentes níveis federativos, que dispõem de liberdade de conformação, dentro dos limites constitucionais e legais.

Desse modo, o princípio da publicidade será observado, em geral, com a divulgação do ato no órgão oficial, de forma objetiva, clara e em linguagem de fácil compreensão. Com efeito, ante a impossibilidade de a Administração Pública comunicar todos os atos praticados às pessoas que podem sentir os seus efeitos, aplica-se a presunção de conhecimento decorrente da publicação em órgão oficial.

> Por órgão oficial entendem-se não só o Diário Oficial das entidades públicas, impresso ou pela forma eletrônica pela rede mundial de computadores – Internet, no endereço do órgão público, como, também, os jornais contratados para essas publicações oficiais. Vale ainda como publicação oficial a afixação dos atos e leis municipais na sede da Prefeitura ou da Câmara, onde não houver órgão oficial, em conformidade com o disposto na Lei Orgânica do Município.[97]

Vale lembrar que a sociedade de massas permite que o conhecimento dos atos praticados possa se dar por meio da divulgação em sítios eletrônicos oficiais,[98] proporcionando, em novas perspectivas, a experimentação da relação cidadão-Estado e o exercício do controle social da eficiência dos gastos públicos incorridos para o desempenho contínuo das funções administrativas previstas em lei.

2.3.3 Princípio da supremacia do interesse público

O princípio da supremacia do interesse público, a partir das teorizações realizadas por Celso Antônio Bandeira de Mello no trabalho científico nominado *O conteúdo do regime jurídico-administrativo e seu*

---

[97] MEIRELLES, Hely Lopes; BURLE FILHO, José Emmanuel. *Direito administrativo brasileiro*. 42. ed. São Paulo: Malheiros, 2016. p. 104.

[98] Assim, por exemplo, o art. 31 da Lei nº 14.133/2021 exige que o edital do leilão seja divulgado em sítio eletrônico oficial e afixado em local de ampla circulação de pessoas na sede da Administração.

valor metodológico,[99] foi identificado como norma jurídica norteadora de todos os ramos publicísticos. Assim, segundo o seu pensamento:

> Partindo do universal para o particular, diríamos que o direito administrativo, entroncado que está no direito público, reproduz, no geral, as características do regime de direito público, acrescidas àquelas que o especificam dentro dêle. Aquêle resulta da caracterização normativa de determinados interêsses como pertinentes à sociedade e não aos particulares.
>
> Juridicamente esta caracterização consiste, no direito administrativo, segundo nosso modo de ver, na atribuição de uma disciplina normativa peculiar que, fundamentalmente, se delineia em função da consagração de dois princípios:
>
> A - *Supremacia* do *interêsse público sôbre* o *privado;*
>
> B - *Indisponibilidade dos interêsses públicos.* [...]
>
> II - *Conteúdo* do *Regime Jurídico-Administrativo.* - 11. A) *Supremacia* do *Interêsse Público Sôbre* o *Privado.* Trata-se de verdadeiro axioma reconhecível no moderno direito público. Proclama a superioridade do interêsse da coletividade, firmando a prevalência dele sôbre o do particular, como condição, até mesmo, da sobrevivência e asseguramento dêste último. É pressuposto de uma ordem social estável, em que todos e cada um possam sentir-se garantidos e resguardados.
>
> 12. No campo da administração, dêste princípio procedem as seguintes conseqüências ou princípios subordinados:
>
> a) posição privilegiada do órgão encarregado de zelar pelo interesse público e de exprimi-lo, nas relações com os particulares;
>
> b) posição de supremacia do órgão nas mesmas relações.[100]

Observa-se que relevantes consequências jurídicas derivam do princípio da supremacia do interesse público sobre o privado.

A primeira delas consiste nos diversos privilégios outorgados pelo ordenamento jurídico aos entes incumbidos de tutelar os interesses públicos, como exemplo, a presunção de legitimidade e de veracidade dos atos administrativos, os prazos maiores para manifestação pro-

---

[99] BANDEIRA DE MELLO, Celso Antônio. O conteúdo do regime jurídico-administrativo e seu valor metodológico. *Revista de Direito Administrativo*, v. 89, p. 8-33, 1967. DOI: 10.12660/rda.v89.1967.30088. Disponível em: https://bibliotecadigital.fgv.br/ojs/index.php/rda/article/view/30088. Acesso em: 23 jul. 2022.

[100] BANDEIRA DE MELLO, Celso Antônio. O conteúdo do regime jurídico-administrativo e seu valor metodológico. *Revista de Direito Administrativo*, v. 89, p. 8-33, 1967. p. 9-12. DOI: 10.12660/rda.v89.1967.30088. Disponível em: https://bibliotecadigital.fgv.br/ojs/index.php/rda/article/view/30088. Acesso em: 23 jul. 2022.

cessual, os prazos especiais para a prescrição das pretensões dirigidas contra o Poder Público.

A segunda consequência refere-se à posição de preponderância outorgada pelo sistema normativo aos órgãos públicos nas relações mantidas com os particulares, como condição necessária à adequada gestão dos interesses públicos. Dessa posição de predomínio deriva a possibilidade jurídica de o Poder Público, unilateralmente, impor comportamentos aos particulares e alterar relações jurídicas já estabelecidas.

Infere-se, pois, que o princípio da supremacia do interesse público assegura o poder de autoridade à Administração Pública para o cumprimento do dever de satisfação das necessidades de interesse geral.

Com efeito, esse princípio não determina a supremacia dos interesses do Estado sobre os direitos do cidadão, mas sim a prevalência dos legítimos interesses da coletividade sobre aqueles exclusivamente particulares.

Não se trata, portanto, de norma jurídica aglutinadora de prerrogativas suficientemente poderosas para subjugar os particulares, porquanto traz, como condição para o exercício do poder de autoridade, o dever (operador deôntico) de a Administração atender às necessidades gerais da coletividade. "Outorga-se, com isso, ênfase à ideia de *dever*, para destacar a natureza subordinada que possui o *poder* do agente público".[101]

Ulteriormente, Celso Antônio Bandeira de Mello, na obra *Elementos de direito administrativo*,[102] desenvolve a sua teoria, incorporando as significativas inovações normativas promovidas pela Constituição Federal de 1988.

Assim, Celso Antônio Bandeira de Mello[103] passa a propugnar que, a despeito de não constar expressamente do texto da Constituição Federal de 1988, o princípio da supremacia do interesse público trata-se de princípio geral de direito, ínsito a qualquer sociedade democrática. Demais, traz à mente a diferenciação entre interesse primário (ou interesse público), que revela, verdadeiramente, o interesse da coletividade,

---

[101] HACHEM, Daniel Wunder. *Princípio constitucional do interesse público*. Belo Horizonte: Fórum, 2011. p. 60.

[102] BANDEIRA DE MELLO, Celso Antônio. *Elementos de direito administrativo*. 2. ed. São Paulo: Revista dos Tribunais, 1990.

[103] BANDEIRA DE MELLO, Celso Antônio. *Elementos de direito administrativo*. 2. ed. São Paulo: Revista dos Tribunais, 1990. p. 5-73.

e interesse secundário (ou fazendário), que representa o interesse do Estado, enquanto pessoa jurídica de direito público.

Deveras, o Estado, não obstante subjetivar os interesses públicos primários, possui igualmente interesses individuais, similares a qualquer outro sujeito de direito. De fato, o Estado, como pessoa jurídica de direito público, atua em concorrência com as demais pessoas, visando a satisfazer interesses públicos secundários que lhe são individuais. Sem embargo, esses interesses públicos secundários do Estado são qualificados como instrumentais aos interesses públicos primários, uma vez que a satisfação daqueles deve servir de eficiente caminho para a satisfação destes.

Já na obra *Curso de direito administrativo*, Celso Antônio Bandeira de Mello passa a fornecer o conceito lógico-jurídico de interesse público primário, cuja análise preliminar é condição para a compreensão de sua supremacia e indisponibilidade. Assim, em suas palavras:

> Deveras, corresponderia ao mais cabal contrassenso que o bom para todos fosse o mal de cada um, isto é, que o interesse de todos fosse um anti-interesse de cada um. [...]
>
> É que, na verdade, o interesse público, o interesse do todo, do conjunto social, nada mais é que a *dimensão pública dos interesses individuais*, ou seja, dos interesses *de cada indivíduo enquanto partícipe da Sociedade (entificada juridicamente no Estado)*, nisto se abrigando também o *depósito intertemporal destes mesmos interesses*, vale dizer, já agora, encarados eles em sua continuidade histórica, tendo em vista a sucessividade das gerações de seus nacionais. [...]
>
> Então, dito interesse, o público – e esta já é uma primeira conclusão –, *só se justifica na medida em que se constitui um veículo de realização dos interesses das partes que o integram no presente e das que o integrarão no futuro*. Logo, é destes que, em última instância, promanam os interesses chamados públicos.
>
> *Donde, o interesse público deve ser conceituado como o interesse resultante do conjunto de interesses que os indivíduos pessoalmente têm quando considerados em sua qualidade de membros da Sociedade e pelo simples fato de o serem.*[104]

O interesse público primário não existe por si mesmo como realidade autônoma, haja vista que está vinculado ao interesse de cada uma das partes que compõe o corpo social. Logo, embora possa

---

[104] BANDEIRA DE MELLO, Celso Antônio. *Curso de direito administrativo*. 32. ed. São Paulo: Malheiros, 2015. p. 60-62.

haver interesse público contrário a determinado interesse individual, não é concebível existir interesse primário que seja, ao mesmo tempo, discordante do interesse de cada um dos membros da sociedade.

Com efeito, o interesse individual (ou de um grupo de pessoas singularmente consideradas) pode coincidir[105] ou divergir do interesse público primário, porquanto este resulta do conjunto de interesses intergeracionais que as pessoas particularmente têm como partícipes da sociedade, ao passo que aquele é atinente aos assuntos convenientes para a vida particular da pessoa, singularmente considerada.

Para além disso, como o conceito de interesse público primário responde a uma categoria lógico-jurídica, ele serve de base para a individuação dos diversos interesses públicos e inclusão no sistema normativo, por meio da conceituação jurídico-positiva. Assim, do ponto de vista jurídico, será de interesse público primário apenas aquele a que o sistema normativo atribuir essa qualidade.

> Uma coisa é a estrutura do interesse público, e outra é a inclusão e o próprio delineamento, no sistema normativo, de tal ou qual interesse que, *perante este mesmo sistema será reconhecido como dispondo desta qualidade.* [...] Com efeito, dita qualificação quem a faz é a Constituição e, a partir dela, o Estado, primeiramente através dos órgãos legislativos, e depois por via dos órgãos administrativos, nos casos e limites da discricionariedade que a lei lhes haja conferido.[106]

José dos Santos Carvalho Filho,[107] por sua vez, assevera que o princípio da supremacia do interesse público trata-se, verdadeiramente, do primado do interesse público. Assim, como o grupo social é o destinatário da atividade administrativa, e não o indivíduo singularmente considerado, na hipótese de conflito entre o interesse público e o interesse privado, aquele será prevalente, sob pena de a atuação estar inquinada de desvio de finalidade. Além disso, o interesse público não se trata de conceito jurídico indeterminado, mas sim determinável, uma vez que

---

[105] "Pode, entretanto, o interesse público coincidir com o de particulares, como ocorre normalmente nos atos administrativos negociais e nos contratos públicos, casos em que é lícito conjugar a pretensão do particular com o interesse coletivo" (MEIRELLES, Hely Lopes; BURLE FILHO, José Emmanuel. *Direito administrativo brasileiro.* 42. ed. São Paulo: Malheiros, 2016. p. 98).

[106] BANDEIRA DE MELLO, Celso Antônio. *Curso de direito administrativo.* 32. ed. São Paulo: Malheiros, 2015. p. 68.

[107] CARVALHO FILHO, José dos Santos. *Manual de direito administrativo.* 33. ed. São Paulo: Atlas, 2019. p. 35-36.

cabe ao intérprete, por meio da análise das particularidades do caso concreto, identificar a balizagem do interesse da coletividade ou social, ou seja, "é possível encontrar as balizas do que seja interesse público dentro de suas zonas de certeza negativa e de certeza positiva".[108]

Hely Lopes Meirelles,[109] naquilo que lhe diz respeito, afirma que o princípio da supremacia do interesse público é também nominado de princípio do interesse público ou da finalidade pública. Assim, como o princípio do interesse público está intimamente ligado ao da finalidade pública, os fins da Administração Pública consubstanciam-se na defesa das vantagens licitamente almejadas por toda a coletividade, ou por uma parte expressiva de seus membros. Com efeito, a existência do Estado justifica-se pela busca do interesse público, e não do Estado ou do aparelhamento do Estado. Logo, o ato ou contrato realizado sem interesse público configura desvio de finalidade, pois visa unicamente a satisfazer interesses egoísticos, por favoritismo ou perseguição de agentes públicos ou privados. Afirma, ademais, que a desigualdade jurídica entre a Administração e os particulares advém da lei, que define os limites da própria supremacia do interesse público.

Maria Sylvia Zanella Di Pietro,[110] por seu turno, assevera que, ante as reações contra o individualismo jurídico surgidas já no final do século XIX, o Estado teve de abandonar a sua posição passiva de mero garantidor dos direitos do indivíduo, passando a atuar no âmbito da atividade exclusivamente privada, visando à consecução da justiça social e do bem-estar coletivo. Assim, em nome do primado do interesse público, ocorreram inúmeras transformações, como: (a) a ampliação das atividades assumidas pelo Estado para atender às necessidades coletivas; (b) a expansão do poder de polícia do Estado, que passou a abranger, além da ordem pública, a ordem econômica e social; e (c) o surgimento, no plano constitucional, de normas que revelam a interferência crescente do Estado na vida econômica e no direito de propriedade. Nesse contexto, o princípio da supremacia do interesse público passou a inspirar o legislador e a vincular a autoridade administrativa em toda a sua atuação. Desse modo, como os poderes

---

[108] CARVALHO FILHO, José dos Santos. *Manual de direito administrativo*. 33. ed. São Paulo: Atlas, 2019. p. 36.

[109] MEIRELLES, Hely Lopes; BURLE FILHO, José Emmanuel. *Direito administrativo brasileiro*. 42. ed. São Paulo: Malheiros, 2016. p. 113-114.

[110] DI PIETRO, Maria Sylvia Zanella. *Direito administrativo*. 30. ed. Rio de Janeiro: Forense, 2017. *E-book*. p. 105-107.

da Administração advêm da lei e visam a atender ao interesse geral, quando a autoridade administrativa, valendo-se desses poderes, faz prevalecer o interesse individual sobre o interesse público, estará, por conseguinte, praticando ato com vício de desvio de finalidade pública.

> O Direito deixou de ser apenas instrumento de garantia dos direitos do indivíduo e passou a ser visto como meio para consecução da justiça social, do bem comum, do bem-estar coletivo.
>
> Em nome do primado do interesse público, inúmeras transformações ocorreram: houve uma ampliação das atividades assumidas pelo Estado para atender às necessidades coletivas, com a consequente ampliação do próprio conceito de serviço público. O mesmo ocorreu com o poder de polícia do Estado, que deixou de impor obrigações apenas negativas (não fazer) visando resguardar a ordem pública, e passou a impor obrigações positivas, além de ampliar o seu campo de atuação, que passou a abranger, além da ordem pública, também a ordem econômica e social. Surgem, no plano constitucional, novos preceitos que revelam a interferência crescente do Estado na vida econômica e no direito de propriedade; assim são as normas que permitem a intervenção do Poder Público no funcionamento e na propriedade das empresas, as que condicionam o uso da propriedade ao bem-estar social, as que reservam para o Estado a propriedade e a exploração de determinados bens, como as minas e demais riquezas do subsolo, as que permitem a desapropriação para a justa distribuição da propriedade; cresce a preocupação com os interesses difusos, como o meio ambiente e o patrimônio histórico e artístico nacional. [...]
>
> Ocorre que, da mesma forma que esse princípio inspira o *legislador* ao editar as normas de direito público, também vincula a Administração Pública, ao aplicar a lei, no exercício da função administrativa.
>
> Se a lei dá à Administração os poderes de desapropriar, de requisitar, de intervir, de policiar, de punir, é porque tem em vista atender ao interesse geral, que não pode ceder diante do interesse individual. Em consequência, se, ao usar de tais poderes, a autoridade administrativa objetiva prejudicar um inimigo político, beneficiar um amigo, conseguir vantagens pessoais para si ou para terceiros, estará fazendo prevalecer o interesse individual sobre o interesse público e, em consequência, estará se desviando da finalidade pública prevista na lei. Daí o vício do *desvio de poder* ou *desvio de finalidade*, que torna o ato ilegal.[111]

---

[111] DI PIETRO, Maria Sylvia Zanella. *Direito administrativo*. 30. ed. Rio de Janeiro: Forense, 2017. *E-book*. p. 106, grifo do autor.

Cláudio Pereira de Souza Neto e Daniel Sarmento[112] afirmam que, nos países do sistema jurídico romano-germânico, ao longo do século XX, assistiu-se à nominada "Era da Descodificação". Com a intensificação da intervenção do Estado sobre as relações sociais, houve uma inflação legislativa, que levou à crise o paradigma de ordenamento jurídico que concebia o Código Civil como a principal norma jurídica do ordenamento. Assim, com o tempo, a Constituição substituiu o Código Civil, passando a conferir unidade axiológica ao sistema normativo. A partir do advento do Estado Social, a Constituição, além de tratar da organização do Estado e da garantia de direitos individuais, passou a disciplinar muitos outros temas, como a família, o meio ambiente, a economia. Houve, desse modo, o fortalecimento da jurisdição constitucional, ante a sedimentação da ideia de que a Constituição é norma jurídica. A constitucionalização do direito resultou, verdadeiramente, na valorização dos princípios como normas jurídicas capazes de incidir diretamente e nortear a interpretação da totalidade da ordem jurídica. Essa releitura do ordenamento provocou mudanças importantes em institutos e conceitos fundamentais do direito administrativo, como exemplo, a relativização do princípio da supremacia do interesse público, diante da prevalência dos direitos fundamentais sobre os interesses majoritários.

> No Direito Administrativo, a constitucionalização tem provocado mudanças igualmente importantes em conceitos e institutos fundamentais. A ideia, antes sagrada, da impossibilidade da impugnação judicial do mérito do ato administrativo, vem cedendo espaço para o controle calcado em princípios, como a proporcionalidade, a impessoalidade, a moralidade e a eficiência. A noção de supremacia do interesse público sobre o particular também tem perdido terreno, diante da valorização dos direitos fundamentais, concebidos como "trunfos" em face de interesses eventualmente majoritários. O próprio princípio da legalidade administrativa, segundo o qual o Estado só pode agir quando autorizado por lei, tem sido repensado em razão do reconhecimento da força normativa da Constituição. Afinal, se as normas constitucionais são, em regra, diretamente aplicáveis, independentemente de mediação

---

[112] SOUZA NETO, Cláudio Pereira de; SARMENTO, Daniel. *Direito constitucional*: teoria, história e métodos de trabalho. 2. ed. Belo Horizonte: Fórum, 2016. p. 43-46.

legislativa, não faz muito sentido exigir que a Administração se abstenha de agir sob o pretexto da inércia do legislador.[113]

Não obstante a constitucionalização do direito administrativo, não há falar em inviabilidade da supremacia do interesse público sobre o particular.

Com efeito, como o princípio da supremacia do interesse público encontra o seu fundamento de validade na Constituição, ele não afeta, por esse próprio fato, os direitos fundamentais constitucionalmente assegurados.

Infere-se, assim, que o interesse público não irá prevalecer em qualquer situação de conflito com um direito fundamental individual. Desse modo, será necessário definir, casuisticamente, por meio dos critérios para a solução de antinomias aparentes, o interesse que irá preponderar.

Por outro lado, não se pode olvidar que o princípio da supremacia do interesse público está presente em todas as funções administrativas.

Essa norma é, de fato, inerente ao próprio conceito de serviço público, uma vez que este é titularizado pelo Estado (elemento subjetivo) e consubstanciado na prestação de atividades que atendem ao interesse coletivo (elemento objetivo), submetidas, total ou parcialmente, ao regime jurídico de direito público (elemento formal).

O princípio da supremacia do interesse público é, igualmente, atributo da atividade de fomento, pois o Estado subsidia e incentiva a iniciativa privada quando está atuando, paralelamente, em benefício do interesse coletivo.

Para além disso, essa norma constitui o fundamento de validade do poder de polícia administrativa e da atividade de intervenção no domínio econômico, haja vista que, mediante essas funções administrativas, o Estado impõe restrições ao exercício de direitos individuais para beneficiar o interesse coletivo.

Destarte, como a tutela do interesse público corresponde ao próprio fim do Estado, negar o princípio da supremacia do interesse público equivale a recusar a atuação do Estado para favorecer o bem-estar social. Com efeito, "refutar a natureza jurídica do conceito de interesse

---

[113] SOUZA NETO, Cláudio Pereira de; SARMENTO, Daniel. *Direito constitucional*: teoria, história e métodos de trabalho. 2. ed. Belo Horizonte: Fórum, 2016. p. 45-46.

público implica, isso sim, fragilizar o cidadão perante o Poder Público".[114] Enfim, o princípio da supremacia do interesse público convive com os direitos fundamentais individuais constitucionalmente assegurados, protegendo os vários interesses das várias camadas sociais.

2.3.4 Princípio da indisponibilidade do interesse público

O princípio da indisponibilidade do interesse público, a partir das teorizações realizadas por Celso Antônio Bandeira de Mello no trabalho científico nominado *O conteúdo do regime jurídico-administrativo e seu valor metodológico*,[115] foi igualmente identificado como norma jurídica norteadora de todos os ramos publicísticos. Logo, à luz de suas palavras:

> Partindo do universal para o particular, diríamos que o direito administrativo, entroncado que está no direito público, reproduz, no geral, as características do regime de direito público, acrescidas àquelas que o especificam dentro dêle. Aquêle resulta da caracterização normativa de determinados interêsses como pertinentes à sociedade e não aos particulares.
>
> Juridicamente esta caracterização consiste, no direito administrativo, segundo nosso modo de ver, na atribuição de uma disciplina normativa peculiar que, fundamentalmente, se delineia em função da consagração de dois princípios:
>
> A - *Supremacia* do *interêsse público sôbre* o *privado;*
>
> B - *Indisponibilidade dos interêsses públicos.* [...]
>
> II - *Conteúdo* do *Regime Jurídico-Administrativo.* [...]
>
> 19. B) *Indisponibilidade dos Interêsses Públicos.* A indisponibilidade dos interêsses públicos significa que sendo interêsses qualificados como próprios da coletividade - internos ao setor público – não se encontram à livre disposição de quem quer que seja, por inapropriáveis. O próprio órgão administrativo que os representa não tem disponibilidade sôbre êles, no sentido de que lhe incumbe apenas curá-los - o que é também um dever - na estrita conformidade do que predispuser a *intentio legis.* [...]
>
> Em suma, o necessário - parece-nos - é encarar que na administração os bens e os interêsses *não se acham entregues à livre disposição da vontade*

---

[114] HACHEM, Daniel Wunder. *Princípio constitucional do interesse público.* Belo Horizonte: Fórum, 2011. p. 153.

[115] BANDEIRA DE MELLO, Celso Antônio. O conteúdo do regime jurídico-administrativa e seu valor metodológico. *Revista de Direito Administrativo,* v. 89, p. 8-33, 1967. DOI: 10.12660/rda.v89.1967.30088. Disponível em: https://bibliotecadigital.fgv.br/ojs/index.php/rda/article/view/30088. Acesso em: 23 jul. 2022.

do *administrador*. Antes, para êste, coloca-se a obrigação, o dever de curá-los nos têrmos da finalidade a que estão adstritos. É a ordem legal que dispõe sôbre ela.

Relembre-se que a Administração não titulariza interêsses públicos. O titular dêles é o Estado que, em certa esfera, os protege e exercita através da função administrativa, mediante o conjunto de órgãos (chamados *administração*, em sentido subjetivo ou orgânico), veículos da vontade estatal consagrada em lei.[116]

Infere-se, firme nessa lição, que o Estado, como titular dos interesses públicos, pode disponibilizá-los por meio de sua manifestação legislativa. Por outro lado, a Administração Pública, mediante o cumprimento das funções administrativas, tem o dever de cuidar dos interesses coletivos, nos termos da finalidade pública prevista em lei.

Pode-se, assim, extrair os corolários do princípio da indisponibilidade do interesse público que vazam para o regime jurídico administrativo.

A primeira consequência é a impossibilidade de a Administração Pública dispor do interesse público, porquanto é de titularidade do Estado.

A outra consequência é a subordinação da atividade administrativa à lei, uma vez que, na Administração Pública, não há liberdade pessoal. De fato, ante o seu caráter instrumental, não é a vontade que comanda a sua atuação, mas sim o dever e a finalidade disposta em lei, mesmo quando ocorre a prática de ato discricionário.[117]

---

[116] BANDEIRA DE MELLO, Celso Antônio. O conteúdo do regime jurídico-administrativo e seu valor metodológico. *Revista de Direito Administrativo*, v. 89, p. 8-33, 1967. p. 9-15. DOI: 10.12660/rda.v89.1967.30088. Disponível em: https://bibliotecadigital.fgv.br/ojs/index.php/rda/article/view/30088. Acesso em: 23 jul. 2022.

[117] Não se pode olvidar que a discricionariedade decorre da impossibilidade material de o legislador prever todos os casos de incidência da norma jurídica. Desse modo, a lei atribui à Administração o dever de apreciar subjetivamente as situações vertentes e implementar, casuisticamente, de acordo com a conveniência e oportunidade, a solução que melhor se ajuste à finalidade legal. Impende destacar que a consecução do interesse público disposto em lei é, verdadeiramente, o limite da discricionariedade administrativa. Em guisa de exemplo, a Lei nº 14.133/2021 atribuiu à Administração, de acordo com a sua apreciação subjetiva, a escolha do meio de solução extrajudicial de controvérsias relativas a direitos patrimoniais disponíveis que, no caso concreto, melhor possibilite a consecução do interesse público, senão vejamos: "Art. 151. Nas contratações regidas por esta Lei, poderão ser utilizados meios alternativos de prevenção e resolução de controvérsias, notadamente a conciliação, a mediação, o comitê de resolução de disputas e a arbitragem. Parágrafo único. Será aplicado o disposto no *caput* deste artigo às controvérsias relacionadas a direitos patrimoniais disponíveis, como as questões relacionadas ao restabelecimento do

Posteriormente, Celso Antônio Bandeira de Mello[118] aquilata a sua teoria, incorporando as significativas inovações normativas promovidas pela Constituição Federal de 1988.

> 59. Expostos o conteúdo e o significado da indisponibilidade do interesse público, podem-se extrair as consequências deste princípio, que se vazam no regime dito administrativo.
> Uma vez que a atividade administrativa é subordinada à lei, e firmado que a Administração assim como as pessoas administrativas não têm disponibilidade sobre os interesses públicos, mas apenas o dever de curá-los nos termos das finalidades predeterminadas legalmente, compreende-se que estejam submetidas aos seguintes princípios:
> a) da legalidade, com suas implicações ou decorrências; a saber: princípios da finalidade, da razoabilidade, da proporcionalidade, da motivação e da responsabilidade do Estado;
> b) da obrigatoriedade do desempenho de atividade pública e seu cognato, o princípio de continuidade do serviço público;
> c) do controle administrativo ou tutela;
> d) da isonomia, ou igualdade dos administrados em face da Administração;
> e) da publicidade;
> f) da inalienabilidade dos direitos concernentes a interesses públicos;
> g) do controle jurisdicional dos atos administrativos.[119]

Propugna-se, com lastro no pensamento de Celso Antônio Bandeira de Mello,[120] que a Administração Pública, por força das consequências do princípio da indisponibilidade do interesse público que vazam para o regime jurídico administrativo, submete-se ao princípio da legalidade, uma vez que se trata do fundamento de validade de todas as funções administrativas.

O princípio da legalidade, nessa toada, tem como derivantes: (a) o princípio da finalidade pública, porquanto a atividade administrativa desencontrada com o fim legal é inválida; (b) o princípio da motivação, que impõe à Administração o dever de realizar a enunciação prévia

---

equilíbrio econômico-financeiro do contrato, ao inadimplemento de obrigações contratuais por quaisquer das partes e ao cálculo de indenizações".

[118] BANDEIRA DE MELLO, Celso Antônio. *Curso de direito administrativo*. 32. ed. São Paulo: Malheiros, 2015. p. 76-90.

[119] BANDEIRA DE MELLO, Celso Antônio. *Curso de direito administrativo*. 32. ed. São Paulo: Malheiros, 2015. p. 77.

[120] BANDEIRA DE MELLO, Celso Antônio. *Curso de direito administrativo*. 32. ed. São Paulo: Malheiros, 2015. p. 78-83.

ou contemporânea das razões de direto e de fato que fundamentaram o ato praticado, mormente no campo da discricionariedade, a fim de possibilitar a avaliação de sua concordância ou discordância com os princípios da legalidade e finalidade normativa, e com os postulados normativos da razoabilidade e proporcionalidade; e (c) o princípio da ampla responsabilidade do Estado,[121] haja vista que este não responde apenas por atos ilícitos, mas também por atos lícitos praticados para a consecução do interesse público, quando os seus efeitos patrimoniais danosos recaírem sobre determinada ou determinadas pessoas.

Defende-se, ainda firme na lição de Celso Antônio Bandeira de Mello,[122] que a Administração, em razão das consequências do princípio da indisponibilidade do interesse público que vertem para o regime jurídico administrativo, submete-se, igualmente, aos princípios da continuidade do serviço público, tutela, isonomia, publicidade, ina-lienabilidade de direitos concernentes a interesses públicos e controle jurisdicional dos atos administrativos.

A inexistência de liberdade pessoal resulta, de fato, no dever de desempenho contínuo das funções administrativas previstas em lei (serviço público, poder de polícia administrativa, fomento e intervenção no domínio econômico), por serem imprescindíveis à consecução do interesse coletivo.[123]

---

[121] Nesse sentido, o art. 37, §6º, da Constituição dispõe que "As pessoas jurídicas de direito público e as de direito privado prestadoras de serviços públicos responderão pelos danos que seus agentes, nessa qualidade, causarem a terceiros, assegurado o direito de regresso contra o responsável nos casos de dolo ou culpa".

[122] BANDEIRA DE MELLO, Celso Antônio. *Curso de direito administrativo*. 32. ed. São Paulo: Malheiros, 2015. p. 83-88.

[123] Em guisa de exemplo, a Lei nº 8.987, de 13.2.1995, que dispõe sobre o regime de concessão e permissão de serviços públicos previsto no art. 175 da Constituição Federal, prevê, *verbis*: "Art. 6º [...] §1º Serviço adequado é o que satisfaz as condições de regularidade, continuidade, eficiência, segurança, atualidade, generalidade, cortesia na sua prestação e modicidade das tarifas. [...] Art. 27-A. Nas condições estabelecidas no contrato de concessão, o poder concedente autorizará a assunção do controle ou da administração temporária da concessionária por seus financiadores e garantidores com quem não mantenha vínculo societário direto, para promover sua reestruturação financeira e assegurar a continuidade da prestação dos serviços. [...] Art. 37. Considera-se encampação a retomada do serviço pelo poder concedente durante o prazo da concessão, por motivo de interesse público, mediante lei autorizativa específica e após prévio pagamento da indenização, na forma do artigo anterior. Art. 38. A inexecução total ou parcial do contrato acarretará, a critério do poder concedente, a declaração de caducidade da concessão ou a aplicação das sanções contratuais, respeitadas as disposições deste artigo, do art. 27, e as normas convencionadas entre as partes. §1º A caducidade da concessão poderá ser declarada pelo poder concedente quando: I - o serviço estiver sendo prestado de forma inadequada ou deficiente, tendo por base as normas, critérios, indicadores e parâmetros definidores da qualidade do serviço; [...]".

Já o dever de tutela, como outra consequência do princípio da indisponibilidade do interesse público, consubstancia-se no controle exercido pela Administração Pública direta sobre as entidades da Administração Pública indireta por ela criadas, a fim de garantir a observância de suas finalidades institucionais.[124]

Falando ainda pela mesma toada, a inalienabilidade e impenhorabilidade dos direitos concernentes à consecução dos interesses coletivos são também corolários do princípio da indisponibilidade do interesse público. Deveras, como os interesses públicos são titularizados pelo Estado, a Administração não pode transferir aos particulares, mediante qualquer relação jurídica regida pelo direito privado, os direitos que a lei destinou à consecução dos interesses coletivos.

Hely Lopes Meirelles,[125] por sua vez, sustenta que a existência do Estado se justifica pela busca do interesse público, que é extraído da ordem jurídica em cada caso concreto. Assim, como o interesse público é titularizado pelo povo, somente ele, por meio de seus representantes eleitos, pode autorizar, mediante lei, a disponibilidade ou renúncia ao interesse coletivo. Com efeito, o princípio da indisponibilidade do interesse público decorre da impossibilidade de a Administração dispor do interesse geral, tampouco renunciar aos poderes atribuídos pela lei para a tutela do interesse coletivo.

Maria Sylvia Zanella Di Pietro,[126] no que lhe diz respeito, assevera que o princípio da indisponibilidade do interesse público está ligado ao princípio da supremacia do interesse público ou da finalidade pública. Afirma, ademais, que apenas o Estado, mediante sua manifestação legislativa, pode dispor do interesse geral. Desse modo, a Administração, ante o seu caráter instrumental, não pode renunciar ao interesse

---

[124] "Dos princípios da *legalidade* e da *indisponibilidade do interesse público* decorre, dentre outros, o da *especialidade*, concernente à ideia de descentralização administrativa. Quando o Estado cria pessoas jurídicas públicas administrativas – as autarquias – como forma de descentralizar a prestação de serviços públicos, com vistas à especialização de função, a lei que cria a entidade estabelece com precisão as finalidades que lhe incumbe atender, de tal modo que não cabe aos seus administradores afastar-se dos objetivos definidos na lei; isto precisamente pelo fato de não terem a livre disponibilidade dos interesses públicos" (DI PIETRO, Maria Sylvia Zanella. *Direito administrativo*. 30. ed. Rio de Janeiro: Forense, 2017. *E-book*. p. 108).

[125] MEIRELLES, Hely Lopes; BURLE FILHO, José Emmanuel. *Direito administrativo brasileiro*. 42. ed. São Paulo: Malheiros, 2016. p. 113-114.

[126] DI PIETRO, Maria Sylvia Zanella. *Direito administrativo*. 30. ed. Rio de Janeiro: Forense, 2017. *E-book*. p. 106.

coletivo e ao exercício das atribuições outorgadas por lei, destinadas à tutela e consecução do interesse público.

> Precisamente por não poder dispor dos interesses públicos cuja guarda lhes é atribuída por lei, os *poderes* atribuídos à Administração têm o caráter de poder-dever; são poderes que ela não pode deixar de exercer, sob pena de responder pela omissão. Assim, a autoridade não pode renunciar ao exercício das competências que lhe são outorgadas por lei; não pode deixar de punir quando constate a prática de ilícito administrativo; não pode deixar de exercer o poder de polícia para coibir o exercício dos direitos individuais em conflito com o bem-estar coletivo; não pode deixar de exercer os poderes decorrentes da hierarquia; não pode fazer liberalidade com o dinheiro público. Cada vez que ela se omite no exercício de seus poderes, é o interesse público que está sendo prejudicado.
>
> O princípio do interesse público está expressamente previsto no artigo 2º, *caput*, da Lei nº 9.784/99, e especificado no parágrafo único, com a exigência de *"atendimento a fins de interesse geral, vedada a renúncia total ou parcial de poderes ou competências, salvo autorização em lei"* (inciso II). Fica muito claro no dispositivo que o interesse público é irrenunciável pela autoridade administrativa.[127]

José dos Santos Carvalho Filho,[128] por seu turno, afirma que, como os bens e interesses públicos pertencem à coletividade, a Administração tem, unicamente, a atribuição de geri-los, conservá-los e tutelá-los. Aduz, outrossim, que os bens públicos só podem ser alienados na forma em que a lei dispuser e que a celebração dos contratos administrativos, em regra, tem de ser precedida de processo licitatório. Sustenta, enfim, que o princípio da indisponibilidade parte da premissa de que todos os cuidados exigidos para os bens e interesses públicos trazem benefícios para a própria coletividade.

Infere-se, em breviário, que, como o interesse público é titularizado pelo Estado, a Administração não pode praticar atos de liberalidade não previstos em lei, seja dispondo do interesse coletivo, seja renunciando aos deveres-poderes que lhe foram atribuídos para a gestão, preservação

---

[127] DI PIETRO, Maria Sylvia Zanella. *Direito administrativo*. 30. ed. Rio de Janeiro: Forense, 2017. *E-book*. p. 106-107, grifo do autor.

[128] CARVALHO FILHO, José dos Santos. *Manual de direito administrativo*. 33. ed. São Paulo: Atlas, 2019. p. 38.

e proteção do interesse geral.[129] Para além disso, o princípio da indisponibilidade do interesse público assegura a subordinação das funções administrativas à lei, visando à consecução da finalidade pública, de forma impessoal e igualitária.

2.4 Bens públicos

A conceituação dos termos jurídicos "bens" e "coisas" não é tarefa fácil, notadamente porque essas palavras têm significados amplos e são empregadas, seja pelo legislador, seja pela doutrina, em diferentes acepções.

Caio Mário da Silva Pereira entende que "são objeto dos direitos os bens jurídicos".[130]

Falando pela mesma toada, os bens jurídicos compreendem os bens econômicos que integram o patrimônio da pessoa, uma vez que são objeto de direito subjetivo. Demais, os bens inestimáveis economicamente, ou insuscetíveis de se traduzirem por um valor pecuniário, a despeito de não integrarem o patrimônio da pessoa, são igualmente bens jurídicos. De fato, sobre os bens jurídicos de natureza não patrimonial, "se exerce, dentro dos limites traçados pelo direito positivo, o poder jurídico da vontade, e se retiram da incidência do poder jurídico da vontade alheia".[131]

Infere-se que os bens jurídicos, em sentido amplo, compreendem tudo o que pode ser objeto de direito, sem distinção de materialidade ou de patrimonialidade. Nesse contexto, os bens, especificamente como o ativo do patrimônio, correspondem aos elementos de riqueza suscetíveis de apropriação.

---

[129] De fato, a Administração tem o dever-poder de gerir, conservar e tutelar os bens que integram o seu patrimônio, pois, em regra, destinam-se à consecução do interesse público. Assim, para cumprir esse mister, a Administração pode valer-se de diversas medidas de polícia administrativa, visando a prevenir e obstar ao desenvolvimento de atividades particulares contrastantes com o interesse coletivo.

[130] PEREIRA, Caio Mário da Silva. *Instituições de direito civil*. 30. ed. rev. e atual. Rio de Janeiro: Forense, 2017. v. I. E-book. p. 330.

[131] PEREIRA, Caio Mário da Silva. *Instituições de direito civil*. 30. ed. rev. e atual. Rio de Janeiro: Forense, 2017. v. I. E-book. p. 330-331.

Já em sentido estrito, "o *objeto da relação jurídica*, o bem jurídico, pode e deve, por sua vez, suportar uma distinção, que separa os *bens* propriamente ditos das *coisas*".[132]

Observa-se que Caio Mário da Silva Pereira,[133] ao conceituar os termos jurídicos "bens" e "coisas", adota o critério da materialidade, pois entende que as coisas são bens corpóreos concretizados cada um em uma unidade material distinta de qualquer outra, ao passo que os bens propriamente ditos são imateriais ou abstratos. Portanto, um "direito de crédito, uma faculdade, embora defensável pelos remédios jurídicos postos à disposição do sujeito em caso de lesão, diz-se, com maior precisão, ser um bem".[134]

Orlando Gomes, por sua vez, empregando o critério da patrimo-nialidade, sustenta que "a noção de *bem* compreende o que pode ser objeto de direito sem valor econômico, enquanto a de *coisa* restringe-se às utilidades patrimoniais, isto é, as que possuem valor pecuniário".[135]

Nelson Nery Junior e Rosa Maria de Andrade Nery,[136] no que lhes diz respeito, entendem que o bem é uma espécie da coisa. Assim, para uma coisa ser bem, ela tem de ser útil e rara, suscetível a um julgamento de valor. "O termo *bens* adiciona às *coisas*, consideradas exteriormente, um julgamento de valor. [...] Para se compreender o significado do vocábulo 'bens', há que se incluir em sua compreensão a ideia de utilidade e raridade que lhe é própria e que nem todas as coisas possuem".[137]

Para este trabalho científico, em razão da falta de consenso da doutrina civilista, o termo jurídico "coisa" deve ser compreendido como sinônimo do termo jurídico "bem".

> Coisa ou bem é, portanto, noção que abrange, na atualidade, tanto os objetos materiais quanto os imateriais sobre os quais recaiam interesses juridicamente protegidos. Na prática, todavia, a expressão coisa acaba

---

[132] PEREIRA, Caio Mário da Silva. *Instituições de direito civil*. 30. ed. rev. e atual. Rio de Janeiro: Forense, 2017. v. I. E-book. p. 331.

[133] PEREIRA, Caio Mário da Silva. *Instituições de direito civil*. 30. ed. rev. e atual. Rio de Janeiro: Forense, 2017. v. I. E-book. p. 330-331.

[134] PEREIRA, Caio Mário da Silva. *Instituições de direito civil*. 30. ed. rev. e atual. Rio de Janeiro: Forense, 2017. v. I. E-book. p. 331.

[135] GOMES, Orlando. *Introdução ao direito civil*. 12. ed. Rio de Janeiro: Forense, 1996. p. 201.

[136] NERY JUNIOR, Nelson; NERY, Rosa Maria de Andrade. *Código Civil comentado*. 12. ed. São Paulo: Revista dos Tribunais, 2017. p. 465

[137] NERY JUNIOR, Nelson; NERY, Rosa Maria de Andrade. *Código Civil comentado*. 12. ed. São Paulo: Revista dos Tribunais, 2017. p. 465.

sendo usada mais frequentemente ao se tratar de bens que são ou podem ser objeto de direitos reais (o chamado direito das coisas). Registre-se que o conceito de bem ou coisa consiste em noção histórica e relativa, já que varia conforme as necessidades do homem em cada época e a sua própria noção de utilidade, tal qual reconhecida pelo direito.[138]

O Código Civil limitou-se a classificar os bens em diferentes espécies, por meio de uma abordagem puramente estrutural, acompanhada de poucas regras relativas a cada espécie contemplada.

A classificação dos bens em públicos e privados assentou-se no critério subjetivo da titularidade. Assim, nos termos do art. 98 do Código Civil, são "públicos os bens do domínio nacional pertencentes às pessoas jurídicas de direito público interno; todos os outros são particulares, seja qual for a pessoa a que pertencerem".

A expressão "domínio nacional" compreende os bens pertencentes à União, aos estados, ao Distrito Federal, aos municípios, bem como às suas respectivas autarquias, associações públicas e fundações públicas.[139] "Não se confunde, porém, com o território nacional, conceito ligado à estrutura política e ao Estado Federal, considerado este não como pessoa de direito público interno, como ocorre com a União, mas como pessoa de direito internacional".[140]

Com efeito, se o titular do bem é alguma das pessoas de direito público interno, arroladas no art. 41 do Código Civil, o bem é, por essa razão, público.

Não obstante, mister ressaltar que o critério de classificação constante do art. 98 do Código Civil é insuficiente, porquanto os bens de propriedade privada regidos pelo direito público são igualmente bens públicos.

Nesse sentido, o Enunciado nº 287, aprovado na IV Jornada de Direito Civil do Conselho da Justiça Federal, estabelece que "O critério da classificação de bens indicado no art. 98 do Código Civil não exaure

---

[138] SCHREIBER, Anderson *et al. Código Civil comentado*: doutrina e jurisprudência. 3. ed. Rio de Janeiro: Forense, 2021. *E-book.* p. 226-227.

[139] Nesse sentido, o Código Civil dispõe: "Art. 41. São pessoas jurídicas de direito público interno: I - a União; II - os Estados, o Distrito Federal e os Territórios; III - os Municípios; IV - as autarquias, inclusive as associações públicas; V - as demais entidades de caráter público criadas por lei. Parágrafo único. Salvo disposição em contrário, as pessoas jurídicas de direito público, a que se tenha dado estrutura de direito privado, regem-se, no que couber, quanto ao seu funcionamento, pelas normas deste Código".

[140] CANOTILHO, José Joaquim Gomes (Org.) *et al. Comentários à Constituição do Brasil.* 2. ed. São Paulo: Saraiva Educação, 2018. p. 778.

a enumeração dos bens públicos, podendo ainda ser classificado como tal o bem pertencente a pessoa jurídica de direito privado que esteja afetado à prestação de serviços públicos".

Hely Lopes Meirelles, naquilo que lhe diz respeito, afirma que os *"Bens públicos,* em sentido amplo, são todas as coisas, corpóreas ou incorpóreas, imóveis, móveis e semoventes, créditos, direitos e ações, que pertençam, a qualquer título, às entidades estatais, autárquicas, fundacionais e empresas governamentais".[141]

José Cretella Júnior, de modo semelhante, sustenta que "para nós *bens públicos são as coisas materiais ou imateriais, assim como as prestações, pertencentes* às *pessoas jurídicas públicas, objetivando fins públicos e sujeitas a regime jurídico especial, de direito público, derrogatório e exorbitante do direito comum".*[142] Ainda segundo esse autor, "quanto ao primeiro característico, observe-se que o *pertencerem* ao Estado não implica em seres todos os bens públicos de direito pessoal ou real, no sentido das leis civis. Muitos desses bens lhe *pertencem* no sentido de que *são por ele administrados,* no interesse coletivo".[143]

José dos Santos Carvalho Filho,[144] no mesmo sentido, entende que os bens públicos são os bens de propriedade pública e aqueles outros que, de uso da coletividade, sujeitam-se ao poder de disciplinamento e regulamentação pelo Estado.

Celso Antônio Bandeira de Mello sustenta, igualmente, que todos os bens de propriedade pública e de propriedade privada afetados a uma finalidade pública são bens públicos, pois sujeitos ao mesmo regime jurídico de direito público. Assim, em suas palavras:

> 1. Bens públicos são todos os bens que pertencem às pessoas jurídicas de Direito Público, isto é, União, Estados, Distrito Federal, Municípios, respectivas autarquias e fundações de Direito Público (estas últimas, aliás, não passam de autarquias designadas pela base estrutural que possuem), bem como os que, embora não pertencentes a tais pessoas, estejam afetados à prestação de um serviço público.
> O conjunto de bens públicos forma o domínio público, que inclui tanto bens imóveis como móveis. [...]

---

[141] MEIRELLES, Hely Lopes; BURLE FILHO, José Emmanuel. *Direito administrativo brasileiro.* 42. ed. São Paulo: Malheiros, 2016. p. 636.

[142] CRETELLA JÚNIOR, José. *Tratado do domínio público.* Rio de Janeiro: Forense, 1984. p. 19.

[143] CRETELLA JÚNIOR, José. *Tratado do domínio público.* Rio de Janeiro: Forense, 1984. p. 21.

[144] CARVALHO FILHO, José dos Santos. *Manual de direito administrativo.* 33. ed. São Paulo: Atlas, 2019. p. 1225.

A noção de bem público, tal como qualquer outra noção em Direito, só interessa se for correlata a um dado regime jurídico. Assim, todos os bens que estiverem sujeitos ao mesmo regime público deverão ser havidos como bens públicos. Ora, bens particulares quando afetados a uma atividade pública (enquanto o estiverem) ficam submissos ao mesmo regime jurídico dos bens de propriedade pública. Logo, têm que estar incluídos no conceito de bem público.[145]

Infere-se, portanto, que os bens públicos são os bens regidos pelo direito público e os bens regidos pelo direito privado, se pertencentes ao Estado.

Os poderes exercidos pela Administração sobre os bens públicos regidos pelo direito público não decorrem do direito de propriedade, mas do regime jurídico administrativo, que impõe e protege a destinação pública dessas coisas, mesmo contra os seus eventuais proprietários. De fato, os poderes inerentes à propriedade privada[146] são incompatíveis com esses bens públicos, pois o Estado não tem a faculdade de usá-los como mais bem lhe aprouver ou de dar à coisa pública a destinação que quiser.

Nesse contexto, são regidos pelo regime jurídico administrativo os bens de uso comum do povo e os bens de uso especial.[147]

Os bens públicos de uso comum do povo pertencem ao domínio eminente do Estado, como uma das manifestações de soberania interna, mas o seu titular é o povo.

Trata-se, verdadeiramente, de bens indisponíveis, porquanto não se revestem de característica patrimonial. "Incluem-se, então, os mares,

---

[145] BANDEIRA DE MELLO, Celso Antônio. *Curso de direito administrativo*. 32. ed. São Paulo: Malheiros, 2015. p. 937-938.

[146] A propriedade privada é o mais importante dos direitos reais, pois, segundo o art. 1.228 do Código Civil, confere ao proprietário os poderes de usar, gozar e dispor da coisa como melhor lhe aprouver, bem como o de reivindicá-la de quem quer que injustamente a possua ou detenha. Esse direito, entretanto, não é absoluto, uma vez deve ser exercido em consonância com a boa-fé objetiva e com a função social e econômica da propriedade privada. Com efeito, o proprietário tem os deveres de viabilizar utilidade concreta para o bem e não praticar atos emulativos, pois, conforme dispõe o art. 187 do Código Civil, "Também comete ato ilícito o titular de um direito que, ao exercê-lo, excede manifestamente os limites impostos pelo seu fim econômico ou social, pela boa-fé ou pelos bons costumes".

[147] O Código Civil não conceitua os bens públicos de uso comum do povo e os de uso especial, mas apenas elenca exemplos desses bens, senão vejamos: "Art. 99. São bens públicos: I - os de uso comum do povo, tais como rios, mares, estradas, ruas e praças; II - os de uso especial, tais como edifícios ou terrenos destinados a serviço ou estabelecimento da administração federal, estadual, territorial ou municipal, inclusive os de suas autarquias".

os rios, as estradas, as praças e logradouros públicos, o espaço aéreo etc., alguns deles, é óbvio, enquanto mantiverem essa destinação".[148]

Com efeito, as pessoas jurídicas de direito público interno são apenas administradoras desses bens públicos. Todavia, essas entidades podem cobrar pela sua fruição, como uma contrapartida remuneratória das despesas necessárias à manutenção da integridade da coisa. Nesse sentido, o art. 103 do Código Civil dispõe que o "uso comum dos bens públicos pode ser gratuito ou retribuído, conforme for estabelecido legalmente pela entidade a cuja administração pertencerem".

> Entre as exigências de fruição, pode-se encontrar a remuneração, destinada a compensar as despesas necessárias à manutenção da coisa ou produzir um processo de seleção quando não houver viabilidade de fruição do mesmo bem por um número indeterminado de pessoas. A remuneração não reflete, usualmente, modalidade de exploração econômica do bem, mas costuma ser uma contrapartida remuneratória das despesas necessárias à manutenção da integridade da coisa.[149]

Os bens de uso especial pertencem ao domínio patrimonial do Estado, como direito de propriedade pública, sendo utilizados pela Administração Pública para a persecução de finalidade pública prevista em lei.

Trata-se, realmente, de bens do patrimônio público indisponível, pois, a despeito de ser possível avaliá-los economicamente, são indisponíveis pela circunstância de estarem afetados a uma finalidade pública. "Por exemplo: um prédio público é suscetível de avaliação patrimonial; é um bem vendável no mercado imobiliário e faz parte do patrimônio estatal. É, contudo, indisponível porque serve à utilização do Estado".[150]

> É mais adequada a expressão utilizada pelo direito italiano e pelo antigo Código de Contabilidade Pública, ou seja, bens do *patrimônio indisponível*; por aí se ressaltar o caráter patrimonial do bem (ou seja, a sua possibilidade de ser economicamente avaliado) e a sua indisponibilidade,

---

[148] CARVALHO FILHO, José dos Santos. *Manual de direito administrativo*. 33. ed. São Paulo: Atlas, 2019. p. 1234.

[149] JUSTEN FILHO, Marçal. *Curso de direito administrativo*. 11. ed. São Paulo: Revista dos Tribunais, 2015. p. 1061-1062.

[150] CARVALHO FILHO, José dos Santos. *Manual de direito administrativo*. 33. ed. São Paulo: Atlas, 2019. p. 1234.

que resulta, não da natureza do bem, mas do fato de estar ele afetado a um fim público.[151]

Em razão de estarem afetados, a utilização dos bens de uso especial pode ser restrita a agentes públicos e políticos, bem como a particulares que atendam aos requisitos impostos pelo Estado.

Para além disso, o bem pertencente à pessoa jurídica de direito privado que está afetado à prestação de serviços públicos é, igualmente, classificado como bem público de uso especial, uma vez que, por ato ou fato da Administração, o bem do domínio patrimonial privado foi incorporado ao domínio patrimonial do Estado.

Sob essa ótica, os bens de sociedade de economia mista, empresa pública e demais sociedades paraestatais, com personalidade jurídica de direito privado, que explorem serviços públicos, são considerados bens públicos de uso especial, porquanto, afetados à sua finalidade, não podem ser utilizados senão de acordo com as normas de direito público.

Nesse sentido, os ministros da Terceira Turma do Superior Tribunal de Justiça, no julgamento do Recurso Especial nº 1.448.026-PE, acordaram que a Caixa Econômica Federal, a despeito de ser empresa pública com personalidade jurídica de direito privado, ao atuar como agente financeiro dos programas oficiais de habitação e órgão de execução da política habitacional, explora serviço público de relevante função social. Assim, o imóvel vinculado ao Sistema Financeiro de Habitação, porque afetado à prestação de serviço público, deve ser tratado como bem público, sendo, pois, imprescritível. Em razão de sua clareza, transcreve-se a ementa desse acórdão:

> DIREITO CIVIL. RECURSO ESPECIAL. AÇÃO DE USUCAPIÃO. IMÓVEL DA CAIXA ECONÔMICA FEDERAL VINCULADO AO SFH. IMPRESCRITIBILIDADE. PREENCHIMENTO DOS REQUISITOS LEGAIS. REEXAME DE FATOS E PROVAS. DISSÍDIO JURISPRUDENCIAL NÃO COMPROVADO.
>
> 1. Ação de usucapião especial urbana ajuizada em 18/07/2011, da qual foi extraído o presente recurso especial, interposto em 11/01/2013 e concluso ao Gabinete em 01/09/2016.
>
> 2. Cinge-se a controvérsia a decidir sobre a possibilidade de aquisição por usucapião de imóvel vinculado ao Sistema Financeiro de Habitação e de titularidade da Caixa Econômica Federal.

---

[151] DI PIETRO, Maria Sylvia Zanella. *Direito administrativo*. 30. ed. Rio de Janeiro: Forense, 2017. *E-book*. p. 698-699, grifo do autor.

CAPÍTULO 2
PREMISSAS DE DIREITO ADMINISTRATIVO | 89

3. A Caixa Econômica Federal integra o Sistema Financeiro de Habitação, que, por sua vez, compõe a política nacional de habitação e planejamento territorial do governo federal e visa a facilitar e promover a construção e a aquisição da casa própria ou moradia, especialmente pelas classes de menor renda da população, de modo a concretizar o direito fundamental à moradia.

4. Não obstante se trate de empresa pública, com personalidade jurídica de direito privado, a Caixa Econômica Federal, ao atuar como agente financeiro dos programas oficiais de habitação e órgão de execução da política habitacional, explora serviço público, de relevante função social, regulamentado por normas especiais previstas na Lei 4.380/64.

5. O imóvel da Caixa Econômica Federal vinculado ao Sistema Financeiro de Habitação, porque afetado à prestação de serviço público, deve ser tratado como bem público, sendo, pois, imprescritível.

6. Alterar o decidido pelo Tribunal de origem, no que tange ao preenchimento dos requisitos legais para o reconhecimento da usucapião, seja a especial urbana, a ordinária ou a extraordinária, exige o reexame de fatos e provas, o que é vedado em recurso especial pela Súmula 7/STJ.

7. Recurso especial parcialmente conhecido e, nessa parte, desprovido. (BRASIL. Superior Tribunal de Justiça. Recurso Especial 1.448.026-PE. Relatora Ministra Nancy Andrighi. Brasília, 17 de novembro de 2016)

Já os bens públicos regidos pelo direito privado são os bens dominicais, pertencentes ao Estado em sua qualidade de proprietário, como objeto de direito pessoal ou real,[152] sem se poder fazer distinção quanto a serem móveis ou imóveis, fungíveis ou infungíveis, consumíveis ou inconsumíveis.

Trata-se, de fato, de bens que comportam função patrimonial ou financeira, pois, em regra, destinam-se a assegurar rendas ao Estado, que são empregáveis no custeio de necessidades coletivas ou na viabilização de empreendimentos públicos.

Desse modo, são bens dominicais as terras sem destinação pública específica (entre elas, as terras devolutas, adiante estudadas), os prédios públicos desativados, os bens móveis inservíveis e a dívida ativa. Esses é que constituem objeto de direito real ou pessoal das pessoas jurídicas de direito público.[153]

---

[152] O Código Civil optou por fornecer o conceito de bens dominicais, senão vejamos: "Art. 99. São bens públicos: [...] III - os dominicais, que constituem o patrimônio das pessoas jurídicas de direito público, como objeto de direito pessoal, ou real, de cada uma dessas entidades".

[153] CARVALHO FILHO, José dos Santos. *Manual de direito administrativo*. 33. ed. São Paulo: Atlas, 2019. p. 1232-1233.

Com efeito, os bens dominicais constituem o patrimônio público disponível do Estado, devendo ser explorados de modo mais intenso possível, a fim de cumprir a sua função social. Ademais, a ausência concreta de afetação ao interesse público "faz com que o regime jurídico dos bens dominicais seja mais próximo do regime jurídico dos bens particulares, ainda que não se possa desconsiderar a existência de peculiaridades".[154] Assim, na falta de regras jurídicas sobre os bens dominicais, incidem, supletivamente, as de direito privado.

Além disso, segundo o parágrafo único do art. 99 do Código Civil, "Não dispondo a lei em contrário, consideram-se dominicais os bens pertencentes às pessoas jurídicas de direito público a que se tenha dado estrutura de direito privado".

Na tentativa de se especificar quais seriam essas figuras, o Enunciado nº 141, aprovado na III Jornada de Direito Civil do Conselho da Justiça Federal, dispõe que "A remissão do art. 41, parágrafo único, do Código Civil às pessoas jurídicas de direito público, a que se tenha dado estrutura de direito privado, diz respeito às fundações públicas e aos entes de fiscalização do exercício profissional".

No mesmo sentido, José dos Santos Carvalho Filho afirma:

> O novo Código Civil apresentou inovação no que concerne aos bens dominicais. Dispõe o art. 99, parágrafo único, que, não dispondo a lei em contrário, "consideram-se dominicais os bens pertencentes às pessoas jurídicas de direito público a que se tenha dado estrutura de direito privado". A norma é de difícil compreensão. O que significaria dar estrutura de direito privado a uma pessoa de direito público? A ideia da norma é, no mínimo, estranha. Há duas hipóteses que teriam pertinência no caso: ou a pessoa de direito público se transforma em pessoa de direito privado, logicamente adotando a estrutura própria desse tipo de entidade; ou continua sendo de direito público, apenas adaptando em sua estrutura alguns aspectos (e não podem ser todos!) próprios de pessoas de direito privado. Ao que parece, somente essa segunda hipótese se conformaria ao texto legal, mas fica difícil entender a razão do legislador. Se a intenção foi a de tornar mais flexível a disponibilização dos bens dessas entidades, qualificando-os como dominicais, seria mais razoável que a lei responsável pela introdução da nova estrutura de direito privado já atribuísse aos bens a referida qualificação, e isso porque o novo diploma já estabelece que os bens dominicais podem ser

---

[154] SCHREIBER, Anderson *et al*. *Código Civil comentado*: doutrina e jurisprudência. 3. ed. Rio de Janeiro: Forense, 2021. *E-book*. p. 259.

alienados, observadas as exigências da lei (art. 101). Desse modo, não nos parece ter sido feliz o legislador nessa inovação.[155]

Maria Sylvia Zanella Di Pietro, no que lhe diz respeito, adverte que a redação do parágrafo único do art. 99 do Código Civil permite concluir que "a destinação do bem é irrelevante, pois, qualquer que seja ela, o bem se inclui como dominical só pelo fato de pertencer a pessoa jurídica de direito público a que se tenha dado estrutura de direito privado, a menos que a lei disponha em sentido contrário".[156]

Em remate, a classificação dos bens públicos em bens de uso comum do povo, bens de uso especial e bens dominicais é imprescindível para identificar a arbitrabilidade objetiva, porquanto apenas as controvérsias relativas a direitos patrimoniais disponíveis podem ser dirimidas por meio da arbitragem.

2.5 Contratos da Administração

O contrato de direito privado pode ser entendido, tradicionalmente, como o fato jurídico decorrente de uma composição de interesses, cujos efeitos são desejados pelas partes (*ex voluntate*). Logo, as partes podem escolher o ato jurídico lícito a ser praticado, bem como o seu conteúdo eficacial, que resulta da incidência de uma norma que aceita a intervenção da vontade humana. Infere-se, assim, que a manifestação de vontade e a lei são elementares causais do contrato.

Com efeito, o contrato de direito privado não pode ser visto apenas como o negócio jurídico fundante da relação contratual, mas também como a relação jurídica que se forma e se desenvolve a partir desse negócio jurídico fundante, na concreta atuação das partes para a consecução dos efeitos comuns que lhes são desejados.

Além disso, o art. 421, *caput*, do Código Civil, com a redação dada pela Lei nº 13.874/2019, rompendo a tradição individual-voluntarista, dispõe que "A liberdade contratual será exercida nos limites da função social do contrato".

Infere-se que a Lei nº 13.874/2019 passou a privilegiar o elemento funcional-social do contrato de direito privado.

---

[155] CARVALHO FILHO, José dos Santos. *Manual de direito administrativo*. 33. ed. São Paulo: Atlas, 2019. p. 1233.

[156] DI PIETRO, Maria Sylvia Zanella. *Direito administrativo*. 30. ed. Rio de Janeiro: Forense, 2017. *E-book*. p. 698-695.

Nesse contexto, nos contratos de direito privado, os efeitos desejados pelas partes não podem se dissociar de um fim socialmente útil. "A disposição do art. 421 merece aplausos no sentido de que retira o contrato do campo puramente individual, para lhe exigir benefícios que transcendam a esfera particular daqueles que celebraram o contrato, promovendo interesses socialmente relevantes".[157]

De fato, como a República Federativa do Brasil tem como fundamento o valor social da livre-iniciativa (Constituição Federal, art. 1º, IV), o exercício da liberdade contratual pelos contratantes está permanentemente condicionado ao atendimento de interesses sociais que se afigurem relevantes naquela situação particular.

Para além disso, no campo das relações sociais e das oportunidades de progresso econômico, quanto maior a desigualdade material, maior será a limitação da autonomia da vontade pela autonomia privada, visando a proteger os segmentos sociais desprovidos do poder de negociação ou de confrontação.

A autonomia da vontade, símbolo do individualismo, é caracterizada pela possibilidade de o particular autorregular seus próprios interesses, estabelecendo regras para si próprio e para os outros. A autonomia privada, símbolo da socialidade e eticidade, limita a autonomia da vontade, seja por meio da incidência da boa-fé objetiva, solidariedade social e equilíbrio material entre as prestações, seja por intermédio da vedação ao abuso de direito.

César Fiuza ensina que, com a substituição da autonomia da vontade pela autonomia privada, emerge a "teoria preceptiva". Para esse autor, o negócio jurídico, como preceito da autonomia privada, exige, para vincular as partes, a composição de vontades visando ao atendimento de interesse socioeconômico. À luz de suas palavras:

> A massificação dos contratos é, portanto, consequência da concentração industrial e comercial, que reduziu o número de empresas, aumentando-as em tamanho.
>
> As pessoas já não contratavam como antes. Não havia mais lugar para negociações e discussões acerca de cláusulas contratuais. Os contratos passaram a ser celebrados em massa, já vindo escritos em formulários impressos.

---

[157] SCHREIBER, Anderson *et al. Código Civil comentado*: doutrina e jurisprudência. 3. ed. Rio de Janeiro: Forense, 2021. *E-book*. p. 794.

Toda essa revolução mexe com a principiologia do Direito Contratual. Os fundamentos da vinculatividade dos contratos não podiam mais se centrar exclusivamente na vontade, segundo o paradigma liberal individualista. Os contratos passaram a ser concebidos em termos econômicos e sociais. Nasce a *teoria preceptiva*. Segundo esta teoria, as obrigações oriundas dos contratos valem não apenas porque as partes as assumiram, mas porque interessa à sociedade a tutela da situação objetivamente gerada, por suas consequências econômicas e sociais.

Como se pode concluir, a mesma Revolução Industrial que gerou a principiologia clássica, que aprisionou o fenômeno contratual nas fronteiras da vontade, essa mesma Revolução trouxe a massificação, a concentração e, como consequência, as novas formas de contratar, o que gerou, aliado ao surgimento do Estado Social, também subproduto da Revolução Industrial, uma checagem integral na principiologia do Direito dos Contratos. Estes passam a ser encarados não mais sob o prisma do liberalismo, como fenômenos da vontade, mas antes como fenômenos econômico-sociais, oriundos das mais diversas necessidades humanas. A vontade, que era fonte, passou a ser veio condutor.

Consequência dessa massificação, do consumismo e das novas formas de contratar, o Direito Contratual entra em crise. Sua antiga principiologia, calcada nos ideais do liberalismo, já não serve mais. A autonomia da vontade é substituída pela autonomia privada, surge a teoria preceptiva, como já se disse. Vários outros princípios são revistos, relidos.

A coisificação do sujeito de direito, subproduto da visão de agente econômico, não se sustenta mais no Estado Democrático. A própria ideia tradicional de sujeito de direito gera verdadeira excludência do outro. O credor é titular, sujeito ativo, detentor de direito de crédito oponível contra o devedor, sujeito passivo, adstrito a realizar em favor do credor uma obrigação creditícia. Se a não cumprir, submeter-se-á a uma quase *manus iniectio* do credor, que poderá agredir-lhe o patrimônio. Mas e os direitos do devedor? Este também é pessoa com direito à dignidade humana, sujeito de direitos fundamentais. Vê-se, claramente, que a ideia tradicional de sujeito de direito e mesmo de relação jurídica exclui os demais, realçando a figura do titular do direito, seja de crédito, seja real. Isso começa a mudar, embora ainda seja importantíssimo o conceito de sujeito de direito e de relação jurídica.

O patrimônio e a propriedade deixam de ser o centro gravitacional do Direito das Obrigações e do Direito das Coisas. Seu lugar ocupa o ser humano, enquanto pessoa, com direito à dignidade, à promoção espiritual, social e econômica. Fala-se, pois, em função social do contrato, da propriedade. Fala-se em despatrimonialização do Direito Privado, principalmente do Direito das Obrigações. Nasce o Direito protetivo do consumidor, acompanhado até mesmo de algum exagero *consumerista*.[158]

Emerge, desse modo, a aplicação direta dos direitos fundamentais nas relações privadas ou de eficácia privada, ou seja, quanto maior a desigualdade fática entre as partes, menor é o peso da argumentação ligada à autonomia da vontade, e maior é o peso da argumentação ligada aos direitos fundamentais.

Os contratos da Administração, por sua vez, cuja noção corresponde a um gênero, são aqueles ajustes bilaterais em que a Administração Pública figura em um dos polos da relação contratual. "A expressão *contratos da Administração* é utilizada, em sentido amplo, para abranger todos os contratos celebrados pela Administração Pública, seja sob regime de direito público, seja sob regime de direito privado".[159]

Impende destacar que a exigência de prévia licitação se relaciona, preponderantemente, com os contratos bilaterais da Administração, uma vez que o art. 2º da Lei nº 14.133/2021[160] não se refere aos contratos unilaterais, tampouco aos atos de disposição praticados em benefício da Administração.

Os contratos bilaterais da Administração são, em regra, comutativos ou sinalagmáticos, pois, durante a sua execução, o contratado tem de realizar determinada prestação, que corresponderá ao dever de a Administração adimplir a sua prestação.

Assim, como há a troca no patrimônio de cada parte, a Constituição Federal[161] impõe o dever de a contratação ser precedida de

---

[158] FIUZA, César. *Direito Civil*: curso completo. 2. ed. São Paulo: Revista dos Tribunais, 2015. *E-book*. p. 60.

[159] DI PIETRO, Maria Sylvia Zanella. *Direito administrativo*. 30. ed. Rio de Janeiro: Forense, 2017. *E-book*. p. 261, grifo do autor.

[160] A Lei nº 14.133/2021 prevê: "Art. 2º Esta Lei aplica-se a: I - alienação e concessão de direito real de uso de bens; II - compra, inclusive por encomenda; III - locação; IV - concessão e permissão de uso de bens públicos; V - prestação de serviços, inclusive os técnico-profissionais especializados; VI - obras e serviços de arquitetura e engenharia; VII - contratações de tecnologia da informação e de comunicação".

[161] A Emenda à Constituição nº 19, de 1998, excluiu as empresas públicas, sociedades de economia mista e suas subsidiárias que explorem atividade econômica de produção ou comercialização de bens ou de prestação de serviços, titulares de personalidade jurídica de direito privado, do regime geral das licitações, determinando a existência de dois regimes jurídicos diversos para as licitações administrativas. Nesse sentido, a Constituição Federal passou a dispor que: "Art. 37. A administração pública direta e indireta de qualquer dos Poderes da União, dos Estados, do Distrito Federal e dos Municípios obedecerá aos princípios de legalidade, impessoalidade, moralidade, publicidade e eficiência e, também, ao seguinte: [...] XXI - ressalvados os casos especificados na legislação, as obras, serviços,

licitação, que, nos termos da Lei nº 14.133/2021, trata-se de processo administrativo de natureza instrumental, destinado à realização de resultados consubstanciados na seleção da melhor proposta possível,[162] observância do tratamento isonômico[163] entre os licitantes e promoção da inovação e desenvolvimento nacional sustentável.

A exigência de prévia licitação pode relacionar-se, igualmente, aos contratos unilaterais da Administração, ante a necessidade de selecionar a melhor proposta possível e assegurar o tratamento isonômico a todos os potencialmente interessados.

> Mas há hipóteses de contratos unilaterais em favor da Administração, em que se impõe a realização da licitação. A ausência de obrigação de pagamento por parte da Administração não conduz, de modo necessário e inafastável, à desnecessidade da licitação. É indispensável assegurar a obtenção da proposta mais vantajosa, tal como o tratamento isonômico entre diversos potenciais interessados. [...]

---

compras e alienações serão contratados mediante processo de licitação pública que assegure igualdade de condições a todos os concorrentes, com cláusulas que estabeleçam obrigações de pagamento, mantidas as condições efetivas da proposta, nos termos da lei, o qual somente permitirá as exigências de qualificação técnica e econômica indispensáveis à garantia do cumprimento das obrigações. [...] Art. 173. Ressalvados os casos previstos nesta Constituição, a exploração direta de atividade econômica pelo Estado só será permitida quando necessária aos imperativos da segurança nacional ou a relevante interesse coletivo, conforme definidos em lei. §1º A lei estabelecerá o estatuto jurídico da empresa pública, da sociedade de economia mista e de suas subsidiárias que explorem atividade econômica de produção ou comercialização de bens ou de prestação de serviços, dispondo sobre: [...] III - licitação e contratação de obras, serviços, compras e alienações, observados os princípios da administração pública".

[162] A melhor proposta possível corresponde a uma relação custo-benefício, apresentando-se quando a Administração assume o dever de realizar a prestação menos onerosa e o particular se obrigar a realizar a melhor e mais completa prestação. De fato, a melhor proposta possível caracteriza-se como a adequação e satisfação do interesse coletivo por meio da execução do contrato.

[163] A isonomia exige tratamento igual na lei e perante a lei. Não obstante, não caracterizam violação à isonomia as diferenciações realizadas pela lei e pela Administração Pública quando houver correlação lógica entre o critério de discrime e a discriminação decidida em função dele. José dos Santos Carvalho Filho esclarece que o "princípio da igualdade, ou isonomia, tem sua origem no art. 5º da CF, como direito fundamental, e indica que a Administração deve dispensar idêntico tratamento a todos os administrados que se encontrem na mesma situação jurídica. Ao tratar da obrigatoriedade da licitação, a Constituição, de forma expressa, assegurou no art. 37, XXI, que o procedimento deve assegurar 'igualdade de condições a todos os concorrentes'. [...] É claro que a lei admite que o administrador, ao enunciar as regras do procedimento, defina alguns requisitos para a competição. A igualdade aqui, como bem anota IVAN RIGOLIN, é de expectativa, porque todos têm, em princípio, iguais expectativas de contratar com a Administração. Desse modo, a possibilidade efetiva de alijar licitantes do certame deve ocorrer após o instrumento de convocação, quando se verificar que não preenchem os requisitos aí demarcados" (CARVALHO FILHO, José dos Santos. *Manual de direito administrativo*. 33. ed. São Paulo: Atlas, 2019. p. 254).

Pode haver casos em que a gratuidade da prestação executada em favor da Administração envolve uma solução que não se configura como a mais vantajosa. Assim se passa, de modo especial, nos casos em que a Administração necessitará realizar outros desembolsos para obter o resultado pretendido.

Um exemplo permite compreender a questão. Suponha-se que um certo fabricante ofereça gratuitamente impressoras para a Administração Pública. Evidentemente, a impressora somente será útil se houver a disponibilidade do toner. Se o toner adequado para a impressora oferecida gratuitamente tiver preço muito elevado, a doação poderá não ser a solução mais vantajosa. [...]

Outra hipótese de licitação obrigatória é aquela em que a liberalidade do particular é acompanhada de interesse pessoal indissociável. Isso se passa quando o particular estiver em condições de auferir vantagens não diretamente em face da Administração, mas quanto a terceiros. A liberalidade em favor da Administração será contrabalançada por benefício obtido no relacionamento com outros. Em muitos casos, a situação assemelha-se a uma concessão de bens ou serviços públicos. Poderá, inclusive e se for o caso, aplicar-se a legislação correspondente. Assim, suponha-se a situação de doação de lixeiras públicas, as quais são utilizadas como veículo de publicidade. Não é possível argumentar que a doação das lixeiras somente traz benefícios para a coletividade, descabendo abertura de licitação. É que inúmeros particulares podem interessar-se em obter os benefícios provenientes da publicidade nas lixeiras. Muitos deles poderão dispor-se, até mesmo, a pagar por isso, além de arcar com o custo da instalação das lixeiras.[164]

Não se pode olvidar que o art. 3º da Lei nº 14.133/2021[165] exclui diversos contratos da incidência do regime de direito público, pois isso ocasionaria a supressão do regime de mercado que dá identidade à contratação ou um desequilíbrio econômico que inviabilizaria a continuidade da atividade do contratado.

A ausência de submissão de tais contratos ao regime próprio dos contratos administrativos não implica a ausência de sua submissão às normas pertinentes às atividades preparatórias e, quando for o caso, à licitação.

---

[164] JUSTEN FILHO, Marçal. *Comentários à lei de licitações e contratos administrativos:* lei 8.666/1993. 3. ed. São Paulo: Thomson Reuters Brasil, 2019. *E-book.* p. 73.

[165] Assim, a Lei nº 14.133/2021 dispõe: "Art. 3º Não se subordinam ao regime desta Lei: I - contratos que tenham por objeto operação de crédito, interno ou externo, e gestão de dívida pública, incluídas as contratações de agente financeiro e a concessão de garantia relacionadas a esses contratos; II - contratações sujeitas a normas previstas em legislação própria".

A atividade administrativa pré-contratual deve ser norteada pelas exigências de planejamento. Não é afastado o dever de a Administração promover a contratação mais vantajosa possível, com observância de tratamento isonômico para os potenciais interessados.[166]

O contrato da Administração, seja qual for a espécie, caracteriza-se como atividade administrativa norteada pelos critérios de conveniência e oportunidade, privativos da Administração Pública, e destinada à consecução do interesse público.

Os contratos privados da Administração,[167] primeira das espécies do gênero contratos da Administração, são regulados pelo direito civil ou empresarial. Assim, como os ajustes são regulados pelo direito privado, a situação jurídica da Administração se aproxima da do particular, não lhe sendo atribuídas, em regra, quaisquer prerrogativas.

> É evidente que, quando a Administração firma contratos regulados pelo direito privado, situa-se no mesmo plano jurídico da outra parte, não lhe sendo atribuída, como regra, qualquer vantagem especial que refuja às linhas do sistema contratual comum. Na verdade, considera-se que, nesse caso, a Administração age no seu *ius gestionis*, com o que sua situação jurídica muito se aproxima da do particular.[168]

Desse modo, os contratos privados da Administração presumem-se paritários e simétricos, cabendo, entretanto, ao aplicador do direito examinar concretamente a igualdade do poder de negociação entre os contratantes.

Ademais, a Administração e a outra parte são obrigadas a guardar a boa-fé objetiva, desde as tratativas até após o exaurimento da execução do contrato. Nesse sentido, o Enunciado nº 170, aprovado na III Jornada de Direito Civil do Conselho da Justiça Federal, estabelece que "A boa-fé objetiva deve ser observada pelas partes na fase de negociações preliminares e após a execução do contrato, quando tal exigência decorrer da natureza do contrato".

De fato, a boa-fé objetiva tem as funções de: (a) servir de cânone interpretativo dos contratos privados da Administração; (b) impedir a

---

[166] JUSTEN FILHO, Marçal. *Comentários à lei de licitações e contratações administrativas*: lei 14.133/2021. São Paulo: Thomson Reuters Brasil, 2021. p. 75.

[167] À guisa de exemplo, são contratos de direito privado da Administração: a locação, a doação, a permuta e outros do gênero.

[168] CARVALHO FILHO, José dos Santos. *Manual de direito administrativo*. 33. ed. São Paulo: Atlas, 2019. p. 180.

prática de atos emulativos pelas partes; e (c) criar deveres anexos, instrumentais ou tutelares da prestação principal, que variam de acordo com cada negócio jurídico celebrado.[169]

Além disso, os contratos privados da Administração devem relacionar o plano normativo (mormente o dos direitos fundamentais) com o plano da realidade social, uma vez que o negócio jurídico não deve interessar apenas às partes, mas cumprir, sempre que possível, uma função socialmente significativa.

Com efeito, como a Constituição Federal não é um documento axiologicamente neutro, haja vista que influencia o desenvolvimento de todas as esferas do direito público e privado, para a função social do contrato privado da Administração deve ser reservado um papel voltado especificamente à realização de interesses da sociedade que se relacionem àquele negócio jurídico específico, notadamente quando tais interesses não coincidem com os interesses egoísticos dos contratantes.

Já os contratos administrativos, segunda das espécies do gênero contratos da Administração, são os contratos típicos da Administração, pois sofrem a incidência de normas especiais de direito público, só se lhes aplicando supletivamente as normas de direito privado.[170]

Efetivamente, o contrato administrativo não observa a igualdade entre as partes, pois a Administração ocupa posição de supremacia em relação ao particular. Ademais, não há falar em autonomia privada, uma vez que "a autoridade administrativa só faz aquilo que a lei manda (princípio da legalidade) e o particular submete-se a cláusulas *regulamentares* ou de *serviço*, fixadas unilateralmente pela Administração, em obediência

---

[169] Os deveres tutelares da prestação principal consistem em obrigações que surgem da aplicação da boa-fé objetiva, considerando-se clausuladas, independentemente de previsão contratual expressa. Assim, a boa-fé objetiva, em suas múltiplas potencialidades, será adequadamente aplicada por meio do: (a) dever de lealdade e confiança recíprocas, pois a parte não deve manter comportamento contraditório, que implique violação da confiança da parte contrária; (b) dever de assistência ou cooperação, haja vista que, como o contrato é celebrado para ser cumprido, cada contratante deve colaborar para o correto adimplemento de sua prestação principal, em toda a sua extensão; (c) dever de informação, uma vez que cada parte tem o dever de comunicar à outra as características que circundam o negócio jurídico, desde as peculiaridades da coisa ou serviço até os riscos que representa; (d) dever de proteção, pois cada contratante deve evitar que as suas atitudes causem riscos ao direito do outro na relação jurídica.

[170] Nesse sentido, o art. 89 da Lei nº 14.133/2021 estabelece que os "contratos de que trata esta Lei regular-se-ão pelas suas cláusulas e pelos preceitos de direito público, e a eles serão aplicados, supletivamente, os princípios da teoria geral dos contratos e as disposições de direito privado".

ao que decorre da lei".[171] Por fim, o contrato administrativo não segue a força obrigatória das convenções, haja vista que o regime jurídico administrativo confere à Administração a prerrogativa de modificá-lo unilateralmente. "A autoridade administrativa, por estar vinculada ao princípio da indisponibilidade do interesse público, não poderia sujeitar-se a cláusulas inalteráveis como ocorre no direito privado".[172]

Posto isto, para considerar o contrato administrativo, ante as suas especificidades, como espécie de contrato, é preciso compreender que, hodiernamente, o conceito de contrato advém da teoria geral do direito, e não mais do direito privado. Assim, há falar em contrato de direito privado e em contrato de direito público, que "abrange contratos de direito internacional e de direito administrativo".[173]

Nesse contexto, o contrato administrativo, ainda que as cláusulas regulamentares ou de serviço sejam fixadas unilateralmente, trata-se, verdadeiramente, de um acordo voluntário de vontades, reciprocamente condicionantes e condicionadas, uma vez que os interesses e finalidades das partes apresentam-se contraditórios e opostos.

Há, assim, a produção de efeitos jurídicos para a Administração e o contratado, consubstanciados em direitos e obrigações recíprocas para os contratantes, que são, em regra, irrevogáveis. De fato, a Lei nº 14.133/2021[174] não contempla a prerrogativa ou competência anômala[175]

---

[171] DI PIETRO, Maria Sylvia Zanella. *Direito administrativo*. 30. ed. Rio de Janeiro: Forense, 2017. *E-book*. p. 261, grifo do autor.

[172] DI PIETRO, Maria Sylvia Zanella. *Direito administrativo*. 30. ed. Rio de Janeiro: Forense, 2017. *E-book*. p. 261-262.

[173] DI PIETRO, Maria Sylvia Zanella. *Direito administrativo*. 30. ed. Rio de Janeiro: Forense, 2017. *E-book*. p. 263.

[174] A Lei nº 14.133/2021 dispõe: "Art. 104. O regime jurídico dos contratos instituído por esta Lei confere à Administração, em relação a eles, as prerrogativas de: I - modificá-los, unilateralmente, para melhor adequação às finalidades de interesse público, respeitados os direitos do contratado; II - extingui-los, unilateralmente, nos casos especificados nesta Lei; III - fiscalizar sua execução; IV - aplicar sanções motivadas pela inexecução total ou parcial do ajuste; V - ocupar provisoriamente bens móveis e imóveis e utilizar pessoal e serviços vinculados ao objeto do contrato nas hipóteses de: a) risco à prestação de serviços essenciais; b) necessidade de acautelar apuração administrativa de faltas contratuais pelo contratado, inclusive após extinção do contrato. §1º As cláusulas econômico-financeiras e monetárias dos contratos não poderão ser alteradas sem prévia concordância do contratado. §2º Na hipótese prevista no inciso I do caput deste artigo, as cláusulas econômico-financeiras do contrato deverão ser revistas para que se mantenha o equilíbrio contratual".

[175] "Por tradição essas competências são denominadas de 'prerrogativas', mas isso não deve induzir o aplicador a uma interpretação literal. Não existe, num Estado Democrático de Direito, *prerrogativas* nem *privilégios*, na acepção medieval dos termos. Trata-se de competências subordinadas ao Direito e cuja atribuição deriva da concepção instrumental da Administração Pública. Presume-se que as finalidades buscadas pela atividade administrativa

de a Administração descumprir as obrigações decorrentes do contrato administrativo. Logo, somente quando presentes os pressupostos normativos que visam à realização adequada e satisfatória de interesse público indisponível, a Administração terá o dever-poder de inovar, de modo unilateral, as condições originalmente pactuadas no contrato administrativo, desde que assegurada a intangibilidade das cláusulas econômico-financeiras.

Nesse diapasão, Maria Sylvia Zanella Di Pietro ensina:

> No contrato administrativo, existe uma *oferta* feita, em geral, por meio do edital de licitação, *a toda a coletividade*; dentre os interessados que a aceitam e fazem a sua proposta (referente ao equilíbrio econômico do contrato), a Administração seleciona a que apresenta as condições mais convenientes para a celebração do ajuste. Forma-se, assim, a *vontade contratual unitária* (primeiro elemento).
>
> Os *interesses* e *finalidades* visados pela Administração e pelo contratado são contraditórios e opostos; em um contrato de concessão de serviço público, por exemplo, a Administração quer a prestação adequada do serviço e o particular objetiva o lucro (segundo elemento).
>
> Cada uma das partes adquire, em relação à outra, o direito às obrigações convencionadas (terceiro elemento).
>
> Quer isto dizer que os contratos administrativos enquadram-se no conceito geral de contrato como *acordo de vontades gerador de direitos e obrigações recíprocos.*[176]

José dos Santos Carvalho Filho, por seu turno, aduz que, "De forma simples, porém, pode-se conceituar o contrato administrativo como *o ajuste firmado entre a Administração Pública e um particular, regulado basicamente pelo direito público, e tendo por objeto uma atividade que, de alguma forma, traduza interesse público".*[177]

Marçal Justen Filho, no que lhe diz respeito, sustenta que os contratos administrativos não apresentam idênticos caracteres. Existem, assim, os contratos administrativos de colaboração ou cooperação,

---

do Estado não poderiam ser satisfatoriamente atingidas se houvesse a aplicação do regime jurídico de direito privado. Portanto, o Direito atribui competências anômalas à Administração Pública. Por meio delas, o Estado pode cumprir os deveres a si impostos" (JUSTEN FILHO, Marçal. *Comentários à lei de licitações e contratações administrativas*: lei 14.133/2021. São Paulo: Thomson Reuters Brasil, 2021. p. 1280).

[176] DI PIETRO, Maria Sylvia Zanella. *Direito administrativo*. 30. ed. Rio de Janeiro: Forense, 2017. *E-book*. p. 264, grifo do autor.

[177] CARVALHO FILHO, José dos Santos. *Manual de direito administrativo*. 33. ed. São Paulo: Atlas, 2019. p. 181.

que, para determinados setores da Administração Pública, são regidos pela Lei nº 14.133/2021, e os contratos administrativos de delegação, disciplinados por uma pluralidade de outros diplomas. Falando pela mesma toada, os contratos administrativos de cooperação são ajustes normalmente bilaterais e comutativos, envolvendo compras, serviços, obras e alienações, sujeitos a regime jurídico de direito público. Já os contratos administrativos de delegação são ajustes que versam sobre a delegação a particulares do exercício de atribuições administrativas, que desencadeiam relações jurídicas de direito público perante os administrados, mediante remuneração fundada em desempenho, e não necessariamente proveniente do erário. Por fim, Marçal Justen Filho assevera que a Lei nº 14.133/2021 atenuou as diferenças entre os contratos de cooperação e de delegação, pois passou a possibilitar, por exemplo, a adoção dos regimes de contratação integrada e semi-integrada e do regime de remuneração variável nos contratos de cooperação. Assim, nas suas palavras:

> *2.2) Contratos Administrativos propriamente ditos*
> Os contratos administrativos propriamente ditos são relações jurídicas obrigacionais, em que uma das partes integra a Administração e que é investida de prerrogativas diferenciadas, tal como previsto no art. 103 da Lei 14.133/2021. [...]
> Existem duas subespécies de contrato administrativo propriamente dito, que são o contrato administrativo de cooperação e o contrato administrativo de delegação. Essa distinção foi consagrada desde os primórdios da evolução do direito administrativo francês, ao qual se filia o direito brasileiro.
> *2.3) Contrato administrativo de cooperação*
> O contrato administrativo de cooperação tem por objeto prestação determinada, a ser executada por uma das partes para integração no patrimônio da outra.
> Esses contratos usualmente são bilaterais e comutativos. Ou seja, impõem prestações a ambas as partes e tais prestações apresentam uma equivalência econômica. [...]
> Tais contratos envolvem usualmente desembolso de recursos por parte da Administração em favor do particular. Esses contratos cujo objeto é definido com uma dose significativa de precisão e seu prazo em geral é mais reduzido.
> A Lei 14.133/2021 disciplina contratos administrativos de cooperação praticados por determinados setores da Administração Pública.
> *2.4) Contrato administrativo de delegação*

O contrato administrativo de delegação tem por objeto a atribuição a um sujeito privado do desempenho perante terceiros de atribuições de titularidade da Administração Pública, mediante remuneração fundada em seu desempenho e não necessariamente proveniente do erário. [...] Esses contratos abrangem especificamente as parcerias público-privadas, as concessões e as permissões de serviço público. Existe uma pluralidade de leis disciplinando essas contratações. Podem ser referidas a Lei 8.987/1995 (Lei Geral de Concessões) e a Lei 11.079/2004 (Lei das PPPs), entre outras. [...]

2.7) A atenuação das diferenças

A distinção entre contratos de cooperação e de delegação é fundamental. No entanto, a dinâmica da realidade vem conduzindo à atenuação das distinções entre as duas espécies de contratações acima referidas. Esse fenômeno é constatado na disciplina da própria Lei 14.133/2021. Assim, por exemplo, os regimes de contratação integrada e semi-integrada se constituem em soluções anteriormente praticadas apenas no âmbito dos contratos de delegação. Por igual, o regime de remuneração variável, tal como previsto nos contratos de eficiência, encontra a sua origem nos contratos de delegação.

Essas ponderações não significam reconhecer a superação da distinção entre contratos de delegação e de cooperação.[178]

À vista do exposto, infere-se que não é simples estabelecer um critério diferencial entre os contratos privados da Administração e os contratos administrativos, embora sujeitos a regimes jurídicos diversos.

Desse modo, é mais adequado reconhecer que os contratos privados da Administração são aqueles que estão subordinados inevitavelmente a mecanismos de mercado, ao passo que os contratos administrativos são aqueles em que a Administração é investida de prerrogativas diferenciadas.

---

[178] JUSTEN FILHO, Marçal. *Comentários à lei de licitações e contratações administrativas*: lei 14.133/2021. São Paulo: Thomson Reuters Brasil, 2021. p. 65-67, grifo do autor.

CAPÍTULO 3

PREMISSAS DE ARBITRAGEM

O estudo da evolução da arbitragem no Brasil é importante para que a jurisdição privada seja compreendida, hodiernamente, sob uma perspectiva desmistificada.

Com efeito, a análise histórica da legislação que disciplinou a arbitragem no Brasil ajuda a conhecer as suas bases de fundo e as suas características formais, de acordo com o seu tempo e contexto social, político, econômico e cultural. Além disso, possibilita depreender que a jurisdição privada é fruto de um complexo de relações presentes na sociedade, que se desenvolve a par das novas demandas sociais.

A Constituição Política do Império do Brasil, de 25.3.1824, dispunha que as causas cíveis e as penais civilmente intentadas poderiam ser solucionadas por árbitros nomeados pelas partes, cujas sentenças seriam executadas sem recursos, se assim convencionassem os contendentes.[179] Com efeito, por força da Constituição de 1824, a instituição do juízo arbitral era voluntária.

Sem embargo, o Código Comercial (Lei nº 556, de 25.6.1850) estabeleceu a instituição obrigatória do juízo arbitral para dirimir litígios relativos a contratos de locação mercantil, questões entre sócios, questões sobre o pagamento de salvados de naufrágio, questões sobre a regulação, repartição ou rateio de avarias grossas sofridas por navio ou carga e questões acerca da contestação de crédito constante da lista de credores habilitados a deliberar sobre a concordata.[180]

---

[179] Nessa direção, a Constituição Política do Império do Brasil previa: "Art. 160. Nas civeis, e nas penaes civilmente intentadas, poderão as Partes nomear Juizes Arbitros. Suas Sentenças serão executadas sem recurso, se assim o convencionarem as mesmas Partes".

[180] Nesse sentido, o Código Comercial estatuía: "Art. 245 - Todas as questões que resultarem de contratos de locação mercantil serão decididas em juízo arbitral. [...] Art. 294 - Todas

O Decreto nº 737, de 25.11.1850, no que lhe dizia respeito, regulamentou a ordem do juízo no processo comercial, dispondo sobre o juízo arbitral, voluntário e necessário. Logo, era considerado voluntário o juízo arbitral instituído por meio de compromisso, judicial ou extrajudicial, das partes. Já a instituição do juízo arbitral necessário prescindia de compromisso, uma vez que ocorria em consequência de determinação do Código Comercial. Não obstante, mesmo no juízo arbitral necessário, as partes podiam, mediante compromisso, desistir dos recursos ou impor penas convencionais. Demais, esse decreto dispunha que a sentença arbitral somente poderia ser executada após a sua homologação por Juiz de Direito do Comércio, exceto se proferida pelo Tribunal do Comércio, ou por qualquer de seus membros, ou por qualquer juiz de primeira ou segunda instância.[181]

---

as questões sociais que se suscitarem entre sócios durante a existência da sociedade ou companhia, sua liquidação ou partilha, serão decididas em juízo arbitral. [...] Art. 348 - Acabada a liquidação, e proposta a forma de divisão e partilha, e aprovada uma e outra pelos sócios liquidados, cessa toda e qualquer reclamação da parte destes, entre si reciprocamente e contra os liquidantes. O sócio que não aprovar a liquidação ou a partilha é obrigado a reclamar dentro de 10 (dez) dias depois desta lhe ser comunicada; pena de não poder mais ser admitido a reclamar, e de se julgar por boa a mesma liquidação e partilha. A reclamação que for apresentada em tempo, não se acordando sobre ela os interessados, será decidida por árbitros, dentro de outros 10 (dez) dias úteis; os quais o juiz de direito do comércio poderá prorrogar por mais 10 (dez) dias improrrogáveis. [...] Art. 739 - As questões que se moverem sobre o pagamento de salvados, serão decididas por árbitros no lugar do distrito onde tiver acontecido o naufrágio. [...] Art. 783 - A regulação, repartição ou rateio das avarias grossas serão feitos por árbitros, nomeados por ambas as partes, as instâncias do capitão. Não se querendo as partes louvar, a nomeação de árbitros será feita pelo Tribunal do Comércio respectivo, ou pelo juiz de direito do comércio a que pertencer, nos lugares distantes do domicílio do mesmo tribunal. Se o capitão for omisso em fazer efetuar o rateio das avarias grossas, pode a diligência ser promovida por outra qualquer pessoa que seja interessada. [...] Art. 846 - Na segunda reunião dos credores, apresentados os pareceres da Comissão e Curador fiscal, e não se oferecendo duvida sobre a admissão dos créditos constantes da lista, e havidos por verificados para o fim tão somente de habilitar o credor para poder votar e ser votado, o Juiz comissário proporá à deliberação da reunião o projeto de concordata, se o falido o tiver apresentado. Porém se houver contestação sobre algum crédito, e não podendo o Juiz comissário conciliar as partes, se louvarão estas no mesmo ato em dois Juizes árbitros; os quais remeterão ao mesmo Juiz o seu parecer, dentro de cinco dias. Se os dois árbitros se não conformarem, o Juiz comissário dará vencimento com o seu voto àquela parte que lhe parecer, para o fim sobredito somente, e desta decisão arbitral não haverá recurso algum". Ademais, o título único do Código Comercial, que dispunha sobre a administração da justiça nos negócios e causas comerciais, dispunha: "Art. 20 - Serão necessariamente decididas por árbitros as questões e controvérsias a que o Código Comercial dá esta forma de decisão".

[181] Nesses termos, o Decreto nº 737, de 1850, estabelecia: "Art. 411. O Juizo arbitral ou he voluntario ou necessario: §1º He voluntario quando he instituido por compromisso das partes; §2º He necessario nos casos dos Artigos 245, 294, 348, 739, 783 e 846 do Codigo Commercial, e em todos os mais, em que esta fórma de Juizo he pelo mesmo Codigo determinada. Art. 412. O Juizo arbitral voluntario póde ser instituido, ou preferido ao Juizo

CAPÍTULO 3
PREMISSAS DE ARBITRAGEM | 105

Sucede que a Lei nº 1.350, de 14.9.1866, revogou o juízo arbitral necessário estabelecido pelo art. 20 do título único do Código Comercial, passando a dispor que o juízo arbitral seria sempre voluntário e instituído por meio de compromisso das partes. Além disso, possibilitou o julgamento por equidade, desde que autorizado pelas partes.[182]

Nesse contexto, o Decreto nº 3.900, de 26.6.1867, passou a regular de forma pormenorizada o juízo arbitral do comércio, visando à execução da Lei nº 1.350/1866. Assim, dispunha que o juízo arbitral seria sempre voluntário e instituído por compromisso, judicial ou extrajudicial, antes ou na pendência de qualquer causa, em primeira ou segunda instância. Previa, outrossim, que, mediante compromisso, as partes podiam fixar o prazo para os árbitros proferirem a decisão, estabelecer que a decisão seria executada "sem recurso", impor penas convencionais e autorizar os árbitros a julgarem por equidade. Demais, esse decreto vedava a nomeação de mulher como árbitra. Além disso, estatuía que a sentença arbitral somente poderia ser executada após a sua homologação, exceto se proferida por juiz de primeira instância ou por membro do Tribunal do Comércio.[183]

---

ordinario do commercio, antes ou na pendencia de qualquer demanda, na primeira ou na segunda instancia, e até depois de interposta ou concedida a revista. Art. 413. Nos casos em que o Juizo arbitral he necessario (Art. 411 §2º) só he de mister o compromisso, se as partes quizerem desistir dos recursos legaes, ou impor penas convencionaes, bastando somente nos outros casos a louvação das partes. Art. 414. Podem fazer compromisso todos os que podem transigir. Art. 415. O compromisso póde ser judicial ou extrajudicial. [...] Art. 465. A sentença arbitral só póde ser executada depois de homologada pelo Juiz de Direito do Commercio (Art. 6º). [...] Art. 471. A sentença arbitral proferida pelo Tribunal do Commercio, ou por qualquer de seus membros, ou por qualquer Juiz de primeira ou segunda instancia, quer como arbitro unico e commum das partes, quer intervenha qualquer delles somente como arbitro nomeado por huma dellas, será executada independente de homologação".

[182] De fato, a Lei nº 1.350, de 1866, estatuía: "Art. 1.º Fica derogado Juizo Arbitral necessario, estabelecido pelo artigo vinte titulo unico do Codigo Commercial. §1.º O Juizo Arbitral será sempre voluntario mediante o compromisso das partes. §2.º Podem as partes autorizar os seus arbitros para julgarem por equidade independentemente das regras e fórmas de direito".

[183] Nesse sentido, o Decreto nº 3.900, de 1867, dispunha: "Art. 1º Fica derogado o Juizo Arbitral necessario estabelecido pelo art. 20 titulo unico do Codigo Commercial. Art. 2º O Juizo Arbitral será sempre voluntario, e póde ser instituido antes ou na pendencia de qualquer causa; em 1ª ou 2ª instancia e até mesmo depois de interposta ou concedida a revista. Art. 3º O Juizo Arbitral só póde ser instituido mediante o compromisso das partes. Art. 4º Podem fazer compromisso todos os que podem transigir. Art. 5º O compromisso ou é judicial ou extrajudicial. [...] Art. 10. Além dos requisitos essenciaes do art. 8º podem as partes acrescentar no compromisso as seguintes declarações: §1º O prazo, em que os arbitros devem dar a sua decisão. §2º Se a decisão dos arbitros será executada - sem recurso. §3º A pena convencional, que pagará á outra parte áquella que recorrer da decisão arbitral, não obstante a clausula - sem recurso. A pena convencional nunca será maior que o terço do valor da demanda. §4º Autorisação para os arbitros julgarem por equidade, independentemente das regras e firmas

Já a Constituição da República dos Estados Unidos do Brasil, de 24.2.1891, não dispôs sobre o juízo arbitral. Sem embargo, previu a competência privativa do Congresso Nacional para legislar sobre direito civil e comercial da República e acerca do direito processual da Justiça Federal, assim como estabeleceu que cada Estado reger-se-ia pela Constituição e pelas leis que adotasse.[184]

Assim, com o advento da República, cada Estado detinha competência para legislar quanto a direito processual.

À guisa de exemplo, a Constituição Política do Estado de São Paulo, de 14.7.1891, estabelecia que o Poder Legislativo seria exercido pelo Congresso, composto da Câmara dos Deputados e da Câmara dos Senadores, ao qual competia legislar sobre a organização judiciária e as leis do processo.[185] Nesse contexto, foi editado o Código de Processo Civil e Comercial do Estado de São Paulo (Lei nº 2.421, de 14.1.1930), que dispunha sobre o juízo arbitral.

O Código Civil dos Estados Unidos do Brasil (Lei nº 3.071, de 1º.1.1916), por sua vez, tratava o compromisso, judicial ou extrajudicial, como hipótese de pagamento indireto não satisfativo do crédito, mas extintivo da obrigação. O compromisso somente poderia ter como objeto direitos obrigacionais de cunho patrimonial e de caráter privado. Ademais, as partes, por meio do compromisso, poderiam nomear juiz como árbitro, bem como estabelecer a condição de a decisão arbitral ser executada com ou sem recurso a tribunal superior. Para além disso, a decisão arbitral somente poderia ser executada após a sua homologação judicial, exceto se fosse proferida por juiz.

---

do direito. §5º Autorisação para nomeação de 3º arbitro. [...] Art. 15. Podem ser arbitros todas as pessoas que merecerem a confiança das partes. Exceptão-se: [...] §4º As mulheres. [...] Art. 59. A sentença arbitral só póde ser executada depois de homologada. Art. 60. A sentença arbitral proferida pelo Juiz da 1ª instancia ou por qualquer membro dos Tribunaes do Commercio, quér como arbitro unico e commum das partes, quér intervenha qualquer delles sómente como arbitro nomeado por uma dellas, será executada independentemente de homologação".

[184] Nessa direção, a Constituição da República, de 1891, previa: "Art 34 - Compete privativamente ao Congresso Nacional: [...] 23º) legislar sobre o direito civil, comercial e criminal da República e o processual da Justiça Federal; [...] Art 63 - Cada Estado reger-se-á pela Constituição e pelas leis que adotar respeitados os princípios constitucionais da União".

[185] Nesses termos, a Constituição Política do Estado de São Paulo, de 1891, dispunha: "Art. 5.º O poder legislativo é exercido pelo Congresso. §1.º O Congresso compõe-se de duas camaras, a dos deputados e a dos senadores, elegiveis por suffragio directo e maioria de votos. [...] Art. 20. Compete ao Congresso, alem da attribuição geral de fazer leis, suspendel-as, interpretal-as e revogal-as: [...] 8.º Decretar: [...] b) a organisação judiciaria e leis do processo; [...]".

CAPÍTULO 3
PREMISSAS DE ARBITRAGEM | 107

Insta ressaltar que a Constituição da República dos Estados Unidos do Brasil, de 16.7.1934, previu a competência privativa da União para legislar sobre direito civil e processual, e a competência concorrente da União e dos estados para legislar acerca da arbitragem comercial. Assim, a competência privativa da União para legislar sobre as normas fundamentais da arbitragem comercial não excluía a competência supletiva ou complementar dos Estados para atender às peculiaridades locais.[186]

A Constituição dos Estados Unidos do Brasil, de 10.11.1937, previu a competência privativa da União para legislar sobre direito civil, comercial e processual, e a competência concorrente da União e dos estados para legislar a respeito de processo judicial e extrajudicial, assim como acerca de organizações públicas destinadas à conciliação extrajudiciária dos litígios ou sua decisão arbitral. Desse modo, no âmbito da legislação concorrente, os Estados podiam legislar quando inexistisse lei federal sobre a matéria ou para suprir as suas deficiências, bem como para atender às peculiaridades locais. Todavia, a superveniência de lei federal ou regulamento sobre a matéria revogava a lei estadual naquilo que lhe fosse contrário.[187]

Nesse cenário, adveio o Código de Processo Civil de 1939 (Decreto-Lei nº 1.608, de 18.9.1939), que dispunha de forma pouco porme-

---

[186] Nesse sentido, a Constituição da República dos Estados Unidos do Brasil, de 1934, estabelecia: "Art 5º - Compete privativamente à União: [...] XIX - legislar sobre: a) direito penal, comercial, civil, aéreo e processual, registros públicos e juntas comerciais; [...] XIX - legislar sobre: [...] c) normas fundamentais do direito rural, do regime penitenciário, da arbitragem comercial, da assistência social, da assistência judiciária e das estatísticas de interesse coletivo; [...] §3º - A competência federal para legislar sobre as matérias dos números XIV e XIX, letras c e i, in fine, e sobre registros públicos, desapropriações, arbitragem comercial, juntas comerciais e respectivos processos; requisições civis e militares, radiocomunicação, emigração, imigração e caixas econômicas; riquezas do subsolo, mineração, metalurgia, águas, energia hidrelétrica, florestas, caça e pesca, e a sua exploração não exclui a legislação estadual supletiva ou complementar sobre as mesmas matérias. As leis estaduais, nestes casos, poderão, atendendo às peculiaridades locais, suprir as lacunas ou deficiências da legislação federal, sem dispensar as exigências desta".

[187] Nessa direção, a Constituição dos Estados Unidos do Brasil, de 1937, dispunha: "Art 16 - Compete privativamente à União o poder de legislar sobre as seguintes matérias: [...] XVI - o direito civil, o direito comercial, o direito aéreo, o direito operário, o direito penal e o direito processual; [...] Art 18 - Independentemente de autorização, os Estados podem legislar, no caso de haver lei federal sobre a matéria, para suprir-lhes as deficiências ou atender às peculiaridades locais, desde que não dispensem ou diminuam es exigências da lei federal, ou, em não havendo lei federal e até que esta regule, sobre os seguintes assuntos: [...] d) organizações públicas, com o fim de conciliação extrajudiciária dos litígios ou sua decisão arbitral; [...] g) processo judicial ou extrajudicial. Parágrafo único - Tanto nos casos deste artigo, como no do artigo anterior, desde que o Poder Legislativo federal ou o Presidente da República haja expedido lei ou regulamento sobre a matéria, a lei estadual ter-se-á por derrogada nas partes em que for incompatível com a lei ou regulamento federal".

norizada sobre o juízo arbitral. Ainda assim, manteve a homologação judicial do laudo arbitral como condição de sua exequibilidade. Além disso, previu o cabimento do recurso de apelação contra a sentença que homologava ou não o laudo arbitral. De mais a mais, estatuiu a possibilidade de o tribunal declarar a nulidade do laudo arbitral e julgar a causa, na hipótese em que a decisão infringia expressamente o direito.

A Constituição dos Estados Unidos do Brasil, de 18.9.1946, e a Constituição da República Federativa do Brasil, de 24.1.1967, não dispuseram sobre a arbitragem. Sem embargo, previram a competência privativa da União para legislar sobre direito civil, comercial e processual.

O Código de Processo Civil de 1973 (Lei nº 5.869, de 11.1.1973), por sua vez, disciplinou, ainda de modo insuficiente, o juízo arbitral. Ainda assim, facultou às partes a adoção da arbitragem para dirimir litígios relativos a direitos patrimoniais sobre os quais a lei admitisse transação. Ademais, a despeito de dispor que o árbitro era juiz de fato e de direito, manteve a homologação judicial do laudo arbitral como condição de sua exequibilidade. Além disso, as partes, por meio do compromisso, podiam estabelecer a condição de a sentença arbitral ser executada com ou sem recurso a tribunal superior, impor pena convencional à parte que recorresse não obstante a cláusula "sem recurso", autorizar os árbitros a julgar por equidade, bem como dispor sobre o procedimento arbitral ou autorizar os árbitros a regulá-lo. Sem embargo, caso o compromisso fosse silente, o procedimento arbitral teria de observar as regras instituídas pelo próprio Código de Processo Civil. Para além disso, previa o cabimento de apelação contra a sentença que homologava ou não o laudo arbitral.[188]

---

[188] Nesse sentido, o Código de Processo Civil, de 1973, dispunha: "Art. 86. As causas cíveis serão processadas e decididas, ou simplesmente decididas, pelos órgãos jurisdicionais, nos limites de sua competência, ressalvada às partes a faculdade de instituírem juízo arbitral. [...] Art. 1.072. As pessoas capazes de contratar poderão louvar-se, mediante compromisso escrito, em árbitros que lhes resolvam as pendências judiciais ou extrajudiciais de qualquer valor, concernentes a direitos partrimonias, sobre os quais a lei admita trasação. [...] Art. 1.075. O compromisso poderá ainda conter: [...] II - a condição de ser a sentença arbitral executada com ou sem recurso para o tribunal superior. III - a pena para com a outra parte, a que fique obrigada aquela que recorrer da sentença, não obstante a cláusula "sem recurso"; IV - a autorização aos árbitros para julgarem por eqüidade, fora das regras e formas de direito. [...] Art. 1.078. O árbitro é juiz de fato e de direito e a sentença que proferir não fica sujeita a recursos, salvo se o contrário convencionarem as partes. [...] Art. 1.091. As partes podem estabelecer o procedimento arbitral, ou autorizar que o juízo o regule. Se o compromisso nada dispuser a respeito, observar-se-ão as seguinte regras: [...] Art. 1.097. O laudo arbitral, depois de homologado, produz entre as partes e seus sucessores os mesmos efeitos da sentença judiciária; contento condenação da parte, a homologação lhe confere eficácia de título executivo (artigo 584, número III) [...] Art. 1.101. Cabe apelação da sentença que

CAPÍTULO 3
PREMISSAS DE ARBITRAGEM
109

A Constituição da República Federativa do Brasil, de 5.10.1988, prevê a competência privativa da União para legislar sobre direito civil, comercial e processual, e a competência concorrente da União e dos estados para legislar a respeito de procedimentos em matéria processual. Assim, no âmbito da legislação concorrente, a União limita-se a estabelecer normas gerais, ao passo que os estados e o Distrito Federal detêm competência suplementar. Demais, em não havendo lei federal, os estados e o Distrito Federal exercem a competência legislativa plena para atender às suas peculiaridades. Todavia, a superveniência de lei federal sobre normas gerais suspende a eficácia da lei estadual ou distrital naquilo que lhe for contrário.

Para além disso, a Constituição Federal de 1988 expressamente recomenda a adoção da arbitragem, quando frustrada a negociação coletiva.[189]

> Vale lembrar que, por diferentes óticas, a arbitragem nos conflitos coletivos é positiva: (a) *para os patrões*, pois viabiliza um instrumento de paz industrial que os faz produzir mais; (b) *para os empregados*, uma vez que agiliza, com tecnicidade, a solução dos conflitos de trabalho, permitindo um sentimento de justiça na sentença arbitral, possibilitando o retorno produtivo aos postos de trabalho; e, por fim (c) *aos sindicatos*, porque cria abertura para o incremento da negociação coletiva, lembrando que seu principal objetivo é a defesa dos empregados ou empregadores.

---

homologar ou não o laudo arbitral. Parágrafo único. A cláusula 'sem recurso' não obsta à interposição de apelação, com fundamento em qualquer dos vícios enumerados no artigo antecedente; o tribunal, se negar provimento à apelação condenará o apelante na pena convencional".

[189] Nesses termos, a Constituição da República Federativa do Brasil, de 1988, dispõe: "Art. 22. Compete privativamente à União legislar sobre: I - direito civil, comercial, penal, processual, eleitoral, agrário, marítimo, aeronáutico, espacial e do trabalho; [...] Art. 24. Compete à União, aos Estados e ao Distrito Federal legislar concorrentemente sobre: [...] XI - procedimentos em matéria processual; [...] §1º No âmbito da legislação concorrente, a competência da União limitar-se-á a estabelecer normas gerais. §2º A competência da União para legislar sobre normas gerais não exclui a competência suplementar dos Estados. §3º Inexistindo lei federal sobre normas gerais, os Estados exercerão a competência legislativa plena, para atender a suas peculiaridades. §4º A superveniência de lei federal sobre normas gerais suspende a eficácia da lei estadual, no que lhe for contrário. [...] Art. 114. Compete à Justiça do Trabalho processar e julgar: (Redação dada pela Emenda Constitucional nº 45, de 2004) [...] §1º Frustrada a negociação coletiva, as partes poderão eleger árbitros. §2º Recusando-se qualquer das partes à negociação coletiva ou à arbitragem, é facultado às mesmas, de comum acordo, ajuizar dissídio coletivo de natureza econômica, podendo a Justiça do Trabalho decidir o conflito, respeitadas as disposições mínimas legais de proteção ao trabalho, bem como as convencionadas anteriormente. (Redação dada pela Emenda Constitucional nº 45, de 2004)".

Dúvida não deve existir, pois, sobre a possibilidade de arbitragem nos dissídios coletivos; e vale reforçar que nestes conflitos não se pode alegar eventual hipossuficiência do trabalhador ou indisponibilidade dos direitos, pois nítido a previsão constitucional da possibilidade de uso deste instrumento.[190]

Realizado esse introito, infere-se que a arbitragem sempre esteve presente em nosso sistema jurídico, a despeito de a lei brasileira obstaculizar o seu emprego.

Com efeito, ante a inexistência de previsão da cláusula compromissória, a arbitragem somente podia ser instituída por meio do compromisso arbitral, "contribuindo para que os agentes do comércio (especialmente os agentes do comércio internacional) abandonassem a escolha da solução arbitral de controvérsias no Brasil".[191]

Ademais, a homologação judicial do laudo arbitral como condição de sua exequibilidade desincentivava o emprego da arbitragem, pois "as partes, ao optarem pela solução arbitral, querem evitar toda e qualquer interferência do Poder Judiciário, mesmo que *a posteriori*".[192] Nesse contexto, a confidencialidade do juízo arbitral era rompida, pois não havia previsão de a homologação do laudo tramitar em segredo de justiça. Além disso, a celeridade do juízo arbitral era comprometida, ante o cabimento de recurso contra a sentença que homologava ou não o laudo arbitral.

Para além disso, para ser reconhecida e executada no Brasil, a sentença arbitral estrangeira estava sujeita ao sistema da dupla homologação. Logo, o laudo arbitral alienígena somente seria homologado pelo órgão judicial brasileiro se houvesse sido previamente homologado pelo órgão judicial competente do Estado em que fora proferido.

> Anteriormente à Lei de Arbitragem, o sistema vigente de reconhecimento de sentenças arbitrais alienígenas era o de dupla homologação. A sentença deveria ser sancionada pelo órgão judiciário competente no seu país de origem para, posteriormente, ser homologada pelo órgão judiciário brasileiro.

---

[190] CAHALI, Francisco José. *Curso de arbitragem*. 8. ed. São Paulo: Revista dos Tribunais, 2020. p. 440.

[191] CARMONA, Carlos Alberto. *Arbitragem e processo*: um comentário à Lei nº 9.307/96. 3. ed. São Paulo: Atlas, 2009. *E-book*. p. 5.

[192] CARMONA, Carlos Alberto. *Arbitragem e processo*: um comentário à Lei nº 9.307/96. 3. ed. São Paulo: Atlas, 2009. *E-book*. p. 5.

Essa regra gerava, além da inconveniência burocrática, situações surreais em que sentenças arbitrais estrangeiras não eram homologadas simplesmente pelo fato de que, no ordenamento jurídico do país em que foi proferida, não havia a previsão de sua primeira homologação, o que tornava logicamente impossível sua segunda homologação.[193]

A Lei de Arbitragem (Lei nº 9.307, de 23.9.1996) pôs fim a esses obstáculos para a adoção do juízo arbitral. Assim, além de estabelecer as regras sobre a arbitragem, alterou e revogou dispositivos do Código de Processo Civil de 1973, que dispunham acerca da arbitragem, bem como revogou o capítulo do Código Civil de 1916 que disciplinava o compromisso arbitral. Demais, essa lei favorece e facilita a homologação da sentença arbitral alienígena, uma vez que, para ser reconhecida e executada no Brasil, não se exige a sua prévia homologação pelo órgão judicial competente do Estado em que foi proferida.[194]

A arbitragem, hodiernamente disciplinada pela Lei nº 9.307/1996, pode ser conceituada como um método adversarial e heterocompositivo em que as partes, por meio de convenção arbitral, outorgam consensualmente autoridade ao árbitro para dirimir litígio relativo a direito patrimonial disponível.

Na arbitragem, enquanto instrumento de heterocomposição, aparece a figura de um terceiro, ou colegiado, com a atribuição de decidir o litígio que a ele foi submetido pela vontade das partes. Caracteriza-se,

---

[193] VALÉRIO, Marco Aurélio Gumieri. Homologação de sentença arbitral estrangeira: cinco anos da Reforma do Judiciário. *Revista de Informação Legislativa*, Brasília, ano 47, n. 186, p. 61-76, abr./jun. 2010. p. 68. Disponível em: https://www2.senado.leg.br/bdsf/bitstream/handle/id/198681/000888826.pdf?sequence=1. Acesso em: 11 nov. 2022.

[194] Nesse sentido, a Lei de Arbitragem estabelece: "Art. 34. A sentença arbitral estrangeira será reconhecida ou executada no Brasil de conformidade com os tratados internacionais com eficácia no ordenamento interno e, na sua ausência, estritamente de acordo com os termos desta Lei. Parágrafo único. Considera-se sentença arbitral estrangeira a que tenha sido proferida fora do território nacional. Art. 35. Para ser reconhecida ou executada no Brasil, a sentença arbitral estrangeira está sujeita, unicamente, à homologação do Superior Tribunal de Justiça. (Redação dada pela Lei nº 13.129, de 2015) [...] Art. 41. Os arts. 267, inciso VII; 301, inciso IX; e 584, inciso III, do Código de Processo Civil passam a ter a seguinte redação: 'Art. 267.. VII - pela convenção de arbitragem;' 'Art. 301.................................. IX - convenção de arbitragem;' 'Art. 584....... .... III - a sentença arbitral e a sentença homologatória de transação ou de conciliação;' Art. 42. O art. 520 do Código de Processo Civil passa a ter mais um inciso, com a seguinte redação: 'Art. 520.. VI - julgar procedente o pedido de instituição de arbitragem.' [...] Art. 44. Ficam revogados os arts. 1.037 a 1.048 da Lei nº 3.071, de 1º de janeiro de 1916, Código Civil Brasileiro; os arts. 101 e 1.072 a 1.102 da Lei nº 5.869, de 11 de janeiro de 1973, Código de Processo Civil; e demais disposições em contrário".

assim, como um método adversarial, no sentido de que a posição de uma das partes se contrapõe à da outra, outorgando-se autoridade ao árbitro para solucionar a questão. A decisão do árbitro se impõe às partes, tal qual uma sentença judicial; a diferença é que não foi proferida por integrante do Poder Judiciário. Nesse contexto, consensual será a eleição deste instituto, e de uma série de regras a ele pertinentes, mas a resolução do conflito pelo terceiro se torna obrigatória às partes, mesmo contrariando a sua vontade ou pretensão. A participação das partes, neste instrumento, volta-se a formular pretensões e fornecer elementos que contribuam com o árbitro para que este venha a decidir o litígio.[195]

Enfim, a arbitragem, vista sob o viés pragmatista, constitui mais uma porta de acesso à ordem jurídica justa,[196] mormente em razão da incontroversa crise do Poder Judiciário.

3.1 Natureza jurídica da arbitragem

A natureza jurídica da arbitragem, por ter de refletir a sua verdadeira expressão ontológica, sempre foi tema de grande divergência.

Assim, a doutrina desenvolveu quatro correntes que buscam refletir a essência da arbitragem. A teoria privatista ou contratual sustenta que a arbitragem representa um negócio jurídico firmado pelas partes, que atribui ao árbitro a autoridade para solucionar impasse relativo a inadimplemento contratual. A teoria publicista ou jurisdicional defende que o árbitro, por força de lei, é um juiz privado escolhido pelas partes, que possui a autoridade de decidir o litígio com definitividade e eficácia prescindível de homologação judicial. A corrente mista ou contratual-publicista afirma que a arbitragem é um contrato privado que disciplina uma relação de direito processual jurisdicionalizada. A

---

[195] CAHALI, Francisco José. *Curso de arbitragem*. 8. ed. São Paulo: Revista dos Tribunais, 2020. p. 43.

[196] "a arbitragem aparece na qualidade de jurisdição paraestatal (equivalente jurisdicional) voltada à resolução de conflitos; trata-se, aliás, da única forma de ADR equiparável ao Estado-juiz, oferecida facultativamente aos interessados como sendo mais uma porta de *acesso à justiça*, ou, ainda melhor, de acesso à *ordem jurídica justa*, assim compreendida como harmonia dos sistemas e instrumentos processuais com a tutela jurisdicional oferecida, de maneira a ofertar ao consumidor do direito soluções em tempo razoável, compatível com a lide, com segurança, justiça na decisão e cabal efetividade (satisfação = obtenção concreta da pretensão)" (FIGUEIRA JR., Joel. *Arbitragem*. 3. ed. Rio de Janeiro: Forense, 2019. p. 105).

teoria autônoma considera a arbitragem internacional independente e diversa de qualquer sistema jurídico doméstico.[197]

> A *teoria privatista*, também chamada por alguns como *contratualista*, vê na arbitragem apenas um negócio jurídico; entende que a arbitragem representa, na essência, tão somente a extensão do acordo firmado entre as partes [...]
>
> A *teoria publicista* ou *jurisdicionalista* confere à arbitragem a natureza jurisdicional. E assim se entende por considerar que o Estado, por meio de disposições legais, outorga poderes ao juiz e ao árbitro para resolver conflitos de interesses. [...]
>
> Já a *teoria intermediária* ou *mista* agrega os fundamentos de uma e outra das teorias anteriores, para concluir que, mesmo pautada no negócio jurídico realizado entre as partes, e sendo dele decorrente, não se pode desenvolver a arbitragem fora de um sistema jurídico, pois este método de solução de conflitos submete-se à ordem legal existente, embora não controlada inteiramente por esse sistema. [...]
>
> Por fim, pela teoria autônoma identifica-se na arbitragem um sistema de solução de conflitos totalmente desvinculado de qualquer sistema jurídico existente. E pelas suas características, esta teoria tem importância nos procedimentos de arbitragem internacional, nos quais há certa independência à ordem local de uma ou outra parte.[198]

É oportuno mencionar que a adoção de quaisquer dessas teorias sobre a natureza jurídica da arbitragem deve necessariamente decorrer

---

[197] "Reiterada a ressalva inicial de que, para o Brasil, em função da inexistência de qualificação ou regência normativa distintiva, o procedimento arbitral doméstico em si não se distingue do estrangeiro, independente da nacionalidade, sede principal dos negócios ou domicílio das partes, da lei aplicável a obrigação, da sede do procedimento, moeda ou idioma da obrigação principal ou da jurisdição para a performance da totalidade ou parte das obrigações comerciais, vez que o Brasil não adotou a lei modelo da UNCITRAL nem criou em sua normativa interna qualquer critério distintivo. Tais modelos são denominados 'dualista' quando há uma lei interna para arbitragens doméstica e outra legislação (normalmente baseadas no modelo UNCITRAL) para definir e reger arbitragens internacionais. *Contrariu sensu* o modelo 'monista' é composto por jurisdições que edificam toda sua estrutura numa única lei, que estabelece no mesmo diploma legal as distinções entre arbitragem doméstica e internacional. O Brasil adota um modelo monista atípico e uniforme, pois ele não distingue e ao contrário equipara ambas as formas de procedimentos (doméstico ou internacional). [...]. Todavia, ainda assim podemos afirmar que um procedimento interno pode ter diversas características de internacionalidade instadas pelas partes ou reconhecida pelo próprio tribunal ou então pela instituição que administra o mesmo" (FINKELSTEIN, Cláudio. Arbitragem internacional. *In*: CAMPILONGO, Celso Fernandes; GONZAGA, Alvaro de Azevedo; FREIRE, André Luiz (Coord.). *Enciclopédia jurídica da PUC-SP*. São Paulo: Pontifícia Universidade Católica de São Paulo, 2017. Disponível em: https://enciclopediajuridica. pucsp.br/verbete/486/edicao-1/arbitragem-internacional. Acesso em: 11 nov. 2022).

[198] CAHALI, Francisco José. *Curso de arbitragem*. 8. ed. São Paulo: Revista dos Tribunais, 2020. p. 129-131.

CARLOS ANTONIO MATOS DA SILVA
A ARBITRAGEM NA NOVA LEI DE LICITAÇÕES E CONTRATAÇÕES

da reflexão sobre a concepção atual de jurisdição, bem como da aplicação dos regimes estatuídos pela Lei nº 9.307/1996 e pelo Código de Processo Civil de 2015, e as suas implicações práticas.

3.1.1 Jurisdição

A jurisdição, nas concepções de Chiovenda e Carnelutti, era vista como a simples declaração de uma norma preexistente, sem a intervenção de qualquer juízo valorativo e decisório.[199]

Logo, para essa compreensão, a norma jurídica era algo totalmente anterior à atividade de interpretação. De fato, a interpretação consubstanciar-se-ia em um ato de puro conhecimento, que teria como resultado a declaração da única, exata, objetiva e correta significação da norma jurídica preexistente.

Já a aplicação do direito consistia na mera ligação do fato (premissa menor) à norma interpretada (premissa maior), possibilitando a decisão da causa (conclusão).

Essa compreensão de jurisdição, entretanto, não mais subsiste.

A concepção de jurisdição, hodiernamente, deve estar de acordo com o reconhecimento da força normativa dos princípios constitucionais, que exige uma postura ativa e criativa para a solução dos problemas, e com a aplicação direta e imediata das normas que consagram os direitos fundamentais, independentemente de qualquer concretização legislativa.

Com efeito, a jurisdição no Estado constitucional implica reconstruir os significados existentes nos textos, visando a assegurar a unidade do direito e a adaptação das normas jurídicas aos acontecimentos do mundo fenomênico.

---

[199] "A jurisdição, mergulhada no sistema de Chiovenda, é vista como função voltada à atuação da vontade concreta da lei. Segundo Chiovenda, a jurisdição, no processo de conhecimento, "consiste na substituição definitiva e obrigatória da atividade intelectual não só das partes, mas de todos os cidadãos, pela atividade intelectual do juiz, ao afirmar existente ou não existente uma vontade concreta da lei em relação às partes. [...] Carnelutti atribuiu à jurisdição a função de justa composição da lide, entendida como o conflito de interesses qualificado pela pretensão de um e pela resistência do outro interessado. A lide, no sistema de Carnelutti, ocupa o lugar da ação no sistema chiovendiano. [...] Para a declaração da vontade concreta da lei ou para a justa composição da lide, a interpretação da norma seria apenas um dos atos necessários. O outro estaria no estabelecimento de uma necessária *conexão* entre a norma devidamente interpretada e o caso concreto mediante o qual a vontade concreta da lei deveria ser atuada ou em que se concretizaria a lide que deveria ser justamente composta" (MARINONI, Luiz Guilherme; ARENHART, Sérgio Cruz; MITIDIERO, Daniel. *Novo Curso de Processo Civil*: teoria do processo civil. 3. ed. São Paulo: Revista dos Tribunais, 2017. v. 1. *E-book*. p. 22-33).

Se tudo isso é verdade, então é impossível sustentar que a jurisdição, quando resolve situações jurídicas, apenas declara uma norma pre-existente a fim de revelar o seu significado intrínseco (cognitivismo interpretativo) mediante um juízo puramente silogístico (logicismo aplicativo). *A jurisdição não visa simplesmente à atuação de direitos subjetivos privados, à declaração da vontade concreta da lei ou à justa composição da lide, como se a interpretação e a aplicação do direito não colaborassem de forma ativa na positivação da ordem jurídica e, portanto, não importassem como direito vigente.* E se tudo isso é verdade, então parece igualmente evidente que a jurisdição também tem um papel de outorga de unidade ao direito, *dissipando-se dúvidas interpretativas e desenvolvendo o direito de acordo com as necessidades sociais, não sendo apenas um meio para resolução de casos concretos.* Nessa perspectiva, obviamente que os conceitos de jurisdição apegados à tradição oitocentista não têm condições de definir de forma adequada aquilo que a jurisdição faz no Estado Constitucional. [...]
A jurisdição no Estado Constitucional, embora não seja *descritiva* de uma norma jurídica, não é *criativa* de normas jurídicas – a jurisdição implica atividade de *reconstrução interpretativa* mediante um *processo estruturalmente guiado pela argumentação jurídica*. É uma atividade que conta necessariamente com a colaboração da Constituição e da legislação para ser legítima, não criando *ex novo* normas jurídicas.[200]

Cândido Rangel Dinamarco, Gustavo Henrique Righi Ivahy Badaró e Bruno Vasconcelos Carrilho Lopes[201] afirmam que a jurisdição é, ao mesmo tempo, poder, função e atividade que transparecem legitimamente por meio do devido processo constitucional. Assim, a jurisdição como poder consubstancia a manifestação da soberania do Estado. A jurisdição como função, por sua vez, expressa o encargo que têm os órgãos jurisdicionais de resolver com justiça os conflitos interindividuais, a fim de alcançar a pacificação social. Já a jurisdição como atividade consiste no complexo de atos do juiz ou do árbitro no processo, exercendo o poder e cumprindo a função que o ordenamento jurídico lhes incumbe.

Fredie Didier Jr.,[202] de modo semelhante, sustenta que a jurisdição é a função atribuída a terceiro imparcial de resolver, por meio de decisão

---

[200] MARINONI, Luiz Guilherme; ARENHART, Sérgio Cruz; MITIDIERO, Daniel. *Novo Curso de Processo Civil*: teoria do processo civil. 3. ed. São Paulo: Revista dos Tribunais, 2017. v. 1. *E-book*. p. 35-109.

[201] DINAMARCO, Cândido Rangel; BADARÓ, Gustavo Henrique Righi Ivahy; LOPES, Bruno Vasconcelos Carrilho. *Teoria geral do processo*. 33. ed. São Paulo: Malheiros, 2021. p. 259.

[202] DIDIER JR., Fredie. *Curso de direto processual civil*. 21. ed. Salvador: JusPodivm, 2019. v. 1. p. 189.

insuscetível de controle externo e com aptidão de tornar-se indiscutível, as situações jurídicas concretamente deduzidas, realizando, assim, o direito de modo imperativo e reconstrutivo.

À vista do exposto, infere-se que a jurisdição não pode ser vista apenas como uma das ordens de atividades jurídicas do Estado, porquanto, no Estado constitucional, os escopos sociais, econômicos, políticos e filosóficos da jurisprudência são, igualmente, necessários à apreciação de fatos já ocorridos, a fim de alcançar, de forma imparcial, a pacificação justa de conflitos que envolvam os titulares dos interesses.[203]

3.1.2 Arbitragem como jurisdição

A teoria privatista, que tratava a arbitragem como manifestação da autonomia privada, até o advento da Lei de Arbitragem, não encontrava dificuldade para ser sustentada, uma vez que o laudo arbitral só se aperfeiçoava com a chancela da autoridade do Estado-Juiz.

Sucede que, mesmo após a publicação da Lei nº 9.307/1996 e o advento do Código de Processo Civil de 2015, há doutrina minoritária que ainda defende a teoria privatista.

Nessa linha de entendimento, Luiz Guilherme Marinoni, Sérgio Cruz Arenhart e Daniel Mitidiero sustentam que a Lei de Arbitragem apenas regulou uma forma de manifestação da autonomia privada. Aduzem, também, que há uma diferença qualitativa entre jurisdição e arbitragem, uma vez que aquela é uma manifestação do poder estatal que não admite a divisão em pública e privada, ao passo que esta decorre da opção de abdicar de garantias como a investidura, juiz natural e indelegabilidade, a fim de atribuir ao árbitro escolhido, dotado de conhecimento técnico particular, a autoridade de solucionar o litígio. À luz de suas palavras:

---

[203] "Para caracterizar a jurisdição muitos critérios foram propostos pela doutrina tradicional, apoiada sempre em premissas exclusivamente jurídicas e despreocupadas das de caráter sociopolítico. Hoje a perspectiva é substancialmente outra, na medida em que a moderna processualística busca a legitimidade de seu sistema na *utilidade* que o processo e o exercício da jurisdição possam oferecer à nação e às suas instituições. Daí a segura diretriz no sentido de afirmar os escopos sociais e políticos da jurisprudência e especialmente o escopo da *pacificação com justiça*" (DINAMARCO, Cândido Rangel; BADARÓ, Gustavo Henrique Righi Ivahy; LOPES, Bruno Vasconcelos Carrilho. *Teoria geral do processo*. 33. ed. São Paulo: Malheiros, 2021. p. 260).

CAPÍTULO 3
PREMISSAS DE ARBITRAGEM | 117

Contudo, em razão de uma primária falta de percepção da essência da jurisdição e do fundamento da arbitragem, a doutrina, após a publicação da mencionada lei, passou a imaginar que a legitimidade da exclusão do Judiciário em relação aos conflitos dirimidos pelo árbitro fosse a atribuição de natureza jurisdicional à sua atividade. [...] a filosofia da arbitragem se relaciona exclusivamente com a questão da autonomia da vontade, sendo correto se dizer que a Lei da Arbitragem teve apenas o propósito de regular uma forma de manifestação da vontade, o que nada tem a ver com as essências da jurisdição e da arbitragem.

[...] não é porque a escolha do árbitro não viola a Constituição que a sua atividade possui natureza jurisdicional. Aliás, é até risível argumentar que, ao se excluir o Judiciário, não se afasta a jurisdição porque a arbitragem também configura jurisdição, uma vez que uma das razões da própria arbitragem advém da desqualificação do Judiciário para resolver determinados conflitos. Ora, admitir expressamente que uma jurisdição não serve, e por isso é necessário outra, e se pretender fazer acreditar que essa outra jurisdição é essencialmente a mesma que foi afastada constitui uma terrível contradição lógica. Até porque, se fosse verdadeiro tal argumento, não se estaria excluindo nada.

Na verdade, faltaram a essa discussão as lembranças da essência da jurisdição e da sua "unidade". Essa se funda na incontestável ideia de que a jurisdição não admite divisões, pois isso seria o mesmo que dizer que o Estado pode ter várias soberanias. Contudo, quando se alude a essa elementar unidade, aceita-se como premissa que a jurisdição é uma manifestação do poder estatal.

Portanto, não há como deixar de destacar a diferença qualitativa entre a jurisdição e a arbitragem. [...]

Como a arbitragem funda-se na autonomia da vontade, e a sua própria lei teve o simples intuito de regular uma forma de manifestação da vontade, é claro que a opção pelo árbitro implica abrir mão de uma série de garantias e, assim, uma escolha entre duas formas distintas de resolução de conflitos. [...] Frise-se que a jurisdição, como já foi dito, não pode ser caracterizada a partir da "pacificação social". Isso não apenas porque a pacificação social não decorre necessariamente de uma decisão justa, mas também porque inúmeras atividades privadas podem conduzir à pacificação social e ninguém jamais ousou qualificá-las como jurisdicionais somente por esse motivo. [...]

A mistura da atividade do árbitro com a atividade da jurisdição, ou o superdimensionamento do conceito de jurisdição, além de desqualificar a essência da jurisdição no quadro do Estado Constitucional, coloca no mesmo patamar objetivos que nada têm em comum, pois não há como relacionar o dever estatal de dar tutela aos direitos com a necessidade de se conferir a determinados conflitos julgadores dotados de conhecimentos técnicos particulares. Isto quer dizer que, ainda que uma norma afirme que a arbitragem tem natureza jurisdicional, isto não mudará a essência das coisas, podendo apenas recomendar a que se fale em jurisdição estatal e em jurisdição arbitral, guardadas as suas diferenças. [...]

Isso para não falar que a instituição da arbitragem revela uma inocultável exclusão de parte relevante dos conflitos privados do controle do Estado, exatamente dos conflitos sensíveis a uma classe social muito privilegiada, o que pode significar a intenção de afastar o Estado do controle de certos interesses e relações jurídicas.[204]

Sem embargo, o entendimento doutrinário dominante é no sentido de que a Lei de Arbitragem adotou a teoria jurisdicional, "à medida que o legislador deixou transparecer com nitidez a sua verdadeira essência, mormente insculpida nos Capítulos III, V e VI da norma de regência, que versam sobre os árbitros, *sentença arbitral* e o *reconhecimento e execução de sentenças arbitrais estrangeiras*".[205]

Carlos Alberto Carmona sustenta que a Lei de Arbitragem adotou a teoria jurisdicional, uma vez que a técnica legislativa empregada assegura a garantia do devido processo constitucional no desenvolvimento da arbitragem e a equiparação da sentença arbitral à sentença proferida pelo Estado-Juiz. Assim, em suas palavras:

O legislador optou, assim, por adotar a tese da jurisdicionalidade da arbitragem, pondo termo à atividade homologatória do juiz estatal, fator de emperramento da arbitragem. Certamente continuarão a surgir críticas, especialmente de processualistas ortodoxos que não conseguem ver atividade processual – e muito menos jurisdicional – fora do âmbito da tutela estatal estrita. Para rebater tal ideia tacanha de jurisdição, não há lição mais concisa e direta que a de Giovanni Verde: "[A] experiência tumultuosa destes últimos quarenta anos nos demonstra que a imagem do Estado onipotente e centralizador é um mito, que não pode (e talvez não mereça) ser cultivado. Deste mito faz parte a ideia que a justiça deva ser administrada em via exclusiva pelos seus juízes". [...]

O conceito de jurisdição, em crise já há muitos anos, deve receber novo enfoque, para que se possa adequar a técnica à realidade. É bem verdade que muitos estudiosos ainda continuam a debater a natureza jurídica da arbitragem, uns seguindo as velhas lições de Chiovenda para sustentar a ideia contratualista do instituto, outros preferindo seguir ideias mais modernas, defendendo a ampliação do conceito de jurisdição, de forma

---

[204] MARINONI, Luiz Guilherme; ARENHART, Sérgio Cruz; MITIDIERO, Daniel. *Novo Curso de Processo Civil*: teoria do processo civil. 3. ed. São Paulo: Revista dos Tribunais, 2017. v. 1. *E-book*. p. 136-140.

[205] FIGUEIRA JR., Joel. *Arbitragem*. 3. ed. Rio de Janeiro: Forense, 2019. p. 118.

a encampar também a atividade dos árbitros; outros, por fim, tentam conciliar as duas outras correntes. [...]

O fato que ninguém nega é que a arbitragem, embora tenha origem contratual, desenvolve-se com a garantia do devido processo e termina com ato que tende a assumir a mesma função da sentença judicial. Sirva, pois, esta evidência para mostrar que a escolha do legislador brasileiro certamente foi além das previsões de muitos ordenamentos estrangeiros mais evoluídos que o nosso no trato do tema, trazendo como resultado final o desejável robustecimento da arbitragem.[206]

Cândido Rangel Dinamarco, seguindo o entendimento de Carlos Alberto Carmona, ensina que a jurisdicionalidade é atributo da arbitragem, "prescindindo das vicissitudes da legislação ou mesmo das opções do legislador. O que há de fundamental é o reconhecimento da função de pacificar pessoas mediante a realização de justiça, exercida tanto pelo juiz togado quanto pelo árbitro".[207]

Francisco José Cahali,[208] no mesmo sentido, sustenta que a arbitragem é jurisdição outorgada abstratamente pela lei e atribuída concretamente ao árbitro por meio da convenção de arbitragem. Desse modo, no tempo em que as partes convencionam empregar a arbitragem para dirimir litígio relativo a direito patrimonial disponível, "já se desperta a jurisdição, inerente ao instituto da arbitragem por força da Lei nº 9.307/1996, a ser provocada quando da instauração do procedimento".[209]

Cândido Rangel Dinamarco, Gustavo Henrique Righi Ivahy Badaró e Bruno Vasconcelos Carrilho Lopes,[210] acompanhando o entendimento dominante, ensinam que a jurisdição arbitral possui as características fundamentais e a eficácia da jurisdição estatal, excluídos os poderes de coerção e execução de suas decisões. Além disso, afirmam que "a imutabilidade da sentença arbitral pode ceder diante de uma ação

---

[206] CARMONA, Carlos Alberto. *Arbitragem e processo*: um comentário à Lei nº 9.307/96. 3. ed. São Paulo: Atlas, 2009. *E-book*. p. 26-27.

[207] DINAMARCO, Cândido Rangel. *Arbitragem na teoria geral do processo*. São Paulo: Malheiros, 2013. p. 39.

[208] CAHALI, Francisco José. *Curso de arbitragem*. 8. ed. São Paulo: Revista dos Tribunais, 2020. p. 135.

[209] CAHALI, Francisco José. *Curso de arbitragem*. 8. ed. São Paulo: Revista dos Tribunais, 2020. p. 135.

[210] DINAMARCO, Cândido Rangel; BADARÓ, Gustavo Henrique Righi Ivahy; LOPES, Bruno Vasconcelos Carrilho. *Teoria geral do processo*. 33. ed. São Paulo: Malheiros, 2021. p. 259.

anulatória processada e julgada pelo juízo estatal, a qual corresponde, em virtude dessa função, a uma ação rescisória".[211]

Deveras, a Lei de Arbitragem dispõe que o árbitro é juiz de fato e de direito, tendo o dever de proceder com imparcialidade, independência, competência, diligência e discrição, a fim de aplicar o direito ao caso concreto. Demais, durante o exercício de suas funções ou em razão delas, o árbitro é equiparado a funcionário público para os efeitos da legislação penal. Além disso, o árbitro sujeita-se às mesmas hipóteses de impedimento ou suspeição dos juízes, bem como, no que couber, aos mesmos deveres e responsabilidades previstas no Código de Processo Civil.[212]

Para além disso, a Lei de Arbitragem expressamente prevê o princípio *kompetenz-kompetenz*, cabendo, assim, ao árbitro decidir em primeiro lugar sobre a sua própria competência.

Com efeito, nos termos do parágrafo único do art. 8º da Lei nº 9.307/1996, o árbitro ou tribunal arbitral decidirá sobre a possibilidade de o litígio relativo a direito patrimonial disponível ser dirimido por meio da jurisdição privada, ante a inexistência de vício na convenção de arbitragem ou no contrato que contenha a cláusula compromissória.[213]

Francisco José Cahali sustenta que, tecnicamente, o árbitro possui competência para decidir em primeiro lugar sobre a sua própria jurisdição, afastando, assim, a jurisdição estatal, e não a competência de um órgão do Poder Judiciário. À luz de suas palavras:

> Na verdade, embora se traduza como princípio da *competência-competência*, e assim se refira a doutrina ao identificar esta regra, como antes referido, se contém neste princípio a essência da jurisdição que, *in abstracto*, é

---

[211] DINAMARCO, Cândido Rangel; BADARÓ, Gustavo Henrique Righi Ivahy; LOPES, Bruno Vasconcelos Carrilho. *Teoria geral do processo*. 33. ed. São Paulo: Malheiros, 2021. p. 260.

[212] Nesse sentido, a Lei nº 9.307/1996 dispõe: "Art. 13. Pode ser árbitro qualquer pessoa capaz e que tenha a confiança das partes. [...] §6º No desempenho de sua função, o árbitro deverá proceder com imparcialidade, independência, competência, diligência e discrição. [...] Art. 14. Estão impedidos de funcionar como árbitros as pessoas que tenham, com as partes ou com o litígio que lhes for submetido, algumas das relações que caracterizam os casos de impedimento ou suspeição de juízes, aplicando-se-lhes, no que couber, os mesmos deveres e responsabilidades, conforme previsto no Código de Processo Civil. [...] Art. 17. Os árbitros, quando no exercício de suas funções ou em razão delas, ficam equiparados aos funcionários públicos, para os efeitos da legislação penal. Art. 18. O árbitro é juiz de fato e de direito, e a sentença que proferir não fica sujeita a recurso ou a homologação pelo Poder Judiciário".

[213] Nesse sentido, o parágrafo único do art. 8º da Lei nº 9.307/1996 dispõe que: "Caberá ao árbitro decidir de ofício, ou por provocação das partes, as questões acerca da existência, validade e eficácia da convenção de arbitragem e do contrato que contenha a cláusula compromissória".

CAPÍTULO 3
PREMISSAS DE ARBITRAGEM | 121

inerente ao árbitro, pois se atribui a ele, *in concreto*, o poder de avaliar o litígio a ele submetido e concluir pela inviabilidade de sua apreciação no seu próprio juízo arbitral, ou seja, diz o árbitro que a matéria não é arbitrável, e, assim, de ser por ele apreciada. Desta forma, a regra confirma uma vez mais a opção legislativa de outorgar jurisdição ao juízo arbitral. Neste caminho a doutrina, à qual nos filiamos, diz que o princípio da competência-competência deveria ser da "jurisdição-jurisdição". O árbitro tem competência para avaliar a possibilidade de o litígio ser submetido à sua jurisdição ou não, haja vista a natureza jurisdicional da arbitragem.[214]

Não se pode olvidar, entretanto, que a Lei de Arbitragem possibilita ao Estado-Juiz o controle *a posteriori* das decisões relativas à competência, suspeição ou impedimento do árbitro ou dos árbitros, assim como daquelas referentes à existência, validade ou eficácia da convenção de arbitragem.

Desse modo, somente após o árbitro ou tribunal arbitral proferir a sentença arbitral, a parte poderá ajuizar demanda objetivando a declaração de sua nulidade.[215]

Oportuno ressaltar que esse controle *a posteriori* visa a evitar que a parte, com o intuito de protelar a solução do litígio por meio da jurisdição privada, busque o Estado-Juiz para decidir, primeiramente, sobre a competência, suspeição ou impedimento do árbitro ou dos árbitros, assim como acerca da existência, validade ou eficácia da convenção de arbitragem.

A Primeira Seção do Superior Tribunal de Justiça, no julgamento do Conflito de Competência nº 139.519-RJ, assentou que a Lei nº 9.307/1996 estabelece a precedência da jurisdição arbitral em relação à jurisdição estatal, conferindo ao árbitro a competência para decidir em primeiro lugar sobre os limites de suas atribuições, bem como

---

[214] CAHALI, Francisco José. *Curso de arbitragem*. 8. ed. São Paulo: Revista dos Tribunais, 2020. p. 151.

[215] A Lei de Arbitragem, ao tratar do controle *a posteriori* da decisão do árbitro que reconheceu a sua competência, estabelece: "Art. 20. A parte que pretender argüir questões relativas à competência, suspeição ou impedimento do árbitro ou dos árbitros, bem como nulidade, invalidade ou ineficácia da convenção de arbitragem, deverá fazê-lo na primeira oportunidade que tiver de se manifestar, após a instituição da arbitragem. [...] §2º Não sendo acolhida a argüição, terá normal prosseguimento a arbitragem, sem prejuízo de vir a ser examinada a decisão pelo órgão do Poder Judiciário competente, quando da eventual propositura da demanda de que trata o art. 33 desta Lei. [...] Art. 33. A parte interessada poderá pleitear ao órgão do Poder Judiciário competente a declaração de nulidade da sentença arbitral, nos casos previstos nesta Lei".

a respeito de questões relativas à existência, validade e eficácia da convenção de arbitragem e do contrato que contenha a cláusula compromissória. O órgão julgador, igualmente, adotou o entendimento de que o Estado-Juiz pode exercer o controle *a posteriori* da decisão do árbitro sobre a concreta existência da jurisdição arbitral. Em razão de sua clareza hialina, transcrevem-se os excertos pertinentes da ementa do acórdão desse julgamento:

> CONFLITO POSITIVO DE COMPETÊNCIA. JUÍZO ARBITRAL E ÓRGÃO JURISDICIONAL ESTATAL. CONHECIMENTO. ARBITRAGEM. NATUREZA JURISDICIONAL. MEIOS ALTERNATIVOS DE SOLUÇÃO DE CONFLITO. DEVER DO ESTADO. PRINCÍPIO DA COMPETÊNCIA-COMPETÊNCIA. PRECEDÊNCIA DO JUÍZO ARBITRAL EM RELAÇÃO À JURISDIÇÃO ESTATAL. CONTROLE JUDICIAL A POSTERIORI. CONVIVÊNCIA HARMÔNICA ENTRE O DIREITO PATRIMONIAL DISPONÍVEL DA ADMINISTRAÇÃO PÚBLICA E O INTERESSE PÚBLICO. CONFLITO DE COMPETÊNCIA JULGADO PROCEDENTE.
>
> I - Conflito de competência entre o Tribunal Arbitral da Corte Internacional de Arbitragem da Câmara de Comércio Internacional e o Tribunal Regional Federal da 2ª Região, suscitado pela Petróleo Brasileiro S/A - PETROBRAS. Reconhecida a natureza jurisdicional da arbitragem, compete a esta Corte Superior dirimir o conflito. [...]
>
> V - O CPC/2015 trouxe nova disciplina para o processo judicial, exortando a utilização dos meios alternativos de solução de controvérsia, razão pela qual a solução consensual configura dever do Estado, que deverá promovê-la e incentivá-la (art. 3º, §§1º e 2º). A parte tem direito de optar pela arbitragem, na forma da lei (art. 42).
>
> VI - A Lei n. 13.129/15 introduziu no regime jurídico da arbitragem importantes inovações, com destaque para os princípios da competência-competência, da autonomia da vontade e da cláusula compromissória (arts. 1º, 3º e 8º, parágrafo único). [...]
>
> VIII - A jurisdição estatal decorre do monopólio do Estado de impor regras aos particulares, por meio de sua autoridade, consoante princípio da inafastabilidade do controle judicial (art. 5º, XXXV, da Constituição da República), enquanto a jurisdição arbitral emana da vontade dos contratantes.
>
> IX - A jurisdição arbitral precede a jurisdição estatal, incumbindo àquela deliberar sobre os limites de suas atribuições, previamente a qualquer outro órgão julgador (princípio da competência-competência), bem como sobre as questões relativas à existência, à validade e à eficácia da convenção de arbitragem e do contrato que contenha a cláusula

compromissória (arts. 8º e 20, da Lei n. 9.307/96, com a redação dada pela Lei n. 13.129/15).

Para além do que já foi dito, é importante ressaltar que a Terceira Turma do Superior Tribunal de Justiça, no julgamento do Recurso Especial nº 1.602.076-SP, admitiu a relativização do princípio *kompetenz-kompetenz* para o caso de invalidade *prima facie* de cláusula compromissória inserta em contrato de adesão. Assim, o órgão julgador assentou que a convenção de arbitragem – inserida em contrato de adesão sem a concordância expressa do aderente com a instituição da arbitragem, seja por escrito em documento anexo, seja em negrito, com a assinatura ou visto especialmente para essa cláusula compromissória – pode ser apreciada e invalidada pelo Estado-Juiz, independentemente do estado em que se encontre o processo arbitral, uma vez que se trata de questão anterior e necessária à instauração do juízo arbitral. A Ministra Nancy Andrighi, relatora, consignou em seu voto:

> Como regra geral, a jurisprudência desta Corte Superior indica a prioridade do juízo arbitral para se manifestar acerca de sua própria competência e, inclusive, sobre a validade ou nulidade da cláusula arbitral.
>
> Toda regra, porém, comporta exceções para melhor se adequar a situações cujos contornos escapam às situações típicas abarcadas pelo núcleo duro da generalidade e que, pode-se dizer, estão em áreas cinzentas da aplicação do Direito.
>
> Obviamente, o princípio *kompetenz-kompetenz* deve ser privilegiado, inclusive para o indispensável fortalecimento da arbitragem no País e sua aplicação no REsp 1.602.696-PI é irretocável. Por outro lado, é inegável a finalidade de integração e desenvolvimento do Direito a admissão na jurisprudência desta Corte de cláusulas compromissórias "patológicas" – como os compromissos arbitrais vazios no REsp 1.082.498/MT mencionado acima e aqueles que não atendam o requisito legal específico (art. 4º, §2º, da Lei 9.307/96) que se está a julgar neste momento – cuja apreciação e declaração de nulidade podem ser feitas pelo Poder Judiciário mesmo antes do procedimento arbitral. São, assim, exceções que permitem uma melhor acomodação do princípio competência-competência a situações limítrofes à regra geral de prioridade do juízo arbitral.
>
> Levando em consideração todo o exposto, o Poder Judiciário pode, nos casos em que *prima facie* é identificado um compromisso arbitral "patológico", i.e., claramente ilegal, declarar a nulidade dessa cláusula instituidora da arbitragem, independentemente do estado em que se encontre o procedimento arbitral.

De mais a mais, a sentença proferida pelo árbitro ou tribunal arbitral não fica sujeita a recurso ou à homologação pelo Poder Judiciário, produzindo, entre as partes e seus sucessores, os mesmos efeitos da sentença judicial.[216] De fato, "a *sentença arbitral* é ato exclusivo do juiz privado, que traz em seu bojo a autoridade de *solucionar definitivamente a lide* que lhe foi submetida a exame, com *eficácia vinculante prescindível da homologação judicial* (art. 18 da LA)".[217]

A Lei nº 9.307/1996, entretanto, não outorga ao árbitro o poder de coerção e a possibilidade de execução, seja da decisão que concede medida cautelar ou de urgência, seja da sentença arbitral. Assim, as atividades satisfativas são realizadas pelo Estado-Juiz, por meio da sub-rogação ou da coerção.[218] Nesse contexto, o Código de Processo Civil privilegia a cooperação que deve existir entre o Estado-Juiz e o árbitro, notadamente por meio da carta arbitral, além de considerar a sentença arbitral como título executivo judicial.[219]

---

[216] Com efeito, o art. 31 da Lei de Arbitragem estabelece: "A sentença arbitral produz, entre as partes e seus sucessores, os mesmos efeitos da sentença proferida pelos órgãos do Poder Judiciário e, sendo condenatória, constitui título executivo".

[217] FIGUEIRA JR., Joel. *Arbitragem*. 3. ed. Rio de Janeiro: Forense, 2019. p. 120.

[218] A atividade satisfativa pode ocorrer por meio do cumprimento de tutela provisória, cumprimento de sentença ou execução de título executivo, judicial ou extrajudicial. A execução direta ou por sub-rogação consiste na substituição do executado pelo Estado-Juiz, que adota as providências que deveriam ter sido tomadas pelo devedor, como ocorre, por exemplo, na penhora/expropriação. A execução indireta ou por coerção ocorre quando o Estado-Juiz atua indiretamente, sem se pôr no lugar do executado, convencendo-o, mediante incentivo psicológico ou econômico, a realizar voluntariamente a atividade satisfativa. Fala-se em voluntariedade, mas não em espontaneidade, uma vez que a satisfação decorre da pressão exercida pelo Estado-Juiz, como ocorre, por exemplo, nas hipóteses de fixação de multa cominatória e prisão civil.

[219] Assim, o Código de Processo Civil dispõe: "Art. 67. Aos órgãos do Poder Judiciário, estadual ou federal, especializado ou comum, em todas as instâncias e graus de jurisdição, inclusive aos tribunais superiores, incumbe o dever de recíproca cooperação, por meio de seus magistrados e servidores. Art. 68. Os juízos poderão formular entre si pedido de cooperação para prática de qualquer ato processual. Art. 69. O pedido de cooperação jurisdicional deve ser prontamente atendido, prescinde de forma específica e pode ser executado como: I - auxílio direto; II - reunião ou apensamento de processos; III - prestação de informações; IV - atos concertados entre os juízes cooperantes. §1º As cartas de ordem, precatória e arbitral seguirão o regime previsto neste Código. [...] Art. 237. Será expedida carta: [...] IV - arbitral, para que órgão do Poder Judiciário pratique ou determine o cumprimento, na área de sua competência territorial, de ato objeto de pedido de cooperação judiciária formulado por juízo arbitral, inclusive os que importem efetivação de tutela provisória. [...] Art. 260. São requisitos das cartas de ordem, precatória e rogatória: I - a indicação dos juízes de origem e de cumprimento do ato; II - o inteiro teor da petição, do despacho judicial e do instrumento do mandato conferido ao advogado; III - a menção do ato processual que lhe constitui o objeto; IV - o encerramento com a assinatura do juiz. [...] §3º A carta arbitral atenderá, no que couber, aos requisitos a que se refere o caput e será instruída com a convenção de arbitragem e com as provas da nomeação do árbitro e de sua aceitação da função. [...] Art.

CAPÍTULO 3
PREMISSAS DE ARBITRAGEM | 125

Por outro lado, o Código Processo Civil, de modo apropriado, não dispõe acerca do juízo arbitral, uma vez que a Lei de Arbitragem regula detalhadamente esse instituto.

Sem embargo, "o Diploma de 2015 reserva-se ao tratamento pontual de institutos processuais específicos atinentes à arbitragem que encontram reflexos, diretos ou indiretos, na jurisdição estatal e que, por conseguinte, necessitam de normativa publicista".[220]

Nesse contexto, o Código de Processo Civil trata verdadeiramente a arbitragem como jurisdição[221] e, em respeito à manifestação da autonomia privada, faculta às partes a utilização da jurisdição arbitral para dirimir litígio relativo a direito patrimonial disponível, confirmando o princípio da inafastabilidade da jurisdição, sem restringi-lo ao Estado-Juiz.

Demais, o diploma adjetivo civil possibilita às partes a renúncia ao juízo arbitral, bastando, apenas, uma parte propor a demanda no Poder Judiciário e a outra não apresentar, oportunamente, no curso do processo, a exceção de existência de convenção de arbitragem.[222]

---

515. São títulos executivos judiciais, cujo cumprimento dar-se-á de acordo com os artigos previstos neste Título: [...] VII - a sentença arbitral".

[220] FIGUEIRA JR., Joel. *Arbitragem*. 3. ed. Rio de Janeiro: Forense, 2019. p. 38.

[221] Nesse sentido, Humberto Theodoro Júnior ensina que: "Segundo os parágrafos do art. 3º do NCPC, não conflitam com a garantia de acesso à justiça a previsão da arbitragem e a promoção estatal da solução consensual dos conflitos. [...] Na verdade, a sentença arbitral, em nosso sistema jurídico vigente, nem mesmo pode ser vista como um sucedâneo do provimento judicial. É ela mesma erigida à categoria de título judicial, para todos os efeitos. A Lei nº 9.307/1996 abraçou 'a teoria publicística da natureza jurídica da arbitragem', ao imprimir à sentença arbitral força obrigacional, com os mesmos efeitos da sentença proferida pelo Judiciário, inclusive o condenatório (Lei de Arbitragem, art. 31). A última e mais enérgica demonstração da adoção da teoria jurisdicional ou publicística da arbitragem por nosso ordenamento jurídico ocorreu por meio de inovação introduzida no CPC de 1973, praticada com o fito de qualificar como título executivo judicial a sentença arbitral, independentemente da cláusula de homologação em juízo (art. 584, VI, posteriormente substituído pelo art. 475-N, IV). O novo CPC mantém a mesma concepção, em seu art. 515, VII" (THEODORO JÚNIOR, Humberto. *Curso de direito processual civil*. 56. ed. Rio de Janeiro: Forense, 2015. v. 1. p. 125).

[222] Nessa direção, o Código de Processo Civil dispõe: "Art. 3º Não se excluirá da apreciação jurisdicional ameaça ou lesão a direito. §1º É permitida a arbitragem, na forma da lei [...] Art. 42. As causas cíveis serão processadas e decididas pelo juiz nos limites de sua competência, ressalvado às partes o direito de instituir juízo arbitral, na forma da lei. [...] Art. 337. Incumbe ao réu, antes de discutir o mérito, alegar: [...] X - convenção de arbitragem; [...] §6º A ausência de alegação da existência de convenção de arbitragem, na forma prevista neste Capítulo, implica aceitação da jurisdição estatal e renúncia ao juízo arbitral. [...] Art. 485. O juiz não resolverá o mérito quando: [...] VII - acolher a alegação de existência de convenção de arbitragem ou quando o juízo arbitral reconhecer sua competência".

Além disso, o Código de Processo Civil prestigia o princípio *kompetenz-kompetenz*, porquanto "estabelece a extinção do processo, sem resolução de mérito também 'quando o juízo arbitral reconhecer sua competência' (art. 485, VII, do CPC/2015) evitando a concomitância de ações com a mesma questão incidente, e discussão sobre qual das decisões deva prevalecer".[223]

Infere-se, em vista disso, que essa previsão de extinção do processo judicial sem resolução de mérito decorre da natureza jurisdicional da arbitragem, pois, caso se adotasse a teoria privatista, não seria possível ao árbitro decidir em primeiro lugar sobre a sua própria jurisdição, tampouco afastar a jurisdição estatal.

3.2 Arbitragem como (in)adequada modalidade heterocompositiva para dirimir litígios complexos e de elevado valor econômico

A jurisdição estatal é pautada, em regra, pela padronização dos processos. Assim, por meio da observância das formalidades previstas em lei, garante-se a previsibilidade, isonomia e segurança jurídica na gestão de massa dos processos judiciais.

Sem embargo, essa rigidez procedimental é mitigada pelo próprio Código de Processo Civil, uma vez que possibilita às partes convencionarem sobre a restruturação do procedimento para ajustá-lo às especificidades da causa ou para redefinir situações jurídicas processuais.[224]

A possibilidade de celebrar essa convenção processual, ainda assim, não torna prescindível o cumprimento de inúmeras formalidades que, pela estrutura e tratamento dispensado à causa pelo Poder Judiciário, conferem segurança ao jurisdicionado.

> Com efeito, pela sua abrangência a toda e qualquer situação, as regras estabelecidas no Código de Processo Civil, e procedimentos cartorários no Judiciário, geram a necessidade da prática de uma série de atos,

---

[223] CAHALI, Francisco José. *Curso de arbitragem*. 8. ed. São Paulo: Revista dos Tribunais, 2020. p. 146.

[224] Nesses termos, o Código de Processo Civil estatui: "Art. 190. Versando o processo sobre direitos que admitam autocomposição, é lícito às partes plenamente capazes estipular mudanças no procedimento para ajustá-lo às especificidades da causa e convencionar sobre os seus ônus, poderes, faculdades e deveres processuais, antes ou durante o processo".

protocolos, providências, cumprindo inúmeras formalidades, até para segurança do jurisdicionado.[225]

Não obstante a necessária observância das formalidades previstas em lei, a jurisdição estatal, por força do princípio da instrumentalidade das formas, não é formalista, porquanto tempera os rigores da forma com a possibilidade de aproveitamento do ato que não a tenha observado, mas que haja alcançado sua finalidade sem prejuízo para ninguém.

Ademais, dependendo da situação jurídica substancial afirmada, há procedimentos especiais (como exemplo, o mandado de segurança)[226] que visam a proporcionar melhor adequação às particularidades de cada conflito.

A jurisdição arbitral, por sua vez, é pautada pela solução de litígios relativos a direitos patrimoniais disponíveis que não encontram no Estado-Juiz a resposta mais adequada.

> o Poder Judiciário continua a operar sob a égide de uma racionalidade própria de um tempo social diferente, que não se alinha às exigências das demandas sociais atuais, o que faz (re)pensar em formas alternativas de organização e de distribuição do ofício judicante, uma vez que a tradicional distribuição de competência se tornou ineficaz. Processos com tramitação demasiadamente demorada – e que, muitas vezes, acabam perdendo o objeto, carência de fundamentação das decisões judiciais: eis que a qualidade passou a ser acessório da produção jurisdicional, prevalecendo a mentalidade da quantidade e a insuficiência de recurso humano para desempenhar as funções exigidas pelo número de ações ajuizadas são apenas algumas constatações que atestam a crise funcional da jurisdição.[227]

Deveras, o juízo arbitral mostra-se, em regra, adequado para dirimir litígios complexos e de elevado valor econômico, inusuais ao Estado-Juiz.

A adequação da arbitragem, entretanto, deve ser analisada casuisticamente, considerando as características pessoais das partes,

---

[225] CAHALI, Francisco José. *Curso de arbitragem*. 8. ed. São Paulo: Revista dos Tribunais, 2020. p. 123.

[226] Nesse sentido, a Lei nº 12.016, de 7.8.2009, disciplina o mandado de segurança individual e coletivo.

[227] SAID FILHO, Fernando Fortes. *(Re)pensando o acesso à justiça*: a arbitragem como mecanismo alternativo à crise funcional do Poder Judiciário. Rio de Janeiro: Lumen Juris, 2016. p. 107.

o direito material processualizado e a compatibilização do exercício da jurisdição com a utilidade que o processo arbitral possa oferecer.

> De fato, no cotejo entre arbitragem e processo judicial, importante considerar que "a linha de demarcação entre custo e benefício é sutil, e frequentemente aquilo que em certo momento parece um elemento negativo ou positivo pode induzir a optar pela arbitragem ou pelo processo ordinário, mais tarde, no caso concreto, pode assumir valor oposto e revelar-se como elemento impeditivo".
>
> [...] Mesmo no âmbito dos direitos patrimoniais disponíveis, não é possível afirmar, abstratamente, a maior celeridade, economicidade ou mesmo qualidade e eficiência da sentença arbitral, isso por que não preponderam, a esse respeito, fatores estruturais dos mecanismos de solução de controvérsias em comparação, mas características institucionais e funcionais localizadas, cuja generalização acaba por se desprezar, levando a conclusões equivocadas. [...]
>
> Diversamente do que ocorre na relação entre particulares, na qual a opção pela arbitragem está submetida apenas à vontade dos sujeitos, o motivo é parte integrante do ato administrativo, o qual deve atender às finalidades para as quais a permissão para utilização desse mecanismo foi prevista em lei. [...] Necessário, portanto, discutir quais parâmetros devem servir de base à decisão administrativa pela arbitragem e devem ter servido de fundamento aos permissivos legais em cada caso.[228]

Desse modo, não é possível afirmar, abstratamente, que a arbitragem é o meio mais adequado para dirimir determinado litígio relativo a direito patrimonial disponível. Com efeito, a celeridade e qualidade do julgamento, a escolha de árbitro com conhecimento específico da matéria objeto da controvérsia, a dedicação intensa do árbitro à solução do litígio, a flexibilidade procedimental, a definição do direito material a ser aplicado para dirimir o conflito e a possibilidade de confidencialidade, que são características ínsitas à arbitragem, devem ser ponderadas a par da conveniência social, econômica e política da adoção do juízo arbitral, a fim de alcançar a conclusão de sua adequabilidade ou inadequabilidade.

---

[228] SALLES, Carlos Alberto de. *Arbitragem em contratos administrativos*. Rio de Janeiro: Forense, 2011. p. 30-32.

3.2.1 Celeridade do processo arbitral

O processo arbitral, quando comparado ao processo judicial, é muito mais célere.

O relatório *Justiça em Números 2022*,[229] divulgado pelo Conselho Nacional de Justiça, menciona que, em 2021, havia 77,3 milhões de processos em tramitação no Judiciário brasileiro. Ademais, em primeiro grau de jurisdição, o tempo médio da propositura da ação até o proferimento de sentença que põe fim à fase cognitiva é de 1 ano e 11 meses, nas varas estaduais, e de 1 ano e 4 meses, nas varas federais. Ainda assim, não se pode olvidar que o estado de litispendência pode se protrair por tempo indeterminado, ante a possibilidade de interposição de recursos taxativamente previstos em lei federal.[230]

Por outro lado, a Lei de Arbitragem dispõe que a sentença arbitral tem de ser proferida no prazo estipulado pelas partes ou, caso nada tenha sido convencionado, no de seis meses, contado da instituição da arbitragem ou da substituição do árbitro. Demais, o prazo para proferir a sentença final somente poderá ser prorrogado na hipótese de haver comum acordo entre as partes e o árbitro.[231]

> Certamente, para questões extremamente complexas, com tumultuada instrução ou inúmeros incidentes, pode o procedimento vir a ser mais demorado. Porém, estimativas feitas entre as instituições de arbitragem demonstram que, na média, mesmo para arbitragens com certa dificuldade, o prazo de solução é pouco superior a um ano. De

---

[229] BRASIL. Conselho Nacional de Justiça. *Justiça em números 2022*. Brasília: CNJ, 2022. Disponível em: https://www.cnj.jus.br/pesquisas-judiciarias/justica-em-numeros/. Acesso em: 17 jun. 2023.

[230] "A regra da taxatividade consiste na exigência de que a enumeração dos recursos seja taxativamente prevista em lei. O rol legal dos recursos é *numerus clausus*. Só há recursos legalmente previstos. Não se admite a criação de recurso pelo regimento interno do tribunal. O STF já decidiu que não pode o Estado-membro criar recurso novo por lei estadual. Não se admite, também, a criação de recurso por negócio processual, ainda que lastreado no art. 190 do CPC" (DIDIER JR., Fredie; CUNHA, Leonardo Carneiro da. *Curso de direito processual civil*. 16. ed. Salvador: JusPodivm, 2019. v. 3. p. 143).

[231] Nesse sentido, a Lei nº 9.307/1996 estabelece: "Art. 23. A sentença arbitral será proferida no prazo estipulado pelas partes. Nada tendo sido convencionado, o prazo para a apresentação da sentença é de seis meses, contado da instituição da arbitragem ou da substituição do árbitro. §1º Os árbitros poderão proferir sentenças parciais. §2º As partes e os árbitros, de comum acordo, poderão prorrogar o prazo para proferir a sentença final. [...] Art. 29. Proferida a sentença arbitral, dá-se por finda a arbitragem, devendo o árbitro, ou o presidente do tribunal arbitral, enviar cópia da decisão às partes, por via postal ou por outro meio qualquer de comunicação, mediante comprovação de recebimento, ou, ainda, entregando-a diretamente às partes, mediante recibo".

qualquer forma, sempre haverá necessidade de fixação do termo final da arbitragem (por lei ou pelas partes), afastando o risco de se eternizar o procedimento.[232]

Com efeito, a celeridade do processo arbitral está diretamente relacionada ao prazo fixado para o árbitro ou tribunal arbitral proferir a sentença. Nesse sentido, a Lei de Arbitragem reforça a importância de cumprimento do prazo ajustado, porquanto o seu desrespeito implica possibilidade de invalidade da sentença arbitral.[233]

Oportuno ressaltar que a propositura de demanda objetivando a declaração de nulidade da sentença proferida fora do prazo estipulado está condicionada à prévia notificação do árbitro ou do presidente do tribunal arbitral, concedendo-lhe o prazo de dez dias para proferir e apresentar a decisão.[234]

> Ressalto, por outro lado, que a notificação – necessária e imprescindível referida no art. 12, III – legitima o notificante (e só ele!) para a eventual propositura de demanda anulatória no prazo legal. Explico: nada impede que a parte notificante, inteirada da sentença arbitral proferida além do prazo decendiário, satisfaça-se com seus termos, deixando assim de manejar no prazo legal (90 dias) a demanda anulatória; o adversário, entretanto, que não tiver notificado os árbitros acerca de seu interesse de impugnar a sentença intempestiva, não poderá promover a demanda de que trata o art. 33 da Lei.[235]

Além do mais, a Lei de Arbitragem estabelece que, proferida a sentença arbitral, dá-se por finda a arbitragem, ou seja, o julgamento arbitral se faz em instância única, sem a possibilidade de recursos. Assim, "a rapidez na prestação da tutela jurisdicional privada perseguida decorre de dois outros fatores, quais sejam, a irrecorribilidade das

---

[232] CAHALI, Francisco José. *Curso de arbitragem*. 8. ed. São Paulo: Revista dos Tribunais, 2020. p. 122.

[233] Nessa direção, a Lei nº 9.307/1996 dispõe: "Art. 32. É nula a sentença arbitral se: [...] VII - proferida fora do prazo, respeitado o disposto no art. 12, inciso III, desta Lei; e [...]".

[234] Nesses termos, a Lei de Arbitragem estatui: "Art. 11. Poderá, ainda, o compromisso arbitral conter: [...] III - o prazo para apresentação da sentença arbitral; [...] Art. 12. Extingue-se o compromisso arbitral: [...] III - tendo expirado o prazo a que se refere o art. 11, inciso III, desde que a parte interessada tenha notificado o árbitro, ou o presidente do tribunal arbitral, concedendo-lhe o prazo de dez dias para a prolação e apresentação da sentença arbitral".

[235] CARMONA, Carlos Alberto. *Arbitragem e processo*: um comentário à Lei nº 9.307/96. 3. ed. São Paulo: Atlas, 2009. *E-book*. p. 409.

decisões arbitrais (interlocutórias ou sentença arbitral) e inexistência de homologação da sentença pelo Poder Judiciário".[236]

3.2.2 Escolha do árbitro

A possibilidade de as partes escolherem o árbitro mais habilitado para o exame da questão, de acordo com o seu conhecimento específico sobre a matéria objeto da controvérsia, é outra vantagem ínsita da jurisdição arbitral.

De fato, ante o seu conhecimento específico, o árbitro "terá maior tecnicidade para apreciar a matéria, principalmente para questões pouco usuais na rotina dos tribunais".[237]

> A possibilidade de melhora na qualidade das decisões, decorrente da *especialização* dos árbitros, também pode representar economia para as partes. Uma das vantagens da arbitragem é a possibilidade de utilização e árbitros que tenham familiaridade com a matéria objeto da controvérsia. Ao contrário do juiz estatal, o árbitro pode ter formação específica em área técnica que interessa diretamente ao objeto da arbitragem. É razoável supor, por exemplo, que o árbitro com anos de experiência na indústria petrolífera possa aferir com maior precisão os termos técnicos da contratação para exploração ou transporte de petróleo, além dos usos e costumes nos negócios da indústria petrolífera. A expectativa de que os contratos sejam interpretados por especialistas diminui os custos das partes relativos à negociação de contratos.
>
> A especialização permite, assim, a redução dos erros nas decisões arbitrais. Em tese, apesar de todos os procedimentos estarem sujeitos a erros, a probabilidade de o árbitro especializado decidir de forma equivocada, por não conhecer a matéria discutida, é menor. A redução da probabilidade de erro na decisão reduz o risco da relação contratual, tornando o contrato mais atrativo para as partes e todo o mercado. [...]
>
> Portanto, as partes contratantes, ao preverem a arbitragem como forma de solução de controvérsias, antecipam que a expectativa de decisões mais ágeis e acertadas no futuro diminui o risco de comportamento oportunista no presente. As partes terão, assim, incentivos para cumprir as obrigações assumidas no contrato, pois eventuais inadimplementos serão punidos com rapidez e precisão. A maior confiabilidade dos contratos reduz os custos de transação (neste caso, representados pelo risco de a parte

---

[236] FIGUEIRA JR., Joel. *Arbitragem*. 3. ed. Rio de Janeiro: Forense, 2019. p. 135.

[237] CAHALI, Francisco José. *Curso de arbitragem*. 8. ed. São Paulo: Revista dos Tribunais, 2020. p. 122.

inadimplente beneficiar-se da morosidade dos procedimentos judiciais) e desonera a produção de riqueza social.[238]

Nesse diapasão, o art. 154 da Lei nº 14.133/2021 dispõe que o "processo de escolha dos árbitros, dos colegiados arbitrais e dos comitês de resolução de disputas observará critérios isonômicos, técnicos e transparentes".

Desse modo, nos termos da Lei de Licitações e Contratações Administrativas, a indicação da câmara arbitral deve ser assentada, por exemplo, na existência de regulamento próprio, lista de árbitros com especialização na matéria, reputação favorável, confiabilidade, idoneidade na condução de processos arbitrais.

> Na arbitragem institucional indica-se a instituição, geralmente nominada como "Câmara", "Centro", ou até, impropriamente, "Tribunal", a quem será atribuída a gestão das etapas e trâmites da arbitragem. A instituição não julga o conflito, embora tenha atribuições, muitas vezes, para resolver algumas questões periféricas, apenas administra o procedimento. [...] Esta instituição cuidará dos trâmites procedimentais para se realizar a arbitragem. Como antes referido, trata-se, basicamente, de *atribuição cartorária*, a ser desempenhada com a finalidade de dar ao(s) árbitro(s) e às partes as condições para o desenvolvimento e conclusão da arbitragem. Cada instituição, com total independência, terá suas regras previstas em seu regulamento, e nele serão estabelecidas formalidades, etapas, providências, trâmites, e demais previsões procedimentais para a instauração, organização de desenvolvimento da arbitragem.[239]

Além disso, visando a assegurar a transparência no processo de escolha, os entes federativos, em regra, têm realizado o credenciamento[240]

---

[238] PUGLIESE, Antonio Celso Fonseca; SALAMA, Bruno Meyerhof. A economia da arbitragem: escolha racional e geração de valor. *Revista Direito GV São Paulo*, v. 4, n. 1, jan./jun. 2008. p. 20.

[239] CAHALI, Francisco José. *Curso de arbitragem*. 8. ed. São Paulo: Revista dos Tribunais, 2020. p. 152-154.

[240] "Credenciamento é ato administrativo unilateral, emitido em virtude do reconhecimento do preenchimento de requisitos predeterminados por sujeitos interessados em futura contratação, a ser pactuada em condições predeterminadas e que independem de uma escolha subjetiva por parte da Administração" (JUSTEN FILHO, Marçal. *Comentários à lei de licitações e contratações administrativas*: lei 14.133/2021. São Paulo: Thomson Reuters Brasil, 2021. p. 1129).

de câmaras arbitrais, que consiste na criação de uma lista referencial das entidades que cumprem os requisitos definidos em regulamento.[241]

é possível estabelecer critérios extremamente rigorosos para o credenciamento, de modo que a prestação a ser executada apresente padrão de excelência. De todo modo, em tais hipóteses, seria indiferente para a Administração a identidade do particular contratado efetivamente, eis que qualquer dos credenciados estaria em condições de executar uma prestação dotada de elevado grau de qualidade.[242]

Com efeito, uma vez que atendidos aos requisitos predeterminados em regulamento, é indiferente para a Administração a indicação de quaisquer das câmaras arbitrais credenciadas.

Demais, para assegurar o tratamento isonômico entre as câmaras credenciadas, o regulamento tem de definir critérios objetivos de distribuição da demanda.[243]

---

[241] Em guisa de exemplo, o Decreto nº 10.025, de 20.9.2019, que dispõe sobre a arbitragem, no âmbito do setor portuário e de transportes rodoviário, ferroviário, aquaviário e aeroportuário, para dirimir litígios que envolvam a União ou as entidades da Administração Pública federal e concessionários, subconcessionários, permissionários, arrendatários, autorizatários ou operadores portuários, estabelece: "Art. 10. O credenciamento da câmara arbitral será realizado pela Advocacia-Geral da União e dependerá do atendimento aos seguintes requisitos mínimos: I - estar em funcionamento regular como câmara arbitral há, no mínimo, três anos; II - ter reconhecidas idoneidade, competência e experiência na condução de procedimentos arbitrais; e III - possuir regulamento próprio, disponível em língua portuguesa. §1º O credenciamento de que trata o *caput* consiste em cadastro das câmaras arbitrais para eventual indicação futura em convenções de arbitragem e não caracteriza vínculo contratual entre o Poder Público e as câmaras arbitrais credenciadas. §2º A Advocacia-Geral da União disciplinará a forma de comprovação dos requisitos estabelecidos no *caput* e poderá estabelecer outros para o credenciamento das câmaras arbitrais. Art. 11. A convenção de arbitragem poderá estipular que a indicação da câmara arbitral que administrará o procedimento arbitral será feita pelo contratado, dentre as câmaras credenciadas na forma prevista no art. 10. §1º A administração pública federal poderá, no prazo de quinze dias, manifestar objeção à câmara escolhida, hipótese em que a parte que solicitou a instauração da arbitragem indicará outra câmara credenciada, no prazo de quinze dias, contado da data da comunicação da objeção. §2º A indicação da câmara arbitral escolhida e a sua eventual objeção serão feitas por correspondência dirigida à outra parte, ainda que a cláusula compromissória estabeleça que esta escolha será promovida logo após a celebração do contrato de parceria. §3º A câmara arbitral indicada poderá ser substituída antes do início da arbitragem, desde que com a anuência de ambas as partes, independentemente da celebração de termo aditivo ao contrato de parceria".

[242] JUSTEN FILHO, Marçal. *Comentários à lei de licitações e contratações administrativas*: lei 14.133/2021. São Paulo: Thomson Reuters Brasil, 2021. p. 1130.

[243] Nesse sentido, a Lei nº 14.144/2021 estabelece: "Art. 79. O credenciamento poderá ser usado nas seguintes hipóteses de contratação: I - paralela e não excludente: caso em que é viável e vantajosa para a Administração a realização de contratações simultâneas em condições padronizadas; [...] Parágrafo único. Os procedimentos de credenciamento serão definidos em regulamento, observadas as seguintes regras: I - a Administração deverá divulgar

Por outro lado, a indicação do árbitro ou dos árbitros deve ser fundada na especialização na matéria a ser decidida pela arbitragem, experiência e diligência na tramitação de processos arbitrais com a Administração Pública, domínio de idiomas, nacionalidade, independência, imparcialidade, discrição e idoneidade (para citar algumas qualidades consideradas pelos contendedores no ato de escolha).[244]

De fato, a escolha do árbitro resulta de uma avaliação discricionária, pois, a par de critérios objetivos, há critérios subjetivos que norteiam essa decisão, notadamente a especial confiança que ele inspira às partes.[245] Essa indicação, em geral, recai entre aqueles relacionados na "lista de árbitros"[246] da câmara arbitral escolhida.

Ademais, para preservar a imparcialidade[247] do árbitro, a sua indicação deve ocorrer conforme a vontade voluntária e convergente das

---

e manter à disposição do público, em sítio eletrônico oficial, edital de chamamento de interessados, de modo a permitir o cadastramento permanente de novos interessados; II - na hipótese do inciso I do *caput* deste artigo, quando o objeto não permitir a contratação imediata e simultânea de todos os credenciados, deverão ser adotados critérios objetivos de distribuição da demanda; [...]".

[244] À guisa de exemplo, o Decreto nº 10.025, de 20.9.2019, que dispõe sobre a arbitragem, no âmbito do setor portuário e de transportes rodoviário, ferroviário, aquaviário e aeroportuário, para dirimir litígios que envolvam a União ou as entidades da Administração Pública federal e concessionários, subconcessionários, permissionários, arrendatários, autorizatários ou operadores portuários, estatui: "Art. 12. Os árbitros serão escolhidos nos termos estabelecidos na convenção de arbitragem, observados os seguintes requisitos mínimos: I - estar no gozo de plena capacidade civil; II - deter conhecimento compatível com a natureza do litígio; e III - não ter, com as partes ou com o litígio que lhe for submetido, relações que caracterizem as hipóteses de impedimento ou suspeição de juízes, conforme previsto na Lei nº 13.105, de 2015 - Código de Processo Civil, ou outras situações de conflito de interesses previstas em lei ou reconhecidas em diretrizes internacionalmente aceitas ou nas regras da instituição arbitral escolhida. Parágrafo único. O ingresso no País de árbitros e equipes de apoio residentes no exterior, exclusivamente para participação em audiências de procedimentos arbitrais com sede no País, é hipótese de visita de negócios, nos termos do disposto no §3º do art. 29 do Decreto nº 9.199, de 20 de novembro de 2017, respeitados os prazos de estada e as demais condições da legislação de imigração aplicável".

[245] Nesses termos, a Lei nº 9.307/1996 dispõe: "Art. 13. Pode ser árbitro qualquer pessoa capaz e que tenha a confiança das partes".

[246] "A chamada 'lista fechada' permite à Entidade o controle, em certa medida, da qualidade das decisões, pois nelas integram aqueles profissionais que previamente foram reconhecidos por um órgão (geralmente Conselho) da instituição pelos seus méritos, sendo periódica também a revisão para manutenção ou alteração de nomes; e acompanha-se a dinâmica dos árbitros no procedimento arbitral, uma vez que estes ficam sob os cuidados da Entidade. Desta forma, esta opção de 'lista fechada' teria algum sentido e razão de existir" (CAHALI, Francisco José. *Curso de arbitragem*. 8. ed. São Paulo: Revista dos Tribunais, 2020. p. 219-220).

[247] "A imparcialidade – que todo árbitro deve ostentar – não se confunde com a neutralidade, que nem sempre pode ser conseguida (quer a decisão seja estatal, quer seja arbitral). Enquanto o primeiro conceito diz respeito à necessidade de não estar o julgador envolvido diretamente com os litigantes, o segundo está relacionado com a influência que o julgador

partes, a fim de preservar a equidistância que o julgador deve guardar em relação aos contendentes. Com efeito, a indicação conjunta pelas partes evita que o árbitro trate com maior deferência o contendente que o escolheu, comprometendo a sua imparcialidade.

Conforme se observa, a escolha da câmara arbitral e do árbitro não é precedida de licitação.

Há, verdadeiramente, uma inviabilidade de competição para a escolha da entidade, uma vez que, nas mais renomadas, "os regulamentos e listas de árbitros pouco se diferenciam".[248] Assim, em razão dessa equivalência de condições para executar a prestação, a realização de processo licitatório resultaria, em regra, no direcionamento da escolha da câmara arbitral.

Já para a indicação do árbitro, não há falar na incidência das regras previstas na Lei nº 14.133/2021, porquanto a jurisdição privada não caracteriza um serviço,[249] mas, sim, uma atividade destinada a resolver, com independência e imparcialidade, situações jurídicas concretamente deduzidas, alcançando, assim, a pacificação social. Nesse sentido, Marçal Justen Filho sustenta:

> *1.2) Atividade arbitral e ausência de contrato* [...]
> Os árbitros são investidos de uma atribuição, consistente no desempenho de uma função jurisdicional não estatal.
> Essa atuação não se traduz na execução de uma prestação destinada a integrar-se no patrimônio das partes. Julgar o litígio não é um "serviço" – ao menos, não o é na acepção em que a expressão é utilizada no âmbito das contratações administrativas.
> *1.3) A imparcialidade*
> Enfim, um dos requisitos fundamentais exigidos do árbitro é a imparcialidade. Isso significa a ausência do estabelecimento de um vínculo jurídico de natureza contratual entre as partes e o sujeito investido da condição de árbitro. [...]
> *2) A indicação de árbitro e instituição arbitral*
> A consideração anterior é relevante para evitar a tendência a considerar a indicação do árbitro como um contrato disciplinado pela Lei 14.133/2021.

---

pode receber do meio em que atua" (CARMONA, Carlos Alberto. *Arbitragem e processo*: um comentário à Lei nº 9.307/96. 3. ed. São Paulo: Atlas, 2009. *E-book*. p. 240).

[248] MASTROBUONO, Cristina Margarete Wagner; JUNQUEIRA, André Rodrigues. A escolha da câmara de arbitragem pela Administração Pública. *Revista de Arbitragem e Mediação*, São Paulo, ano 13, v. 48, p. 115-130, jan./mar. 2016. p. 119.

[249] Nesse sentido, a Lei nº 14.133/2021 estabelece: "Art. 6º Para os fins desta Lei, consideram-se: [...] XI - serviço: atividade ou conjunto de atividades destinadas a obter determinada utilidade, intelectual ou material, de interesse da Administração; [...]".

Não há contrato administrativo nem com o árbitro nem com a instituição arbitral. Não se cogita de licitação justamente por isso.[250]

Para além disso, o árbitro deve ter liberdade e autonomia para julgar. Logo, está impedida de funcionar como árbitro a pessoa que mantenha, com quaisquer das partes ou com o litígio que lhe for submetido, alguma das relações que caracterizam os casos de impedimento ou suspeição de juízes.

Nesse contexto, não se pode olvidar que a Lei de Arbitragem reforça a importância dessas qualidades do árbitro, uma vez que considera inválida a sentença arbitral que desrespeite o seu livre convencimento e a sua imparcialidade.[251] Demais, a Lei nº 9.307/1996 impõe o dever de revelação, porquanto a pessoa indicada para funcionar como árbitro têm o dever de declarar, antes da aceitação da função, qualquer fato que denote dúvida justificada quanto à sua imparcialidade e independência.[252]

3.2.3 Flexibilidade procedimental

O rito da arbitragem guarda a flexibilidade como característica inerente, o que possibilita adequar o procedimento à causa posta em julgamento, segundo as suas especificidades, bem como às conveniências e às necessidades das partes.

Assim, cabe às partes, seja na convenção arbitral, seja no termo de arbitragem, seja no curso do processo arbitral, ajustar o procedimento arbitral às especificidades da causa, desde que respeitados o devido processo constitucional, a ordem pública e as disposições cogentes da Lei de Arbitragem.

---

[250] JUSTEN FILHO, Marçal. *Comentários à lei de licitações e contratações administrativas*: lei 14.133/2021. São Paulo: Thomson Reuters Brasil, 2021. p. 1590.

[251] De fato, a Lei de Arbitragem estatui: "Art. 21. [...] §2º Serão, sempre, respeitados no procedimento arbitral os princípios do contraditório, da igualdade das partes, da imparcialidade do árbitro e de seu livre convencimento. [...] Art. 32. É nula a sentença arbitral se: [...] VIII - forem desrespeitados os princípios de que trata o art. 21, §2º, desta Lei".

[252] Nesse sentido, a Lei nº 9.307/1996 dispõe: "Art. 14. Estão impedidos de funcionar como árbitros as pessoas que tenham, com as partes ou com o litígio que lhes for submetido, algumas das relações que caracterizam os casos de impedimento ou suspeição de juízes, aplicando-se-lhes, no que couber, os mesmos deveres e responsabilidades, conforme previsto no Código de Processo Civil. §1º As pessoas indicadas para funcionar como árbitro têm o dever de revelar, antes da aceitação da função, qualquer fato que denote dúvida justificada quanto à sua imparcialidade e independência".

CAPÍTULO 3
PREMISSAS DE ARBITRAGEM | 137

Com efeito, segundo a Lei de Arbitragem, o procedimento arbitral seguirá, nesta ordem de preferência: (i) a sequência de atos convencionada pelas partes; (ii) a sequência de atos disposta no regulamento da instituição arbitral; ou (iii) a sequência de atos que os árbitros estabelecerem.[253]

Observa-se que não há regra legal estabelecendo a aplicação supletiva ou subsidiária das disposições do Código de Processo Civil, pois, quando a Lei nº 9.307/1996 pretendeu a incidência das normas do processo civil, ela o fez expressamente, como ocorre nas causas de suspeição e impedimento do árbitro (art. 14), no procedimento da declaração de nulidade da sentença arbitral (art. 33, §§1º e 3º) e no procedimento de homologação de sentença arbitral estrangeira (arts. 36 e 37).

> De início, há de considerar que o Código de Processo Civil foi idealizado para regular, instrumentalmente, a resolução de conflitos entre as partes em demandas que tramitam perante o Poder Judiciário, portanto, dentro de um sistema de natureza pública.
>
> Por sua vez, a arbitragem integra um sistema voltado à resolução de conflitos totalmente distinto daquele em que se encontra inserido o Estado-juiz, revestida de pura e plena jurisdição privada, fundada na autonomia absoluta da vontade das partes, eixo central de tudo e de todos os instrumentos e mecanismos nela empregados, em torno do qual gravitam de forma imbricada as suas normas reguladoras.
>
> Portanto, exsurge de plano a compreensão de que estamos diante de dois sistemas jurisdicionais distintos e independentes, regulados por normas e orientados por princípios diversos, exceto aqueles atinentes ao devido processo legal constitucional.[254]

Assim, por exemplo, a Terceira Turma do Superior Tribunal de Justiça, no julgamento de mérito do Recurso Especial nº 1.903.359-RJ, concluiu que o rito da arbitragem guarda, em si, como característica

---

[253] A Lei de Arbitragem, ao dispor sobre o procedimento arbitral, prevê: "Art. 21. A arbitragem obedecerá ao procedimento estabelecido pelas partes na convenção de arbitragem, que poderá reportar-se às regras de um órgão arbitral institucional ou entidade especializada, facultando-se, ainda, às partes delegar ao próprio árbitro, ou ao tribunal arbitral, regular o procedimento. §1º Não havendo estipulação acerca do procedimento, caberá ao árbitro ou ao tribunal arbitral discipliná-lo. §2º Serão, sempre, respeitados no procedimento arbitral os princípios do contraditório, da igualdade das partes, da imparcialidade do árbitro e de seu livre convencimento. §3º As partes poderão postular por intermédio de advogado, respeitada, sempre, a faculdade de designar quem as represente ou assista no procedimento arbitral. §4º Competirá ao árbitro ou ao tribunal arbitral, no início do procedimento, tentar a conciliação das partes, aplicando-se, no que couber, o art. 28 desta Lei".

[254] FIGUEIRA JR., Joel. *Arbitragem*. 3. ed. Rio de Janeiro: Forense, 2019. p. 47.

inerente, a flexibilidade, o que tem o condão, a um só tempo, de adequar o procedimento à causa posta em julgamento, segundo as suas particularidades, bem como às conveniências e às necessidades das partes (inclusive quanto aos custos que estão dispostos a arcar para o deslinde da controvérsia). O Ministro Marco Aurélio Bellizze, relator, assentou em seu voto:

> Não se olvida, tampouco se afastam as vantagens de se traçar um paralelo entre o processo judicial e o procedimento arbitral, notadamente por tratarem efetivamente de ramos do Direito Processual. Desse modo, natural que do processo judicial se extraiam as principais noções e, muitas vezes, elementos seguros para solver relevantes indagações surgidas no âmbito da arbitragem, de forma a conceder às partes tratamento isonômico e a propiciar-lhes o pleno contraditório e a ampla defesa.
> Essa circunstância, todavia, não autoriza o intérprete a compreender que a arbitragem – *regida por regras próprias* – deva observar necessária e detidamente os regramentos disciplinadores do processo judicial, sob pena de desnaturar esse importante modo de heterocomposição.
> É de suma relevância notar, a esse propósito, que o árbitro não se encontra, de modo algum, adstrito ao procedimento estabelecido no Código de Processo Civil, inexistindo regramento legal algum que determine, genericamente, sua aplicação, nem sequer subsidiária, à arbitragem. Aliás, a Lei de Arbitragem, nos específicos casos em que preceitua a aplicação do diploma processual, assim o faz de maneira expressa.
> O procedimento arbitral é, pois, regido, nessa ordem, *pelas convenções estabelecidas entre as partes litigantes — o que se dá tanto por ocasião do compromisso arbitral ou da assinatura do termo de arbitragem, como no curso do processo arbitral —*, pelo regulamento do Tribunal arbitral eleito e pelas determinações exaradas pelo árbitro (grifo no original).

Destarte, em razão de sua maior informalidade, sem descurar dos direitos das partes, infere-se que a flexibilidade procedimental é mais uma vantagem da arbitragem.

3.2.4 Definição da norma a ser aplicada para dirimir o litígio

Além da possibilidade de adequar o procedimento à causa posta em julgamento, as partes podem, igualmente, convencionar que a arbitragem será de direito ou de equidade, ou que se realizará com base nos princípios gerais de direito, nos usos e costumes e na *lex mercatoria*, salvo se o processo arbitral tiver como parte a Administração Pública, hipótese em que será sempre de direito brasileiro.[255]

Na arbitragem de direito, as partes podem fixar o direito material (nacional ou alienígena) a ser aplicado para dirimir o litígio, desde que não haja violação aos bons costumes e à ordem pública.

A noção de bons costumes e ordem pública varia em função do momento (tempo) e do território (espaço) em que a decisão é proferida, sendo, portanto, construída com outras percepções de ordem social, moral, política, filosófica e jurídica. "Nessa linha, é possível afirmar que o entendimento conferido nos dias de hoje sobre o que venha a ser *bons costumes* e observância da *ordem pública*, amanhã, não necessariamente, será o mesmo".[256] Assim, a delimitação da noção de bons costumes e ordem pública fica a cargo do árbitro ou do juiz, quando confrontado com o caso concreto.

Carlos Alberto Carmona, não obstante a grande complexidade da matéria e das muitas divergências suscitadas, inerentes aos próprios elementos indeterminados que a envolvem, sustenta que os bons costumes indicam normas de conduta impostas pela moral, ao passo que as normas de ordem pública estabelecem a organização da vida social, por meio da mantença da unidade das instituições de certo país e da proteção dos sentimentos de justiça e moral de determinada sociedade e da comunidade internacional. Assim, segundo esse autor, a noção de bons costumes está contida na noção de ordem pública, haja vista a amplitude da contentora. À luz de suas palavras:

> A expressão *bonimores* – bons costumes – servia para indicar o complexo de regras e princípios impostos pela moral que traçavam a norma de conduta dos indivíduos em suas relações domésticas e sociais. Em última análise, pode-se dizer que a expressão continua hoje a expressar, genericamente, a honestidade e o recato que se espera das pessoas, bem como a dignidade e o decoro social. [...]
> É possível sustentar-se que, hoje, o conceito amplo de ordem pública acaba absorvendo a ideia dos bons costumes, princípios de conduta

---

[255] Nesse sentido, a Lei de Arbitragem estabelece: "Art. 2º A arbitragem poderá ser de direito ou de eqüidade, a critério das partes. §1º Poderão as partes escolher, livremente, as regras de direito que serão aplicadas na arbitragem, desde que não haja violação aos bons costumes e à ordem pública. §2º Poderão, também, as partes convencionar que a arbitragem se realize com base nos princípios gerais de direito, nos usos e costumes e nas regras internacionais de comércio. §3º A arbitragem que envolva a administração pública será sempre de direito e respeitará o princípio da publicidade".

[256] FIGUEIRA JR., Joel. *Arbitragem*. 3. ed. Rio de Janeiro: Forense, 2019. p. 377.

impostos pela moralidade média do povo (considerada indispensável para a manutenção da ordem social e para a harmonia nas relações humanas). [...]

As normas de ordem pública são aquelas que estabelecem os princípios cuja manutenção se considera indispensável à organização da vida social, segundo os preceitos de direito. Trata-se assim de um conjunto de regras e princípios, muitas vezes fugidios e nebulosos, que tendem a manter a singularidade das instituições de determinado país e a proteger os sentimentos de justiça e moral de determinada sociedade em determinada época. Percebe-se, desde logo, que o conceito de ordem pública é sempre localizado e temporal: refere-se a um determinado país (ou a uma determinada comunidade) e a uma certa época (eis que as situações que se quer ver preservadas mudam com o passar do tempo). [...]

A doutrina costuma visualizar o conceito de ordem pública sob dois ângulos distintos, tratando assim da ordem pública interna e da ordem pública internacional: aquela diz respeito às normas e princípios que não podem ser afastados pela vontade das partes, impondo barreiras limitadoras à atividade individual de contratar; esta (a ordem pública internacional) vincula-se aos atos praticados no exterior que tenham repercussão no território nacional; a ordem pública interna denota a impossibilidade de derrogação, pela vontade privada, de normas materiais, enquanto a ordem pública internacional funciona como verdadeiro filtro de leis, sentenças (arbitrais ou estatais) e atos em geral que devam ter eficácia no território nacional, impedindo tal eficácia quando ameaçados relevantes valores de justiça e de moral.[257]

A delimitação da noção de ordem pública é de grande importância para a arbitragem nacional e internacional. Com efeito, além de restringir a escolha do direito material (nacional ou alienígena) a ser aplicado para dirimir o litígio, a violação da ordem pública interna possibilita a propositura da ação declaratória de nulidade de sentença arbitral, bem como obsta a homologação de sentença arbitral estrangeira.[258] Impende destacar que, a despeito de o art. 32 da Lei de Arbitragem não prever a violação da ordem pública como hipótese

---

[257] CARMONA, Carlos Alberto. *Arbitragem e processo*: um comentário à Lei nº 9.307/96. 3. ed. São Paulo: Atlas, 2009. *E-book*. p. 68-70.

[258] Nesse sentido, a Lei de Arbitragem dispõe: "Art. 33. A parte interessada poderá pleitear ao órgão do Poder Judiciário competente a declaração de nulidade da sentença arbitral, nos casos previstos nesta Lei. [...] Art. 39. A homologação para o reconhecimento ou a execução da sentença arbitral estrangeira também será denegada se o Superior Tribunal de Justiça constatar que: I - segundo a lei brasileira, o objeto do litígio não é suscetível de ser resolvido por arbitragem; II - a decisão ofende a ordem pública nacional".

CAPÍTULO 3
PREMISSAS DE ARBITRAGEM | 141

de nulidade da sentença arbitral nacional, esse dispositivo deve ser interpretado sistematicamente com o art. 2º, §1º e art. 39, II, ambos da Lei nº 9.307/1996, a fim de assegurar a coerência do sistema arbitral brasileiro, pois as sentenças arbitrais nacionais e estrangeiras devem estar sujeitas às mesmas condições de validade.

Para além disso, infere-se que o art. 2º da Lei de Arbitragem derrogou o art. 9º da Lei de Introdução às Normas do Direito Brasileiro,[259] uma vez que, no processo arbitral, as partes podem determinar que o árbitro decida com base em lei material diversa daquela do país em que se constituiu a obrigação. De fato, essa liberdade outorgada às partes caracteriza outra vantagem da arbitragem, porquanto os contendentes podem evitar a aplicação de lei material que não conhecem ou que, muitas vezes, não tem vínculo efetivo com o negócio jurídico celebrado.

De mais a mais, a possibilidade de as partes escolherem, livremente, as regras de direito aplicadas na arbitragem aumenta o campo de incidência da autonomia privada e a segurança jurídica nas contratações, mormente naquelas que tenham conexão internacional, haja vista que a escolha prévia da lei material aplicável não submeterá os litigantes aos mais diversos mecanismos decorrentes de sistemas de conflitos de leis no espaço.

E é conveniente que assim seja, pois não são poucos os contratos celebrados entre brasileiros no exterior (ou entre brasileiro e estrangeiro, no exterior) para execução no Brasil, de modo que a aplicação da Lei de Introdução apontaria a incidência de lei estrangeira para reger o contrato, o que talvez (*rectius*, muito provavelmente!) contrarie a vontade dos contratantes. De outra parte, o dispositivo constante da Lei de Arbitragem servirá para tranquilizar os estrangeiros que vierem a contratar no Brasil: poderão, eles também, evitar a aplicação da lei brasileira (que quiçá não conheçam), apontando desde logo a lei material que será empregada para qualificar e reger as obrigações que aqui assumirem (e que talvez nem digam respeito a prestações que devam ser aqui executadas). Tudo isso, é claro, está limitado pelos princípios da ordem pública e dos bons costumes, de sorte a evitar que a escolha

---

[259] "Art. 9º Para qualificar e reger as obrigações, aplicar-se-á a lei do país em que se constituírem. §1º Destinando-se a obrigação a ser executada no Brasil e dependendo de forma essencial, será esta observada, admitidas as peculiaridades da lei estrangeira quanto aos requisitos extrínsecos do ato. §2º A obrigação resultante do contrato reputa-se constituída no lugar em que residir o proponente".

CARLOS ANTONIO MATOS DA SILVA
A ARBITRAGEM NA NOVA LEI DE LICITAÇÕES E CONTRATAÇÕES

da lei a ser aplicada pelo árbitro possa dar ensejo a fraudes e falcatruas, como temem os mais conservadores.[260]

Outro tema complexo na arbitragem de direito relaciona-se à necessidade ou não de o árbitro observar os precedentes judiciais indicados no art. 927 do Código de Processo Civil.[261]

Se o processo tiver como parte a Administração Pública, a arbitragem será de direito brasileiro e, por força do efeito vinculante expressamente previsto na Constituição Federal, o árbitro necessariamente terá de observar as decisões do Supremo Tribunal Federal em controle concentrado de constitucionalidade e os enunciados de súmula vinculante.[262] Ademais, em razão do efeito vinculante dos precedentes administrativos,[263] em relação ao órgão ou entidade a que se destinam,[264] o árbitro, por força do dever de fundamentação adequada, terá de

---

[260] CARMONA, Carlos Alberto. *Arbitragem e processo*: um comentário à Lei nº 9.307/96. 3. ed. São Paulo: Atlas, 2009. *E-book*. p. 67-68.

[261] "Art. 927. Os juízes e os tribunais observarão: I - as decisões do Supremo Tribunal Federal em controle concentrado de constitucionalidade; II - os enunciados de súmula vinculante; III - os acórdãos em incidente de assunção de competência ou de resolução de demandas repetitivas e em julgamento de recursos extraordinário e especial repetitivos; IV - os enunciados das súmulas do Supremo Tribunal Federal em matéria constitucional e do Superior Tribunal de Justiça em matéria infraconstitucional; V - a orientação do plenário ou do órgão especial aos quais estiverem vinculados".

[262] Nesse sentido, a Constituição Federal estabelece: "Art. 102. Compete ao Supremo Tribunal Federal, precipuamente, a guarda da Constituição, cabendo-lhe: [...] §2º As decisões definitivas de mérito, proferidas pelo Supremo Tribunal Federal, nas ações diretas de inconstitucionalidade e nas ações declaratórias de constitucionalidade produzirão eficácia contra todos e efeito vinculante, relativamente aos demais órgãos do Poder Judiciário e à administração pública direta e indireta, nas esferas federal, estadual e municipal. [...] Art. 103-A. O Supremo Tribunal Federal poderá, de ofício ou por provocação, mediante decisão de dois terços dos seus membros, após reiteradas decisões sobre matéria constitucional, aprovar súmula que, a partir de sua publicação na imprensa oficial, terá efeito vinculante em relação aos demais órgãos do Poder Judiciário e à administração pública direta e indireta, nas esferas federal, estadual e municipal, bem como proceder à sua revisão ou cancelamento, na forma estabelecida em lei. §1º A súmula terá por objetivo a validade, a interpretação e a eficácia de normas determinadas, acerca das quais haja controvérsia atual entre órgãos judiciários ou entre esses e a administração pública que acarrete grave insegurança jurídica e relevante multiplicação de processos sobre questão idêntica".

[263] "[...] precedente administrativo é a norma jurídica extraída de um ato administrativo individual e concreto, do tipo decisório, ampliativo ou restritivo da esfera jurídica dos administrados, e que vincula o comportamento da Administração Pública para todos os casos posteriores e substancialmente similares. Em outras palavras: casos substancialmente similares deverão ter a mesma solução jurídica por parte da Administração Pública" (CARVALHO, Gustavo Marinho de. *Precedentes administrativos no direito brasileiro*. São Paulo: Contracorrente, 2015. p. 123).

[264] Nesses termos, o Decreto-Lei nº 4.657/1942, incluído pela Lei nº 13.655/2018, dispõe: "Art. 30. As autoridades públicas devem atuar para aumentar a segurança jurídica na aplicação das normas, inclusive por meio de regulamentos, súmulas administrativas e respostas a

identificar os seus fundamentos determinantes e demonstrar que o caso sob julgamento ajusta-se ou não a esses fundamentos.

> Por sua vez, tais regras *de direito* deverão ser necessariamente as do *direito brasileiro*, pois o princípio da legalidade impede que a Administração se sujeite a regras outras que as do próprio ordenamento jurídico brasileiro. [...]
> É elementar que, no Estado Democrático de Direito, o próprio Estado seja observador de suas regras, de sorte que deixar de observá-las seria não só um desrespeito ao princípio da legalidade, como também um paradoxo, em que a criatura (o Estado) estaria negando seu próprio criador (a Constituição Federal) [...]
> Evidentemente, a aplicação do *direito brasileiro* significa não só a aplicação das normas positiva, mas do Direito em toda a sua completude [...]
> Dentro dessa noção de legalidade se incluem as normas *de direito internacional* que coincidam com os princípios gerais de direito e costumes internacionais (art. 4º do Decreto-lei nº 4.657/1942) ou que estejam formalmente internacionalizadas no Direito brasileiro, como, por exemplo, tratados bilaterais de investimentos. [...]
> Direito internacional não se confunde com *direito estrangeiro*, ao qual é lícito aos particulares aderir, mas não à Administração, em razão da citada *indisponibilidade normativa* que incide em relação ao Direito nacional. [...]
> Por sua vez, direito estrangeiro não se confunde com *soft law*. [...] que tem sua "porta de entrada" na arbitragem seja pela sua adoção expressa como regra aplicável na solução arbitral, seja como guia de conduta (*guideline*), seja como simples texto de referência, como usualmente acontece com as "Diretrizes da IBA (*International Bar Association*) sobre Conflitos de Interesses" e com as "Notas da UNCITRAL sobre a Organização de Procedimentos Arbitrais". Sendo compatíveis com o direito brasileiro, nada impede que tais regras sejam adotadas, até mesmo por adesão expressa na convenção arbitral firmada pela Administração Pública.[265]

Nas demais arbitragens de direito, em que a Administração Pública não for parte, caberá ao árbitro observar as normas de direito material definidas pelas partes na convenção de arbitragem.

Convém destacar que, como os precedentes judiciais indicados no art. 927 do Código de Processo Civil não vinculam os contendentes, tampouco são de observância obrigatória pelo árbitro, é recomendável

---

consultas. Parágrafo único. Os instrumentos previstos no *caput* deste artigo terão caráter vinculante em relação ao órgão ou entidade a que se destinam, até ulterior revisão".

[265] MEGNA, Bruno Lopes. *Arbitragem e Administração Pública*: fundamentos teóricos e soluções práticas. Belo Horizonte: Fórum, 2020. p. 212-214.

às partes, caso lhes aprouver, convencionarem que o árbitro decidirá com base no sistema normativo, seguindo os enunciados de súmula e precedentes do Poder Judiciário. De fato, como a Constituição Federal, o Código de Processo Civil e a Lei de Arbitragem não impõem ao árbitro o dever de observar precedentes judiciais e enunciados de súmulas, a eventual inobservância caracterizaria mero erro de julgamento, não passível de apreciação pelo Poder Judiciário.

Não obstante, mesmo que não conste da convenção de arbitragem, caso a parte, por meio de sua tese jurídica, invoque precedente judicial ou enunciado de súmula, o árbitro terá o dever de identificar os seus fundamentos determinantes e demonstrar que o caso sob julgamento se ajusta ou não a esses fundamentos.

Oportuno ressaltar que o dever de fundamentação adequada está previsto na Lei de Arbitragem como requisito obrigatório da sentença arbitral, cuja inobservância resulta em sua invalidade.[266]

> Em arremate, é bom frisar para que dúvidas não pairem, que esses motivos todos expostos não convergem para fomentar ou para fazer apologia ao descumprimento de precedentes judiciais pelos árbitros; muito pelo contrário, pois não temos a menor dúvida de que, como já dissemos, os precedentes judiciais, sobretudo os vinculantes, compõem as fontes do direito e integram o ordenamento jurídico nacional, motivo pelo qual servem perfeitamente aos árbitros como elementos hábeis a integrar a formação de convencimento motivado dos julgadores. Ademais, os árbitros – profissionais altamente qualificados que são – saberão aplicar não só a norma jurídica ao caso em exame, como também, se assim entenderem cabível, os precedentes judiciais.[267]

As partes podem, outrossim, definir que o árbitro ou o tribunal arbitral julgue por equidade,[268] desde que não haja violação aos bons costumes e à ordem pública.

---

[266] De fato, a Lei nº 9.307/1996 prevê: "Art. 26. São requisitos obrigatórios da sentença arbitral: [...] II - os fundamentos da decisão, onde serão analisadas as questões de fato e de direito, mencionando-se, expressamente, se os árbitros julgaram por eqüidade; [...] Art. 32. É nula a sentença arbitral se: [...] III - não contiver os requisitos do art. 26 desta Lei; [...]".

[267] FIGUEIRA JR., Joel. *Arbitragem*. 3. ed. Rio de Janeiro: Forense, 2019. p. 392.

[268] "A justiça e a equidade são, pois, o mesmo. E, embora ambas sejam qualidades sérias, a equidade é a mais poderosa. O que põe aqui problemas é o fato de a equidade ser justa, não de acordo com a lei, mas na medida em que tem uma função retificadora da justiça legal. O fundamento para tal função retificadora resulta de, embora toda a lei seja universal, haver, contudo, casos a respeito dos quais não é possível enunciar de modo correto um princípio universal. [...] Quando a lei enuncia um princípio universal, e se verifica resultarem casos

A lei material, dado o seu caráter abstrato, atinge uma generalidade de casos que se desassemelham em alguns pontos. Em consequência, para alguns casos, a lei material se mostra adequada, ao passo que, para outros, revela-se injusta.

Assim, a equidade favorece a aplicação da justiça substancial, pois confere ao árbitro a possibilidade de afastar a incidência da lei material e criar a regra mais adequada ao caso concreto, de acordo com os seus aspectos singulares.

A arbitragem por equidade, entretanto, traz consigo a incerteza do conteúdo da decisão a ser proferida, pois o que parece justo às partes pode não parecer ao árbitro, e vice-versa.

> Pelo que se viu, pode o árbitro, autorizado a julgar por equidade, decidir em sentido contrário àquele indicado pela lei posta, o que não quer dizer que deva ele necessariamente julgar afastando o direito positivo. Em outros termos, se a aplicação da norma levar a uma solução justa do conflito, o árbitro a aplicará, sem que isto possa ensejar qualquer vício no julgamento. Ao conceder poderes para julgar por equidade, não podem as partes esperar que obrigatoriamente o árbitro afaste o direito positivo, o que configura mera faculdade, como se percebe claramente: neste caso, porém, será sempre interessante que o árbitro explique que apesar da autorização para julgar por equidade, está aplicando o direito posto por considerar adequada a solução dada pela lei ao caso concreto. Numa visão francamente realista, não se pode deixar de notar que a arbitragem *ex aequo et bono* submete as partes a sérios riscos, pois o que parece justo a elas pode não parecer ao árbitro (e vice-versa). Assim, podendo ser negligenciadas limitações legais e regras de direito material, a decisão assemelha-se a um verdadeiro barril de pólvora, sobre o qual placidamente resolvem sentar-se as partes![269]

As partes podem, ainda, convencionar que a arbitragem se realize com base nos princípios gerais de direito, nos usos e costumes e nas regras internacionais de comércio.

---

que vão contra essa universalidade, nessa altura está certo que se retifique o defeito, isto é, que se retifique o que o legislador deixou escapar e a respeito do que, por se pronunciar de um modo absoluto, terá errado. [...] A natureza da equidade é, então, ser retificadora do defeito da lei, defeito que resulta da sua característica universal. [...] Assim, é, pois, evidente que a equidade é justa e, de fato, até é superior a uma certa forma de justiça" (ARISTÓTELES. Ética a *Nicômaco*. Tradução de António de Castro Caeiro. 2. ed. São Paulo: Forense, 2017. *E-book*. p. 147-148).

[269] CARMONA, Carlos Alberto. *Arbitragem e processo*: um comentário à Lei nº 9.307/96. 3. ed. São Paulo: Atlas, 2009. *E-book*. p. 66-67.

Os princípios gerais de direito são princípios monovalentes, pois se trata de proposições normativas específicas que servem de fundamento para esse campo do conhecimento humano.

Segundo Miguel Reale, os "princípios gerais de direito são enunciações normativas de valor genérico, que condicionam e orientam a compreensão do ordenamento jurídico, quer para a sua aplicação e integração, quer para a elaboração de novas normas".[270]

Desse modo, o árbitro poderá valer-se de proposições normativas condicionadoras ou fundantes da experiência jurídica, que, positivadas ou não, consubstanciam exigências de ordem ética, sociológica, política ou técnica.[271]

Os costumes, por sua vez, tratam-se de direito consuetudinário.

Há falar em costumes jurídicos quando a repetição generalizada, reiterada e uniforme do comportamento se protrai no tempo, animada pela consciência social da obrigatoriedade dessa conduta.

O processo de consolidação do comportamento costumeiro antecede a convicção de sua obrigatoriedade jurídica. Assim, enquanto não houver o elemento psicológico ou subjetivo, ou seja, o reconhecimento como juridicamente exigível, a mera reiteração uniforme de atos configura apenas o uso.

Os usos e costumes, em regra, são peculiares, porque próprios de uma categoria de pessoas ou de atos, ou de situações locais.

Todavia, há usos e costumes genéricos. A generalização, entretanto, não se confunde com a unanimidade. Assim, os usos e costumes não precisam ser aceitos unanimemente, bastando que, no espaço em que ocorre a reiteração uniforme do comportamento, um grupo amplo e representativo pratique a conduta.

---

[270] REALE, Miguel. *Lições preliminares de direto*. 27. ed. São Paulo: Saraiva, 2002. p. 304.

[271] "Bastará dar alguns exemplos para se verificar a complexidade e a variedade desses conceitos ou pensamentos gerais que informam a Jurisprudência. Eles se abrem num leque de preceitos fundamentais, desde a intangibilidade dos valores da pessoa humana, vista como fulcro de todo o ordenamento jurídico, até os relativos à autonomia da vontade e à liberdade de contratar; à *boa fé* como pressuposto da conduta jurídica; à proibição de locupletamentos ilícitos; ao equilíbrio dos contratos, com a condenação de todas formas de onerosidade excessiva para um dos contratantes; à preservação da autonomia da instituição familiar; à função social da propriedade; à economia das formas e dos atos de procedimento; à subordinação da atividade administrativa aos *ditames legais*; à proteção da rápida circulação das riquezas e à crescente formalização de crédito; à exigência de justa causa nos negócios jurídicos; aos pressupostos da responsabilidade civil ou penal etc. etc." (REALE, Miguel. *Lições preliminares de direto*. 27. ed. São Paulo: Saraiva, 2002. p. 305-306).

Demais, os usos e costumes podem ser: (a) *praeter legem*, quando visam a integrar a lei, ante a sua falta ou omissão; (b) *secundum legem*, na hipótese de seus regramentos serem reconhecidos pela lei; e (c) *contra legem*, quando regulam comportamentos contrários ao previsto pela lei (usos e costumes negativos) ou resultam na desaplicação da norma legal (desuso).

Impende ressaltar que o árbitro pode valer-se, inclusive, de usos e costumes *contra legem*, sem que isso macule a coerência do ordenamento jurídico, uma vez que a própria Lei de Arbitragem possibilita às partes, por meio de convenção que estabeleça a realização da arbitragem com base nos usos e costumes, desaplicar ou adotar comportamento inverso ao previsto na lei material.

> Julgando de conformidade com os usos e costumes (em especial aqueles do comércio internacional), está o árbitro dispensado de aplicar as regras estritas de direito nacional. Por isso mesmo, poderá ocorrer que o costume aplicado colida frontalmente com regras de direito nacional, sem que isso possa ser motivo de questionamento do laudo.[272]

As regras internacionais de comércio ou nova *lex mercatoria*, por seu turno, possibilitam solucionar os problemas fundamentais do comércio internacional, que, normalmente, apresentam grande complexidade técnica.

A nova *lex mercatoria* consiste na adoção de práticas homogêneas no comércio internacional, de acordo com a realidade socioeconômica global. Assim, a normatização do comércio internacional advém da autorregulação do próprio mercado, bem como da regulação autônoma de cada Estado, que ocorre, por exemplo, por meio da incorporação de leis uniformes ao seu ordenamento jurídico, adequando-o às exigências e à dinâmica do mercado internacional.

> A nova *lex mercatoria*, por sua vez, encontra sua substância em diversas outras fontes, todas resultantes da intensificação da dinâmica do comércio internacional, a saber: a) contratos internacionais (contratos-tipo) – principal fonte do direito do comércio internacional, que, a partir de sua utilização reiterada, deu origem a modelos com condições gerais e formas padronizadas; b) usos e costumes do comércio internacional que vêm sendo sistematizados e readaptados, a exemplo das regras

---

[272] CARMONA, Carlos Alberto. *Arbitragem e processo*: um comentário à Lei nº 9.307/96. 3. ed. São Paulo: Atlas, 2009. *E-book*. p. 73.

e usos uniformes para crédito documentado (ICC publication no 500), dos *Incoterms 2000*, dos ICC *General Usages for Digitally Ensured Commerce*, das regras uniformes relativas às garantias de pagamento e reclamação (RUG/ICC) e das regras sobre práticas internacionais em matéria de créditos contingentes (ISP 98/ICC); c) condições gerais de contratação e *standards forms* – modelos de contratos e condições gerais de contratação sistematizadas e atualizadas por organizações reconhecidas pelos comerciantes, nos mesmos moldes da ICC, a exemplo do ICC *Model Form for Issuing Demand Guarantees* (ICC *Publication* nº 458), do ICC *Model Form for Issuing Contract Guarantees* (ICC *Publication* nº 325), do *Standard Trading Conditions of The Institute of Freight Forwarders*, do IATA (*International Air Transportation Association*) *uniform airway bill and standard contract form*, dos IMO (*International Maritime Organization*) *Model Contracts*, entre outros; d) regras das associações profissionais e das *guidelines* – espécies de guias para elaboração de contratos ou para a realização de operações comerciais, a exemplo do FCI (*Factor Chain International*) *Code of International Factoring Custom*/1987, do ICC *Guide to Drafting International Distributorships Agreements* (ICC *Publication* nº 441), entre outros; e) princípios gerais do comércio internacional – regras gerais dos sistemas jurídicos que se constituem como parte do direito transnacional, utilizados diante de um conflito de leis. Sua sistematização é produto do trabalho investigativo e comparativo de alguns juristas que selecionam os princípios jurídicos comuns a legislações de diferentes sistemas. São exemplos os *Principles of International Commercial Contracts* (1994 – UNIDROIT *International Institute for the Unification of Private Lae*) e os *Principles of European Contract Law* (*Comission of European Contract Law*); f) códigos de conduta, convenções internacionais não-vigentes e leis modelo – minutas de leis elaboradas por organismos internacionais ante a impossibilidade de celebração de um tratado internacional sobre determinada matéria, a fim de que cada país possa inseri-lo em seu ordenamento jurídico por meio de processo legislativo nacional, a exemplo da UNCITRAL *Model Law on Electronic Commerce* e da lei modelo sobre arbitragem comercial internacional da UNCITRAL. Além disso, outros instrumentos, como os códigos de conduta, são editados com a finalidade de regular alguns aspectos das relações privadas internacionais, como as atividades das empresas multinacionais em diversos países, a exemplo do *The United Nation Code of Conduct on Transnational Corporation* e do *The Organization for Economic Co-Operation and Development* (OECD) *Guidelines for Multinational Enterprises*; g) laudos arbitrais – a exemplo da jurisprudência formada a partir da reiteração de entendimentos proferidos em decisões do poder judiciário estatal, a prática reiterada de certos entendimentos por árbitros do comércio internacional é capaz de gerar uma espécie de corrente jurisprudencial, acolhida por toda a comunidade do comércio internacional. [273]

Observa-se que a nova *lex mercatoria* é formada por extenso conjunto coerente de normas, que, a despeito de não estar, em regra, vinculado ao ordenamento jurídico de qualquer Estado, possui força jurídica para resolver as relações de comércio internacional.

3.2.5 Possibilidade de confidencialidade

A possibilidade de confidencialidade é outra vantagem da arbitragem, uma vez que possibilita que os segredos empresariais, defeitos de produtos ou serviços e aspectos contábeis sejam preservados. "Tanto as partes quanto o objeto conflituoso não serão divulgados, evitando-se, por exemplo, ferir a imagem da empresa, a divulgação de segredos industriais ou o *quantum* da demanda".[274]

A confidencialidade, entretanto, não se confunde com a privacidade. A privacidade, por decorrer do caráter particular e privado da arbitragem, obsta a intromissão de terceiros estranhos ao processo arbitral, impedindo o acesso ou a divulgação de informações relevantes e pertinentes ao mérito da causa. A confidencialidade, por sua vez, por decorrer da lei, da convenção arbitral, do termo arbitral ou de estipulação no curso do processo arbitral, trata-se do dever de os sujeitos da arbitragem guardarem sigilo das informações obtidas durante o processo arbitral.

> A *privacidade* é um direito das partes em relação a terceiro estranhos ao processo arbitral enquanto a *confidencialidade* é um dever dos sujeitos da arbitragem em relação a eles mesmos de guardar sigilo em relação às informações que obtiveram por estarem participando da arbitragem. Enquanto a *privacidade* decorre do caráter naturalmente particular e privado da arbitragem, do qual terceiros obviamente não fazem parte, a

---

[273] VIDIGAL, Erick. A lex mercatoria como fonte do direito do comércio internacional e a sua aplicação no Brasil. *Revista de Informação Legislativa*, Brasília, ano 47, n. 186, p. 171-193, abr./ jun. 2010. p. 181-182. Disponível em: https://www2.senado.leg.br/bdsf/bitstream/handle/id/198681/000888826.pdf?sequence=1. Acesso em: 11 nov. 2022.

[274] CAHALI, Francisco José. *Curso de arbitragem*. 8. ed. São Paulo: Revista dos Tribunais, 2020. p. 123.

confidencialidade deriva de previsão legal ou convencional, a depender do que dispuser o ordenamento jurídico aplicável.[275]

Não obstante a Lei de Arbitragem não prever expressamente a confidencialidade do processo arbitral, ela impõe ao árbitro o dever de atuar com discrição.[276] Assim, há para o árbitro o dever legal de não divulgar a totalidade das informações que ele vier a obter dos demais sujeitos da arbitragem durante o processo arbitral, bem como aquelas relevantes e pertinentes ao mérito da causa.

> A lei 9307/96 não prevê expressamente a confidencialidade como regra obrigatória, mas no rol dos deveres dos árbitros, o artigo 13, §6º, prevê que o árbitro, no desempenho de sua função, deverá proceder com imparcialidade, independência, competência, diligência e discrição. Também o artigo 189, IV, do Código de Processo Civil de 2015 prevê o segredo de justiça em processos que versem sobre arbitragem, inclusive sobre o cumprimento da carta arbitral, desde que a confidencialidade estipulada na arbitragem seja comprovada perante o juízo.[277]

Já para as partes não existe o dever legal de discrição. Assim, a confidencialidade do processo arbitral para as partes decorrerá da convenção de arbitragem ou do regulamento da câmara de arbitragem.

Sem embargo, o art. 2º, §3º, da Lei de Arbitragem, em consonância com a Constituição Federal, prevê que "A arbitragem que envolva a administração pública será sempre de direito e respeitará o princípio da publicidade".

Logo, por força do princípio constitucional da publicidade, a Administração tem o dever de tratar os dados e divulgar informações de interesse público (individual, coletivo ou geral) solicitadas por terceiros interessados, "restritas ao que respeita à sua própria atividade estatal, e não ao conteúdo dos atos internos atinentes ao procedimento arbitral, porquanto confidenciais e de interesse limitados às partes litigantes".[278]

---

[275] FICHTNER, José Antonio; MONTEIRO, André Luis. A confidencialidade na reforma da Lei de Arbitragem. *In*: ROCHA, Caio Cesar Vieira; SALOMÃO, Luis Felipe (Coord.). *Arbitragem e mediação*: a reforma da legislação brasileira. São Paulo: Atlas, 2017. p. 163.

[276] Nesse sentido, a Lei nº9.307/1996 dispõe: "Art. 13. Pode ser árbitro qualquer pessoa capaz e que tenha a confiança das partes. [...] §6º No desempenho de sua função, o árbitro deverá proceder com imparcialidade, independência, competência, diligência e discrição".

[277] FERREIRA, Olavo Augusto Vianna Alves; ROCHA, Matheus Lins; FERREIRA, Débora Cristina Fernandes Ananias. *Lei de Arbitragem comentada*. 2. ed. São Paulo: JusPodivm, 2021. p. 36.

[278] FIGUEIRA JR., Joel. *Arbitragem*. 3. ed. Rio de Janeiro: Forense, 2019. p. 291.

O contratado, ante a inexistência de previsão legal, não possui o dever de possibilitar o acesso ou fornecer informações obtidas durante o processo arbitral de que participa, tampouco aquelas próprias ao mérito da causa. Ademais, o segredo de seu negócio compõe o estabelecimento empresarial, que se encontra protegido pelo sistema constitucional brasileiro, uma vez que decorre da livre-iniciativa e da livre concorrência.

Nesse sentido, Marçal Justen Filho sustenta:

> No setor privado, é usual a previsão do sigilo no tocante aos processos e às decisões arbitrais.
>
> No entanto, a publicidade inerente à atividade administrativa não é compatível com a manutenção do sigilo das ações e omissões relativas às controvérsias de que participe a Administração Pública.
>
> Mas essa exigência de publicidade é exigível do litigante público. Ou seja, não cabe ao árbitro dar ao conhecimento generalizado as suas decisões. Ninguém é autorizado a exigir que o árbitro, ou a câmara arbitral que administrar o processo arbitral, divulgue os eventos verificados no curso de uma arbitragem.
>
> Os interessados dispõem da faculdade de exigir que a entidade administrativa divulgue os eventos a ela pertinentes. Isso compreende inclusive aqueles ocorridos no bojo de um processo arbitral.[279]

Infere-se que, quando o processo arbitral tiver como parte a Administração Pública, além de não ser possível estipular a confidencialidade, haverá a mitigação da privacidade, porquanto terceiros interessados poderão acessar informações obtidas durante o processo arbitral, bem como aquelas concernentes ao mérito da causa, desde que restritas à própria atividade estatal.

---

[279] JUSTEN FILHO, Marçal. *Comentários à lei de licitações e contratações administrativas*: lei 14.133/2021. São Paulo: Thomson Reuters Brasil, 2021. p. 1588.

CAPÍTULO 4

ARBITRAGEM COMO MEIO DE SOLUÇÃO EXTRAJUDICIAL DE CONTROVÉRSIAS ENTRE EMPRESA CONTRATADA E ADMINISTRAÇÃO PÚBLICA CONTRATANTE, NO ÂMBITO DOS CONTRATOS REGIDOS PELA LEI Nº 14.133/2021

A Administração Pública necessita interagir com os entes que atuam no mercado, a fim de viabilizar a consecução do interesse público.

Assim, a Administração, atuando como agente econômico, celebra contratos administrativos que têm como objeto, por exemplo, a compra de bens, a prestação de serviços, a contratação de obras e de tecnologia da informação.

No contrato administrativo, a Administração contratante e a empresa contratada possuem escopos diferentes, já que a atuação daquela objetiva a consecução do interesse público primário, ao passo que a atividade profissional desta é voltada ao lucro. Esse diferenciador marcante dos contratos administrativos condiciona, obviamente, o comportamento das partes, imprimindo-lhes dinâmica diversa e peculiar.

Nesse contexto, infere-se que a opção pela jurisdição arbitral visa a satisfazer interesse público secundário, ou seja, interesse individual da Administração que é instrumental à satisfação do interesse público primário. Assim, a adoção da arbitragem deve servir como eficiente caminho para dirimir litígio, atual ou futuro, que não encontra a resposta mais adequada no Estado-Juiz ou nos demais meios de solução extrajudicial de controvérsias.

Nem sempre, porém, a arbitragem será adequada. Pode-se dizer, por exemplo, que as hipóteses de inarbitrabilidade objetiva carecem, por definição, de *adequação objetiva*, e que os casos de litigância repetitiva ou de massa não tem *adequação teleológica* se o objetivo for obter um precedente homogêneo no Poder Judiciário (art. 985 do CPC/2015). Adicionalmente, o juízo privado não se mostra adequado para conflitos que tenham alguma tensão sociopolítica subjacente (*e.g.* desapropriações de áreas invadidas).[280]

Ademais, a adoção de quaisquer dos meios de solução extrajudicial de controvérsia caracteriza decisão discricionária, uma vez que o *caput* do art. 151 da Lei de Licitações e Contratações Administrativas expressamente dispõe que, "Nas contratações regidas por esta Lei, poderão ser utilizados meios alternativos de prevenção e resolução de controvérsias, notadamente a conciliação, a mediação, o comitê de resolução de disputas e a arbitragem".

Com efeito, como a lei autoriza a adotar diversos meios de solução extrajudicial de controvérsias, cabe à Administração, orientada pelos princípios da razoabilidade e proporcionalidade, optar por aquele que, casuisticamente, ofereça a consequência prática mais adequada. Logo, será arbitrária a opção pela arbitragem informada de finalidade estranha à satisfação do interesse público primário.

> Convém esclarecer que *poder discricionário* não se confunde com *poder arbitrário*. Discricionariedade e arbítrio são atitudes inteiramente diversas. Discricionariedade é liberdade de ação administrativa, dentro dos limites permitidos em lei; arbítrio é ação contrária ou excedente da lei. Ato discricionário, quando autorizado é legal e válido; ato arbitrário é sempre ilegítimo e inválido. De há muito já advertia Jèze: "11 ne faut pas confondre pouvoir *discrétionnaire* et pouvoir *arbitraire*". Mais uma vez insistimos nessa distinção, para que o administrador público, nem sempre familiarizado com os conceitos jurídicos, não converta a discricionariedade em arbítrio, como também não se arreceie de usar plenamente de seu poder discricionário quando estiver autorizado e o interesse público o exigir.[281]

---

[280] MEGNA, Bruno Lopes. *Arbitragem e Administração Pública*: fundamentos teóricos e soluções práticas. Belo Horizonte: Fórum, 2020. p. 171.

[281] MEIRELLES, Hely Lopes; BURLE FILHO, José Emmanuel. *Direito administrativo brasileiro*. 42. ed. São Paulo: Malheiros, 2016. p. 140.

Além disso, como corolário do princípio da indisponibilidade do interesse público, o ato de escolha da arbitragem está sujeito à atenta observação, orientação e correção realizada por outro poder, órgão ou autoridade.

Desse modo, se a opção pela arbitragem desbordar a finalidade legal ou exceder à lei, esse ato discricionário estará inquinado de nulo, sendo, portanto, passível de invalidação pela própria Administração ou pelo Poder Judiciário, por meio do ajuizamento da demanda adequada. Por outro lado, se a arbitragem não for capaz de oferecer a melhor consequência prática, o ato discricionário de escolha será ineficiente, inoportuno ou inconveniente à coletividade e, por conseguinte, passível de revogação pela Administração.[282]

Para além disso, como a adoção da arbitragem mostra-se, em regra, adequada para dirimir litígios complexos e de elevado valor econômico, é necessário assegurar a participação social na formação da decisão administrativa.

Nesse sentido, a Lei de Licitações e Contratações Administrativas[283] prevê a possibilidade da realização de audiência pública e consulta pública. Esses mecanismos de participação social possibilitam a qualquer interessado oferecer sugestões, formular indagações e pleitear esclarecimentos.

À vista do exposto, a decisão discricionária terá de considerar as características pessoais das partes, o direito material processualizado e a compatibilização do exercício da jurisdição com as consequências práticas que o processo arbitral ou estatal possam oferecer. Assim, mostra-se imprescindível analisar a arbitrabilidade subjetiva e objetiva da Administração Pública contratante, assim como o conteúdo da convenção arbitral.

---

[282] Nesse sentido, aliás, é o Enunciado nº 437 de súmula do Supremo Tribunal Federal: "A administração pode anular seus próprios atos, quando eivados de vícios que os tornam ilegais, porque deles não se originam direitos; ou revogá-los, por motivo de conveniência ou oportunidade, respeitados os direitos adquiridos, e ressalvada, em todos os casos, a apreciação judicial".

[283] Nesses termos, a Lei nº 14.133/2021 estabelece: "Art. 21. A Administração poderá convocar, com antecedência mínima de 8 (oito) dias úteis, audiência pública, presencial ou a distância, na forma eletrônica, sobre licitação que pretenda realizar, com disponibilização prévia de informações pertinentes, inclusive de estudo técnico preliminar e elementos do edital de licitação, e com possibilidade de manifestação de todos os interessados. Parágrafo único. A Administração também poderá submeter a licitação a prévia consulta pública, mediante a disponibilização de seus elementos a todos os interessados, que poderão formular sugestões no prazo fixado".

4.1 Arbitrabilidade subjetiva da Administração Pública

A arbitrabilidade subjetiva é a condição para que determinada pessoa possa servir-se da arbitragem. Nesse sentido, o *caput* do art. 1º da Lei nº 9.307/1996 dispõe que as "pessoas capazes de contratar poderão valer-se da arbitragem para dirimir litígios relativos a direitos patrimoniais disponíveis".[284]

Assim, como a arbitrabilidade subjetiva confunde-se com a capacidade de contratar, "não podem instaurar processo arbitral aqueles que tenham apenas poderes de administração, bem como os incapazes (ainda que representados ou assistidos)".[285]

O Estado, enquanto pessoa jurídica de direito público, possui a aptidão para estabelecer relações jurídicas, como titular de direitos e obrigações. Isso equivale a dizer que o Estado possui capacidade de contratar, podendo, por consectário lógico, empregar a arbitragem para dirimir litígios. "A arbitrabilidade subjetiva não apresenta maiores dificuldades no tocante a contratos administrativos. Não se podendo por em dúvida a capacidade contratual da Administração Pública".[286]

Com efeito, não há falar em diferença ontológica no critério da arbitrabilidade subjetiva entre as pessoas naturais, as pessoas jurídicas de direito privado e as pessoas jurídicas de direito público, pois todas podem valer-se da arbitragem, uma vez que são capazes de contratar.

Nesse sentido, mesmo antes da edição da Lei nº 13.129/2015, determinadas leis já autorizavam o emprego da arbitragem pela Administração Pública para solucionar controvérsias decorrentes ou relacionadas às espécies de contratos administrativos de que dispunham.

À guisa de exemplo, o art. 23-A da Lei nº 8.978/1995, incluído pela Lei nº 11.196/2005, já admitia que o contrato de concessão da prestação de serviço público previsse o emprego da arbitragem para dirimir disputas decorrentes ou relacionadas ao ajuste, a ser realizada no Brasil e em língua portuguesa, nos termos da Lei nº 9.307/1996. O art. 11, III, da Lei nº 11.079/2004, possibilitava, igualmente, que a minuta do contrato de parceria público-privada, constante do instrumento convocatório,

---

[284] O Código Civil, da mesma forma, dispõe: "Art. 851. É admitido compromisso, judicial ou extrajudicial, para resolver litígios entre pessoas que podem contratar".

[285] CARMONA, Carlos Alberto. *Arbitragem e processo*: um comentário à Lei nº 9.307/96. 3. ed. São Paulo: Atlas, 2009. *E-book*. p. 37.

[286] SALLES, Carlos Alberto de. *Arbitragem em contratos administrativos*. Rio de Janeiro: Forense, 2011. p. 217.

CAPÍTULO 4
ARBITRAGEM COMO MEIO DE SOLUÇÃO EXTRAJUDICIAL DE CONTROVÉRSIAS ENTRE EMPRESA CONTRATADA... | 157

previsse o emprego da arbitragem para solucionar controvérsias decorrentes ou relacionadas ao contrato, a ser realizada no Brasil e em língua portuguesa, nos termos da Lei de Arbitragem.

O Superior Tribunal de Justiça, de antemão à Lei nº 13.129/2015, admitia a utilização da arbitragem para solucionar controvérsias decorrentes ou relacionadas a contratos celebrados pela Administração Pública, notadamente pelas sociedades de economia mista.

Assim, por exemplo, a Segunda Turma do Superior Tribunal de Justiça, no julgamento do Recurso Especial nº 612.439-RS, reconheceu a validade e a eficácia de contrato administrativo celebrado pela Companhia Estadual de Energia Elétrica CEEE, sociedade de economia mista, que, por meio de cláusula compromissória, estipulava a adoção da arbitragem para dirimir eventuais litígios decorrestes do ajuste. O Ministro João Otávio de Noronha, relator, assentou em seu voto:

> A arbitragem está regulada na Lei n. 9.307/96, cujo artigo 4º prescreve que "a cláusula compromissória é a convenção por meio da qual as partes em um contrato comprometem-se a submeter à arbitragem os litígios que possam vir a surgir, relativamente a tal contrato".
> Da definição do instituto, exsurge o caráter híbrido da convenção de arbitragem, na medida em que se reveste, a um só tempo, das características de obrigação contratual, representada por um compromisso livremente assumido pelas partes contratantes, e do elemento jurisdicional, consistente na eleição de um árbitro, juiz de fato e de direito, cuja decisão irá produzir os mesmos efeitos da sentença proferida pelos órgãos do Poder Judiciário. [...]
> Tem-se claro, assim, à luz das prescrições contidas na Lei n. 9.307/96, que, a partir do instante em que, no contexto de um instrumento contratual, as partes envolvidas estipulem a cláusula compromissória, estará definitivamente imposta como obrigatória a via extrajudicial para solução dos litígios envolvendo o ajuste. [...]
> A sociedade de economia mista é uma pessoa jurídica de direito privado, com participação do Poder Público e de particulares em seu capital e em sua administração, para a realização de atividade econômica ou serviço público outorgado pelo Estado. Possuem a forma de empresa privada, admitem lucro e regem-se pelas normas das sociedades mercantis, especificamente pela Lei das Sociedades Anônimas – Lei n. 6.404/76.
> É certo que a Emenda Constitucional n. 19/98 previu a edição, por lei, de estatuto jurídico para as sociedades de economia mista exploradora de atividade econômica (CF, art. 173), com vistas a assegurar sua fiscalização pelo Estado e pela sociedade, bem como sua sujeição aos princípios norteadores da Administração Pública. Isso não representa, entretanto,

o engessamento dessas empresas no que diz respeito à possibilidade de se utilizarem dos mecanismos de gerência e administração próprios da iniciativa privada, direcionados para o pleno desenvolvimento de suas atividades comerciais, mormente diante do teor do art. 173, §1º, I, da CF, que reconhece a sujeição da sociedade de economia mista e de suas subsidiárias "ao regime jurídico das empresas privadas, inclusive quanto aos direitos e obrigações civis, comerciais, trabalhistas e tributárias", e do disposto no art. 235 da Lei das S.A.

Sob essa perspectiva, submetida a sociedade de economia mista ao regime jurídico de direito privado e celebrando contratos situados nesta seara jurídica, não parece haver dúvida quanto à validade de cláusula compromissória por ela convencionada, sendo despicienda a necessidade de autorização do Poder Legislativo a referendar tal procedimento.

Em outras palavras, pode-se afirmar que, quando os contratos celebrados pela empresa estatal versem sobre atividade econômica em sentido estrito – isto é, serviços públicos de natureza industrial ou atividade econômica de produção ou comercialização de bens, suscetíveis de produzir renda e lucro –, os direitos e as obrigações deles decorrentes serão transacionáveis, disponíveis e, portanto, sujeitos à arbitragem. Ressalte-se que a própria lei que dispõe acerca da arbitragem – art. 1º da Lei n. 9.307/96 – estatui que "as pessoas capazes de contratar poderão valer-se da arbitragem para dirimir litígios relativos a direitos patrimoniais disponíveis".

Por outro lado, quando as atividades desenvolvidas pela empresa estatal decorram do poder de império da Administração Pública e, conseqüentemente, sua consecução esteja diretamente relacionada ao interesse público primário, estarão envolvidos direitos indisponíveis e, portanto, não-sujeitos à arbitragem.

Posto isso, infere-se que, "para aferição de arbitrabilidade subjetiva, o Poder Judiciário brasileiro se satisfaz ao constatar a situação jurídica da Administração na posição de contratante, pela qual revela o exercício de sua capacidade contratual".[287]

Sem embargo, a Lei nº 13.129/2015 sepultou a divergência até então existente sobre a arbitrabilidade subjetiva da Administração Pública, pois ampliou expressamente o âmbito de incidência da Lei nº 9.307/1996.

Desse modo, a Lei de Arbitragem passou a evidenciar, em caráter genérico, a possibilidade de a Administração Pública utilizar a arbi-

---

[287] MEGNA, Bruno Lopes. *Arbitragem e Administração Pública*: fundamentos teóricos e soluções práticas. Belo Horizonte: Fórum, 2020. p. 140.

tragem como meio de solução extrajudicial de litígio relativo a direito patrimonial disponível.[288]

A Lei nº 14.133/2021, por seu turno, foi mais abrangente, uma vez que, nas contratações por ela regidas, possibilitou o emprego de diversos meios de prevenção e solução extrajudicial de controvérsias, especialmente a conciliação, a mediação, o comitê de resolução de disputas e a arbitragem.[289]

4.2 Arbitrabilidade objetiva da Administração Pública

A arbitrabilidade objetiva é a condição para que o litígio relativo a determinada matéria possa ser resolvido pela arbitragem.

Nesses termos, a Lei de Arbitragem limitou o objeto litigioso às questões relativas a direitos patrimoniais disponíveis.[290] Com efeito, a Lei nº 9.307/1996 conjuga o critério da natureza patrimonial da pretensão com o critério da disponibilidade do direito em causa.

Nelson Nery Junior e Rosa Maria de Andrade Nery sustentam que o patrimônio da pessoa é o continente que tem como conteúdo todos os objetos de direito, quer de natureza material, quer de natureza imaterial. Assim, em suas palavras:

> Preferimos usar a expressão *patrimônio* com o sentido daquilo que contém tudo quanto seja suscetível de se tornar objeto de direito, considerando como *bens* tudo quanto possa ser desejado e cobiçado pelos homens e, por isso, alvo de proteção do direito, quer se tratem de coisas materiais, quer se tratem de bens imateriais, quer componham aquilo que em linguagem coloquial se usa explicitar como *patrimônio moral* de alguém.[291]

---

[288] Nesse sentido, o §1º do art. 1º da Lei nº 9.307/1996, incluído pela Lei nº 13.129/2015, dispõe que "A administração pública direta e indireta poderá utilizar-se da arbitragem para dirimir conflitos relativos a direitos patrimoniais disponíveis".

[289] Nesse sentido, a Lei de Licitações e Contratações Administrativas estabelece: "Art. 151. Nas contratações regidas por esta Lei, poderão ser utilizados meios alternativos de prevenção e resolução de controvérsias, notadamente a conciliação, a mediação, o comitê de resolução de disputas e a arbitragem".

[290] A Lei nº 9.307/1996 estabelece: "Art. 1º As pessoas capazes de contratar poderão valer-se da arbitragem para dirimir litígios relativos a direitos patrimoniais disponíveis. §1º A administração pública direta e indireta poderá utilizar-se da arbitragem para dirimir conflitos relativos a direitos patrimoniais disponíveis". O Código Civil, da mesma forma, dispõe: "Art. 852. É vedado compromisso para solução de questões de estado, de direito pessoal de família e de outras que não tenham caráter estritamente patrimonial".

[291] NERY JUNIOR, Nelson; NERY, Rosa Maria de Andrade. *Código Civil comentado*. 12. ed. São Paulo: Revista dos Tribunais, 2017. p. 466.

De fato, o patrimônio contém tudo aquilo que não está na pessoa, porque suscetível de se tornar objeto de direito. Por esse motivo, os direitos de personalidade (essências, potências e atos da humanidade do ser) também estão contidos no patrimônio, pois a pessoa não pode figurar, ao mesmo tempo, como pessoa e como objeto de direito de que é titular.

Para além disso, faz-se necessário ressaltar que o patrimônio de toda pessoa, natural ou jurídica, é uno e indivisível. O que há, verdadeiramente, é a distinção dos acervos pela origem ou pela destinação. Apesar da separação dos acervos, o patrimônio é tratado como unitário e indivisível, haja vista a unidade subjetiva do conjunto das relações jurídicas.

Desse modo, mesmo que alguns bens estejam afetados a uma finalidade imposta ou autorizada pela lei, eles não serão tratados como patrimônio de afetação, distinto e separado do patrimônio da pessoa. De fato, os bens afetados devem ser tratados como acervo objetivamente distinto, mas integrante do patrimônio da pessoa, ante a unicidade e indivisibilidade patrimonial. "A afetação, porém, implicará composição de um patrimônio se se verificar a criação de uma personalidade, como se dá com as fundações. Caso contrário, eles se prendem ao fim, porém *continuam encravados* no patrimônio do sujeito".[292]

Ademais, o patrimônio não pode ser transmitido de uma pessoa a outra, mas apenas os objetos de direito integrantes do acervo disponível.

Infere-se, pois, que toda transmissão de patrimônio tem como precedente essencial a extinção da personalidade jurídica. Em guisa de exemplo, a transmissão do patrimônio da pessoa natural tem por pressuposto a extinção de sua personalidade jurídica pela morte.[293] Já a transmissão do patrimônio de uma autarquia, pessoa jurídica de direito público integrante da Administração Pública indireta, tem por antecedente necessário a extinção de sua personalidade jurídica por

---

[292] PEREIRA, Caio Mário da Silva. *Instituições de direito civil*. 30. ed. rev. e atual. Rio de Janeiro: Forense, 2017. v. I. *E-book*. p. 329.

[293] Por força do princípio de *saisine*, corolário da premissa de que inexiste patrimônio sem o respectivo titular, a herança, compreendida como o conjunto das relações jurídicas apreciáveis economicamente, transmite-se, como um todo, imediata e indistintamente aos herdeiros. Nesse sentido, o Código Civil dispõe: "Art. 6º A existência da pessoa natural termina com a morte; presume-se esta, quanto aos ausentes, nos casos em que a lei autoriza a abertura de sucessão definitiva. [...] Art. 1.784. Aberta a sucessão, a herança transmite-se, desde logo, aos herdeiros legítimos e testamentários".

meio de lei de iniciativa privativa do chefe do Poder Executivo, ante a necessária observância da simetria das formas jurídicas.[294]

A disponibilidade do direito patrimonial, por sua vez, manifesta-se "pela admissão de atos de apropriação, comércio, alienação e, em geral, de disposição".[295] Com efeito, podem ser submetidas à arbitragem as questões relativas a direitos patrimoniais cuja constituição, modificação, extinção ou renúncia dependem, em regra, da vontade das partes.

> Diz-se que um direito é disponível quando ele pode ser ou não exercido livremente pelo seu titular, sem que haja norma cogente impondo o cumprimento do preceito, sob pena de nulidade ou anulabilidade do ato praticado com sua infringência. Assim, são disponíveis (do latim *disponere*, dispor, pôr em vários lugares, regular) aqueles bens que podem ser livremente alienados ou negociados, por encontrarem-se desembaraçados, tendo o alienante plena capacidade jurídica para tanto.[296]

Nesse contexto, infere-se que a disponibilidade patrimonial tem em consideração: (a) a não incidência de norma cogente e (b) a relação entre a parte e o direito patrimonial.

A distinção entre uma norma cogente e uma norma dispositiva não é, em regra, tarefa fácil, pois exige a análise da razão finalística da norma em conjunto com as consequências jurídicas de sua incidência em determinada situação jurídica.

Assim, a norma será cogente se se determinar por si mesma, excluindo qualquer arbítrio individual, uma vez que visa a atingir uma finalidade pública relacionada ao interesse coletivo. Já a norma

---

[294] "Para a extinção de autarquias, é também a lei o instrumento jurídico adequado. As mesmas razões que inspiraram o princípio da legalidade, no tocante à criação de pessoas administrativas, estão presentes no processo de extinção. Trata-se, na verdade, de irradiação do princípio da simetria das formas jurídicas, pelo qual a forma de nascimento dos institutos jurídicos deve ser a mesma para sua extinção. Ademais, não poderia ato administrativo dar por finda a existência de pessoa jurídica instituída por lei, já que se trata de ato de inferior hierarquia" (CARVALHO FILHO, José dos Santos. *Manual de direito administrativo*. 33. ed. São Paulo: Atlas, 2019. p. 502). Assim, a Constituição Federal prevê: "Art. 37 [...] XIX - somente por lei específica poderá ser criada autarquia e autorizada a instituição de empresa pública, de sociedade de economia mista e de fundação, cabendo à lei complementar, neste último caso, definir as áreas de sua atuação; [...] Art. 61 [...] §1º São de iniciativa privativa do Presidente da República as leis que: [...] II - disponham sobre: [...] e) criação e extinção de Ministérios e órgãos da administração pública, observado o disposto no art. 84, VI".

[295] FIGUEIRA JR., Joel. *Arbitragem*. 3. ed. Rio de Janeiro: Forense, 2019. p. 148.

[296] CARMONA, Carlos Alberto. *Arbitragem e processo*: um comentário à Lei nº 9.307/96. 3. ed. São Paulo: Atlas, 2009. *E-book*. p. 38.

dispositiva impõe-se supletivamente às partes, incidindo na ausência de manifestação de vontade, pois objetiva atender ao interesse individual (ou de um grupo de pessoas singularmente consideradas).

No âmbito da Lei de Licitações e Contratações Administrativas, a concentração de significados do texto normativo revela que são cogentes as normas que atribuem competências anômalas à Administração, restringindo os direitos do contratado no interesse da coletividade.

Logo, a adaptação dessas normas cogentes aos acontecimentos do mundo fenomênico impossibilita, em guisa de exemplo, o emprego da arbitragem para dirimir litígios relacionados ao dever-poder de a Administração: (a) fiscalizar a execução do contrato administrativo; (b) aplicar sanções motivadas pela inexecução total ou parcial do ajuste; ou (c) inovar, de modo unilateral, as condições originalmente pactuadas no contrato administrativo, sempre que presentes os pressupostos normativos.

Nesse caso, a indisponibilidade não se relaciona à impossibilidade de translação de direito patrimonial, mas sim à própria aplicação da norma cogente a determinada relação da vida real, objetivando a satisfatória realização das atividades instrumentais da Administração.

> A indisponibilidade, nesse caso, volta-se a proteger a própria efetividade da norma, não um bem materialmente considerado. Dessa forma, exerce uma função dirigida ao próprio sistema jurídico e institucional envolvido. [...]
> Por essa razão, nesse segundo significado, pode-se falar em *indisponibilidade normativa*, posto ser atinente à aplicação das próprias normas jurídicas.[297]

Além da não incidência de norma cogente, a disponibilidade tem em consideração a relação entre a parte e o direito patrimonial.

A parte, em regra, pode dispor do direito patrimonial de que é titular.

Sem embargo, há determinadas espécies de bens, públicos e privados, insuscetíveis de terem alterada a sua titularidade.

Impende destacar que, não obstante o critério subjetivo da titularidade, constante do art. 98 do Código Civil,[298] servir para classificar

---

[297] SALLES, Carlos Alberto de. *Arbitragem em contratos administrativos*. Rio de Janeiro: Forense, 2011. p. 291.

[298] Nesses termos, o Código Civil estatui: "Art. 98. São públicos os bens do domínio nacional pertencentes às pessoas jurídicas de direito público interno; todos os outros são particulares, seja qual for a pessoa a que pertencerem".

os bens em públicos e privados, ele, em regra, não é prestável para fazer a classificação em direito patrimonial indisponível e disponível.

A indisponibilidade do direito patrimonial decorrerá, de fato, "de sua própria natureza ou por especial proteção jurídica que se lhes empresta",[299] independentemente de o bem ser público ou privado.

Todavia, não se pode confundir bem público indisponível, seja porque não se reveste de característica patrimonial, seja em razão de estar afetado a uma finalidade pública, com bem público cuja disponibilidade é condicionada à existência de interesse público devidamente justificado e, em regra, ao cumprimento de alguns requisitos legais pela Administração.[300]

> Verifica-se, assim, que, como regra, não existe indisponibilidade dos bens públicos. Na verdade, os bens públicos submetem-se a um regime de *disponibilidade condicionada*, nos termos indicados no item anterior, devendo sua disposição atender a determinados requisitos de ordem material, como a vinculação a determinada finalidade, e processual, com a exigência de licitação.
>
> É preciso insistir quanto à inexistência de uma regra de *indisponibilidade material* em relação aos bens públicos. A afirmada "indisponibilidade" indica não mais que uma disponibilidade condicionada, consistente na existência de um vínculo de finalidade e a necessidade do ato de disposição observar a determinados requisitos, expressos na forma de um *devido processo legal administrativo*.
>
> Apenas excepcionalmente, como destaco no item anterior, ocorrem situações de indisponibilidade material de bens públicos. Essas situações têm lugar quando a um bem público se empresta um caráter coletivo, em razão, por exemplo de um atributo ambiental ou de um valor cultural incidente sobre um imóvel. Nesses casos, de fato, há indisponibilidade, mas decorrente do atributo coletivo, não da titularidade estatal do bem. Aliás, o imóvel poderá até mudar de titularidade, desde que mantidos seus atributos protegidos, estes sim indisponíveis.[301]

---

[299] SALLES, Carlos Alberto de. *Arbitragem em contratos administrativos*. Rio de Janeiro: Forense, 2011. p. 290.

[300] Nesse sentido, a Lei nº 14.133/2021 dispõe: "Art. 76. A alienação de bens da Administração Pública, subordinada à existência de interesse público devidamente justificado, será precedida de avaliação e obedecerá às seguintes normas: I - tratando-se de bens imóveis, inclusive os pertencentes às autarquias e às fundações, exigirá autorização legislativa e dependerá de licitação na modalidade leilão, dispensada a realização de licitação nos casos de: [...] II - tratando-se de bens móveis, dependerá de licitação na modalidade leilão, dispensada a realização de licitação nos casos de: [...]".

[301] SALLES, Carlos Alberto de. *Arbitragem em contratos administrativos*. Rio de Janeiro: Forense, 2011. p. 294-295.

Demais, não se deve estender indevidamente a indisponibilidade do interesse público ao regime jurídico a que se submetem os bens do Estado.

Com efeito, a concentração de significados dos textos normativos da Lei de Arbitragem, com as alterações promovidas pela Lei nº 13.129/2015, e da Lei nº 14.133/2021 revelam que o Estado possui direitos patrimoniais disponíveis.

> A controvérsia sobre o cabimento da arbitragem em contratações administrativas foi influenciada por uma confusão terminológica. Tradicionalmente, reconhece-se que o interesse público não é disponível. Mas a expressão "interesse público", utilizada em tais hipóteses, não se confunde com direitos subjetivos de titularidade da Administração Pública.
> No âmbito do direito administrativo, o "interesse público é um conceito específico, relacionado com os fins últimos que justificam a existência do Estado. Apresenta um sentido próximo a "Bem Comum". Considerando a questão sob esse enfoque, a indisponibilidade do interesse público significa a vedação à busca pelo agente administrativo de qualquer finalidade distinta do interesse coletivo. Daí não se segue que todos os direitos subjetivos atribuídos ao Estado sejam indisponíveis.
> O Estado é investido da titularidade de bens e de direitos de dimensão patrimonial, que podem ser objeto de alienação, renúncia e disposição. A arbitragem não envolve o comprometimento da Administração Pública com a realização do interesse público, mas se refere a litígios que versam sobre o relacionamento jurídico com terceiros, tendo por objeto direitos subjetivos de natureza patrimonial.[302]

Além disso, a Lei de Licitações e Contratações Administrativas, em rol exemplificativo, indica que as controvérsias relativas ao restabelecimento do equilíbrio econômico-financeiro do contrato, ao inadimplemento de obrigações contratuais por quaisquer das partes e ao cálculo de indenizações podem ser dirimidas pela arbitragem.[303]

---

[302] JUSTEN FILHO, Marçal. *Comentários à lei de licitações e contratações administrativas*: lei 14.133/2021. São Paulo: Thomson Reuters Brasil, 2021. p. 1582.

[303] Nesse sentido, a Lei nº 14.133/2021 dispõe: "Art. 151. [...] Parágrafo único. Será aplicado o disposto no *caput* deste artigo às controvérsias relacionadas a direitos patrimoniais disponíveis, como as questões relacionadas ao restabelecimento do equilíbrio econômico-financeiro do contrato, ao inadimplemento de obrigações contratuais por quaisquer das partes e ao cálculo de indenizações". Na mesma direção, a Lei de Prorrogação e Relicitação dos Contratos de Parceria (Lei nº 13.448/2017) estabelece: "Art. 31. As controvérsias surgidas em decorrência dos contratos nos setores de que trata esta Lei após decisão definitiva da autoridade competente, no que se refere aos direitos patrimoniais disponíveis, podem ser submetidas a arbitragem

Assim, a Lei nº 14.133/2021, sem obstar outros temas, descortina os litígios que, em regra, mostram-se arbitráveis.

Sucede que, por se tratar de indicação exemplificativa, a atividade cognoscitiva do intérprete não se encerrará com a concentração de significados dos textos normativos, haja vista a sua imprescindível atuação no momento da aplicação da norma obtida, visando a produzir a melhor consequência para a relação da vida real.

Nesse contexto, é importante rememorar que, durante a execução do contrato administrativo regido pela Lei de Licitações e Contratações Administrativas, há a troca economicamente mensurável no patrimônio de cada parte, uma vez que o contratado realiza determinada prestação, que corresponde ao dever de a Administração adimplir a sua prestação.

Essa translação de direito patrimonial passível de valoração econômica, realizada por meio do adimplemento de prestação contratual, só é possível porque se trata de patrimônio público disponível do Estado e objetiva a consecução do interesse público indisponível.

O interesse público, conforme analisado alhures, está vinculado ao interesse de cada uma das partes que compõe o corpo social. Com efeito, o interesse individual (ou de um grupo de pessoas singularmente consideradas) pode coincidir ou divergir do interesse público, pois este resulta do conjunto de interesses intergeracionais que as pessoas particularmente têm como partícipes da sociedade, ao passo que aquele é atinente aos assuntos convenientes para a vida particular da pessoa, singularmente considerada.

Logo, se o interesse público é o interesse de toda a coletividade, a atividade da Administração, ante o seu caráter instrumental, está adstrita ao cumprimento da finalidade pública prevista em lei, de forma impessoal e igualitária.

Com efeito, como o interesse público é titularizado pelo Estado, a Administração não pode praticar atos de disponibilização do interesse geral não previstos em lei, tampouco renunciar aos deveres-poderes que lhe foram atribuídos para a gestão, preservação e proteção do interesse coletivo.

---

ou a outros mecanismos alternativos de solução de controvérsias. [...] §4º Consideram-se controvérsias sobre direitos patrimoniais disponíveis, para fins desta Lei: I - as questões relacionadas à recomposição do equilíbrio econômico-financeiro dos contratos; II - o cálculo de indenizações decorrentes de extinção ou de transferência do contrato de concessão; e III - o inadimplemento de obrigações contratuais por qualquer das partes".

Destarte, a indisponibilidade do interesse público será assegurada quando os bens do Estado que comportem função patrimonial ou financeira forem explorados de modo mais intenso possível ou disponibilizados, pois, de quando em quando, "a disponibilidade de um patrimônio público pode ser de mais interesse da coletividade do que a sua preservação".[304]

> Respeitadas as finalidades a que se destinam, atos de disposição, com a transferência de sua titularidade, do Estado para o particular, ocorrem trivialmente no Poder Público.
> A administração pública, por exemplo, quando realiza o pagamento de uma obra ou uma simples campanha de vacinação, está dispondo de bens públicos. Nos dois casos, há uma transferência de valor em favor do particular, em forma de numerário ou da outorga do próprio bem. Nas duas hipóteses há evidente exercício de disponibilidade de recursos públicos. Não se argumenta haver nesses casos mera retribuição, pois o pagamento contratual inclui parcela de lucro pelo prestador de serviço e a vacina pode – e deve – ser aplicada mesmo a quem nunca pagou um tributo.[305]

Enfim, a aplicação eficiente da norma jurídica possibilita retirar do mundo normativo a consequência prática de empregar a arbitragem para dirimir os litígios contratuais passíveis de valoração econômica, porquanto disponíveis.

> O argumento de que a arbitragem nos contratos administrativos é inadmissível porque o interesse público é indisponível conduz a um impasse insuperável. Se o interesse público é indisponível ao ponto de excluir a arbitragem, então seria indisponível igualmente para o efeito de produzir contratação administrativa. Assim como a Administração Pública não disporia de competência para criar a obrigação vinculante relativamente ao modo de composição do litígio, também não seria investida do poder para criar qualquer obrigação vinculante por meio contratual. Ou seja, seriam inválidas não apenas as cláusulas de arbitragem, mas também e igualmente todos os contratos administrativos.[306]

---

[304] DI PIETRO, Maria Sylvia Zanella. *Direito administrativo*. 30. ed. Rio de Janeiro: Forense, 2017. *E-book*. p. 864.

[305] SALLES, Carlos Alberto de. *Arbitragem em contratos administrativos*. Rio de Janeiro: Forense, 2011. p. 294.

[306] JUSTEN FILHO, Marçal. *Curso de direito administrativo*. 11. ed. São Paulo: Revista dos Tribunais, 2015. p. 824-825.

Por último, mas não menos importante, faz-se necessário ressaltar que é possível a adoção da arbitragem para dirimir litígio relativo aos efeitos patrimoniais decorrentes da aplicação de norma cogente, por envolver direito patrimonial economicamente mensurável.

Em guisa de exemplo, não será possível a utilização do juízo arbitral para resolver contenda decorrente da modificação unilateral do contrato administrativo, realizada pela Administração para melhor adequação às finalidades de interesse público. Não obstante, será cabível a adoção da arbitragem para dirimir controvérsia que teve origem na revisão das cláusulas econômico-financeiras do contrato administrativo alterado unilateralmente pela Administração.

4.3 Convenção de arbitragem

A convenção de arbitragem é um negócio jurídico processual[307] que vincula as partes a submeter os seus litígios, atuais ou futuros, à jurisdição arbitral. Com efeito, por meio da convenção de arbitragem, as partes atribuem concretamente ao árbitro a jurisdição outorgada abstratamente pela lei.

> Em síntese apertada, a convenção de arbitragem tem um duplo caráter: como acordo de vontades, vincula as partes no que se refere a litígios atuais ou futuros, obrigando-as reciprocamente à submissão ao juízo arbitral; como pacto processual, seus objetivos são os de derrogar a jurisdição estatal, submetendo as partes à jurisdição dos árbitros. Portanto, basta a convenção de arbitragem (cláusula ou compromisso)

---

[307] O negócio jurídico processual "é o ato que produz ou pode produzir efeitos no processo escolhidos em função da vontade do sujeito que o pratica. São, em geral, declarações de vontade unilaterais ou plurilaterais admitidas pelo ordenamento jurídico como capazes de constituir, modificar e extinguir situações processuais, ou alterar o procedimento" (CABRAL, Antonio do Passo. *Convenções processuais*: teoria geral dos negócios jurídicos processuais. 3. ed. Salvador: JusPodivm, 2020. p. 63). Esse conceito doutrinário, que adota o critério dos efeitos no processo, resolve, na prática, eventuais divergências suscitadas. Para melhor esclarecer, cita-se, como exemplo, a convenção sobre a distribuição diversa do ônus da prova celebrada antes do processo (art. 373, §4º, do Código de Processo Civil). Logo, caso se considerasse como negócio jurídico processual aquele celebrado no processo (critério do *locus*), negar-se-ia a qualidade de processual à convenção sobre a distribuição diversa do ônus da prova celebrada antes do processo. Para além disso, caso se considerasse como negócio jurídico processual aquele celebrado pelos sujeitos da relação processual, recusar-se-ia, igualmente, a essa convenção a qualidade de processual, pois, no momento da celebração, o processo não existe, assim como pode nunca vir a existir.

para afastar a competência do juiz togado, sendo irrelevante estar ou não instaurado o juízo arbitral (art. 19).[308]

A Lei nº 9.307/1996, quando dispõe sobre a convenção de arbitragem, adota a dualidade "cláusula-compromisso". Assim, a convenção de arbitragem é gênero, cujas espécies são cláusula compromissória e compromisso arbitral.

Oportuno ressaltar que, como o negócio jurídico não pode projetar seus efeitos a terceiros, "a jurisdição do árbitro está naturalmente limitada pela convenção arbitral (objetiva e subjetivamente), de forma que seria inadmissível (e ineficaz) a decisão do árbitro que envolvesse na arbitragem terceiro que não lhe outorgou jurisdição".[309]

Todavia, não se pode olvidar que, na fase de cumprimento da sentença arbitral, a parte poderá requerer ao juízo estatal a instauração do incidente de desconsideração da personalidade jurídica.[310]

---

[308] CARMONA, Carlos Alberto. *Arbitragem e processo*: um comentário à Lei nº 9.307/96. 3. ed. São Paulo: Atlas, 2009. *E-book*. p. 79.

[309] CARMONA, Carlos Alberto. *Arbitragem e processo*: um comentário à Lei nº 9.307/96. 3. ed. São Paulo: Atlas, 2009. *E-book*. p. 83.

[310] O Código de Processo Civil, ao dispor sobre a intervenção de terceiros, estabelece: "Art. 133. O incidente de desconsideração da personalidade jurídica será instaurado a pedido da parte ou do Ministério Público, quando lhe couber intervir no processo. §1º O pedido de desconsideração da personalidade jurídica observará os pressupostos previstos em lei. §2º Aplica-se o disposto neste Capítulo à hipótese de desconsideração inversa da personalidade jurídica. Art. 134. O incidente de desconsideração é cabível em todas as fases do processo de conhecimento, no cumprimento de sentença e na execução fundada em título executivo extrajudicial. [...] Art. 135. Instaurado o incidente, o sócio ou a pessoa jurídica será citado para manifestar-se e requerer as provas cabíveis no prazo de 15 (quinze) dias. Art. 136. Concluída a instrução, se necessária, o incidente será resolvido por decisão interlocutória. [...] Art. 137. Acolhido o pedido de desconsideração, a alienação ou a oneração de bens, havida em fraude de execução, será ineficaz em relação ao requerente". Oportuno ressaltar que o ordenamento jurídico brasileiro adota, em regra, a teoria maior da desconsideração da personalidade jurídica, uma vez que o Código Civil estabelece: "Art. 50. Em caso de abuso da personalidade jurídica, caracterizado pelo desvio de finalidade ou pela confusão patrimonial, pode o juiz, a requerimento da parte, ou do Ministério Público quando lhe couber intervir no processo, desconsiderá-la para que os efeitos de certas e determinadas relações de obrigações sejam estendidos aos bens particulares de administradores ou de sócios da pessoa jurídica beneficiados direta ou indiretamente pelo abuso". Não obstante, o Código de Defesa do Consumidor possibilita a aplicação da teoria menor da desconsideração da personalidade jurídica a situações excepcionais, bastando, assim, a demonstração do estado de insolvência do fornecedor ou do fato de a personalidade jurídica representar um obstáculo ao ressarcimento dos prejuízos causados. Nesse sentido, o Código de Defesa do Consumidor dispõe: "Art. 28. O juiz poderá desconsiderar a personalidade jurídica da sociedade quando, em detrimento do consumidor, houver abuso de direito, excesso de poder, infração da lei, fato ou ato ilícito ou violação dos estatutos ou contrato social. A desconsideração também será efetivada quando houver falência, estado de insolvência, encerramento ou inatividade da pessoa jurídica provocados por má administração. [...] §5º Também poderá ser desconsiderada a pessoa jurídica sempre que sua personalidade for,

ARBITRAGEM COMO MEIO DE SOLUÇÃO EXTRAJUDICIAL DE CONTROVÉRSIAS ENTRE EMPRESA CONTRATADA...

Instaurado o incidente, o sócio ou a pessoa jurídica (na hipótese de desconsideração inversa da personalidade jurídica) será citado para manifestar-se e requerer as provas cabíveis. Assim, acolhido o pedido de desconsideração da personalidade jurídica, a sentença arbitral passará a produzir eficácia a terceiro que não atribuiu concretamente ao árbitro a jurisdição outorgada abstratamente pela lei.

4.3.1 Cláusula compromissória

A cláusula compromissória possui natureza preventiva, pois, por meio dela, as partes convencionam por escrito submeter à arbitragem questões indeterminadas e futuras, que possam surgir durante a execução do contrato.[311]

Com efeito, a cláusula compromissória trata-se de dispositivo contratual que produz o efeito de afastar a jurisdição estatal, pois contentora de vontades que convergem para a submissão de eventuais litígios ao juízo arbitral.

Essa convenção de arbitragem pode estar inserta no próprio contrato ou em documento apartado que a ela se refira.

Todavia, mesmo inserta no contrato, a cláusula compromissória é autônoma, de sorte que a nulidade do negócio jurídico não implica necessariamente a nulidade da convenção de arbitragem. Assim, caberá ao árbitro decidir de ofício, ou por provocação das partes, as questões acerca da existência, validade e eficácia da convenção de arbitragem e do contrato que contenha a cláusula compromissória.[312]

---

de alguma forma, obstáculo ao ressarcimento de prejuízos causados aos consumidores". Infere-se que a teoria menor da desconsideração da personalidade jurídica não exige a prova da fraude, do abuso de direito ou de confusão patrimonial, pois objetiva essencialmente a tutela de bens jurídicos de significativo relevo social e notório interesse público, como exemplo, o meio ambiente e as relações consumeristas.

[311] Nesse sentido, o Código Civil estabelece: "Art. 853. Admite-se nos contratos a cláusula compromissória, para resolver divergências mediante juízo arbitral, na forma estabelecida em lei especial". A Lei de Arbitragem, por sua vez, dispõe: "Art. 4º A cláusula compromissória é a convenção através da qual as partes em um contrato comprometem-se a submeter à arbitragem os litígios que possam vir a surgir, relativamente a tal contrato".

[312] Nesses termos, a Lei de Arbitragem estatui: "Art. 4º [...] §1º A cláusula compromissória deve ser estipulada por escrito, podendo estar inserta no próprio contrato ou em documento apartado que a ele se refira. [...] Art. 8º A cláusula compromissória é autônoma em relação ao contrato em que estiver inserta, de tal sorte que a nulidade deste não implica, necessariamente, a nulidade da cláusula compromissória. Parágrafo único. Caberá ao árbitro decidir de ofício, ou por provocação das partes, as questões acerca da existência, validade e eficácia da convenção de arbitragem e do contrato que contenha a cláusula compromissória".

Além disso, não obstante os contratos administrativos sofrerem a incidência de normas especiais de direito público, as cláusulas compromissórias neles insertas mantêm a sua autonomia, de modo que são reguladas pela Lei de Arbitragem.

A cláusula compromissória, em regra, abrange todos os conflitos relacionados a direitos patrimoniais disponíveis advindos do contrato em que a convenção de arbitragem está inserta. Não obstante, as partes podem "restringir a abrangência do juízo arbitral a parte ou a certas e determinadas questões".[313]

Nos contratos administrativos, a determinabilidade do objeto da arbitragem tem especial importância, porquanto evita discussões sobre o conteúdo da cláusula compromissória e da competência do árbitro.

Nesse contexto, mostra-se adequada a expressa previsão do objeto material da arbitragem no edital de licitação, uma vez que possibilita aos licitantes a realização da análise econômica da adoção do juízo arbitral naquela relação contratual com a Administração.

Enfim, a determinabilidade do objeto da arbitragem confere segurança jurídica ao contratante e ao contratado, garantindo a efetividade e a consolidação do juízo arbitral como meio de solução extrajudicial de controvérsias no âmbito das contratações administrativas.

4.3.1.1 Cláusula compromissória cheia

Na cláusula compromissória, por força da autonomia privada, as partes têm a possibilidade de convencionar sobre a instituição da arbitragem. Com efeito, elas podem estabelecer como sucederá a instituição da arbitragem ou referir-se às regras de alguma instituição arbitral.[314] "Essa customização pode se dar pela simples adoção, *per relationem*, de um procedimento que já está previsto no regulamento de alguma instituição arbitral, ou pode ser até mesmo elaborado pelas próprias partes".[315]

---

[313] CAHALI, Francisco José. *Curso de arbitragem*. 8. ed. São Paulo: Revista dos Tribunais, 2020. p. 161.

[314] A este respeito, a Lei de Arbitragem estabelece: "Art. 5º Reportando-se as partes, na cláusula compromissória, às regras de algum órgão arbitral institucional ou entidade especializada, a arbitragem será instituída e processada de acordo com tais regras, podendo, igualmente, as partes estabelecer na própria cláusula, ou em outro documento, a forma convencionada para a instituição da arbitragem".

[315] MEGNA, Bruno Lopes. *Arbitragem e Administração Pública*: fundamentos teóricos e soluções práticas. Belo Horizonte: Fórum, 2020. p. 205.

Essa possibilidade de convencionar sobre a instituição da arbitragem aplica-se, igualmente, no âmbito das contratações administrativas, porquanto o contratante e o contratado não negociam o interesse público, mas sim a customização do procedimento arbitral para a eficiente consecução do interesse coletivo. Ademais, no contrato administrativo, a despeito de as cláusulas regulamentares ou de serviço serem fixadas unilateralmente pela Administração, a cláusula compromissória mantém a sua autonomia, de sorte que o contratante e o contratado podem negociar o seu conteúdo.

Assim, quando as partes convencionam sobre a instituição do juízo arbitral, indicando a arbitragem institucional ou especificando a forma como ocorrerá a instituição do juízo arbitral, a convenção de arbitragem será considerada uma cláusula compromissória cheia.[316]

> Indicando as partes a instituição para administrar a arbitragem, nada mais será necessário prever, pois o regulamento da entidade certamente contém todas as regras e providências a serem adotadas pelas partes ao pretenderem instaurar a arbitragem diante do conflito decantado. Aliás, é comum a sugestão pelas próprias instituições de modelos de cláusula a serem incluídas nos contratos, inclusive disponibilizando a redação nos respectivos *sites* ou material de divulgação.[317]

Enfim, a cláusula compromissória cheia constitui o padrão ideal, uma vez que permite, sem delonga, a instituição da arbitragem para dirimir o litígio.

---

[316] Em guisa de exemplo, o Centro de Arbitragem e Mediação da Câmara de Comércio Brasil-Canadá (CAM-CCBC) sugere a adoção do seguinte modelo de cláusula escalonada: "1- Qualquer disputa oriunda deste contrato ou com ele relacionada será definitivamente resolvida por arbitragem, de acordo com a Lei Federal nº 9.307/96. 1.1- A arbitragem será administrada pelo Centro de Arbitragem e Mediação da Câmara de Comércio Brasil-Canadá ('CAM/CCBC') e obedecerá às normas estabelecidas no seu Regulamento, incluindo-se as normas complementares aplicáveis aos conflitos que envolvem a Administração Pública, cujas disposições integram o presente contrato. 1.2- O tribunal arbitral será constituído por [um/três] árbitros, indicados na forma prevista no Regulamento do CAM/CCBC. 1.3- A arbitragem terá sede em [Cidade, Estado], Brasil. 1.4- O procedimento arbitral será conduzido em língua portuguesa. 1.5- O procedimento arbitral respeitará o princípio constitucional da publicidade, salvo em relação às informações relacionadas à disputa que, eventualmente, se classifiquem como de caráter sigiloso, nos termos da legislação aplicável" (Disponível em: https://ccbc.org.br/cam-ccbc-centro-arbitragem-mediacao/resolucao-de-disputas/arbitragem/modelos-de-clausula/. Acesso em: 30 nov. 2022).

[317] CAHALI, Francisco José. *Curso de arbitragem.* 8. ed. São Paulo: Revista dos Tribunais, 2020. p. 174.

4.3.1.2 Cláusula compromissória vazia

A cláusula arbitral vazia é aquela em que as partes não convencionam previamente sobre a forma de instituição da arbitragem. Logo, quando do surgimento do litígio, essa lacuna terá de ser suprida pelo compromisso arbitral, extrajudicial ou judicial.[318]

Na hipótese de haver cláusula compromissória vazia em determinado contrato, a parte interessada deverá comunicar à outra parte a sua intenção de dar início à arbitragem, convocando-a para, em dia, hora e local certos, acordar, por meio de compromisso arbitral extrajudicial, sobre a forma de sua instituição.

Não obstante, caso a parte convocada não compareça ou, comparecendo, recusar-se a firmar o compromisso arbitral extrajudicial, surgirá para a parte interessada o interesse processual de ajuizar a ação de execução específica de cláusula compromissória vazia. Na hipótese de ser acolhido o pedido formulado na ação, a sentença valerá como compromisso arbitral judicial.[319]

Nesse sentido, Carlos Alberto Carmona[320] sustenta que o ajuizamento da ação de execução específica de cláusula compromissória não

---

[318] A propósito, a Lei de Arbitragem dispõe: "Art. 6º Não havendo acordo prévio sobre a forma de instituir a arbitragem, a parte interessada manifestará à outra parte sua intenção de dar início à arbitragem, por via postal ou por outro meio qualquer de comunicação, mediante comprovação de recebimento, convocando-a para, em dia, hora e local certos, firmar o compromisso arbitral. Parágrafo único. Não comparecendo a parte convocada ou, comparecendo, recusar-se a firmar o compromisso arbitral, poderá a outra parte propor a demanda de que trata o art. 7º desta Lei, perante o órgão do Poder Judiciário a que, originariamente, tocaria o julgamento da causa".

[319] Nesse sentido, a Lei nº 9.307/1996 estatui: "Art. 7º Existindo cláusula compromissória e havendo resistência quanto à instituição da arbitragem, poderá a parte interessada requerer a citação da outra parte para comparecer em juízo a fim de lavrar-se o compromisso, designando o juiz audiência especial para tal fim. §1º O autor indicará, com precisão, o objeto da arbitragem, instruindo o pedido com o documento que contiver a cláusula compromissória. §2º Comparecendo as partes à audiência, o juiz tentará, previamente, a conciliação acerca do litígio. Não obtendo sucesso, tentará o juiz conduzir as partes à celebração, de comum acordo, do compromisso arbitral. §3º Não concordando as partes sobre os termos do compromisso, decidirá o juiz, após ouvir o réu, sobre seu conteúdo, na própria audiência ou no prazo de dez dias, respeitadas as disposições da cláusula compromissória e atendendo ao disposto nos arts. 10 e 21, §2º, desta Lei. §4º Se a cláusula compromissória nada dispuser sobre a nomeação de árbitros, caberá ao juiz, ouvidas as partes, estatuir a respeito, podendo nomear árbitro único para a solução do litígio. §5º A ausência do autor, sem justo motivo, à audiência designada para a lavratura do compromisso arbitral, importará a extinção do processo sem julgamento de mérito. §6º Não comparecendo o réu à audiência, caberá ao juiz, ouvido o autor, estatuir a respeito do conteúdo do compromisso, nomeando árbitro único. §7º A sentença que julgar procedente o pedido valerá como compromisso arbitral".

[320] "É preciso insistir que a arbitragem não tem – como parece a alguns – como pressuposto necessário o compromisso. A esta conclusão chegam apenas aqueles que não interpretam

CAPÍTULO 4
ARBITRAGEM COMO MEIO DE SOLUÇÃO EXTRAJUDICIAL DE CONTROVÉRSIAS ENTRE EMPRESA CONTRATADA... | **173**

se trata de pressuposto necessário para a instituição da arbitragem, mas sim de situação isolada e específica em que a convenção nada estabelece sobre a nomeação do árbitro ou tribunal arbitral.

4.3.1.3 Cláusula compromissória escalonada

A cláusula compromissória escalonada[321] é a convenção em que as partes estabelecem a adoção de sucessivos meios de solução extrajudicial de controvérsias relativas a questões indeterminadas e futuras, que possam surgir durante a execução do contrato.

> O mais usual atualmente é a previsão expressa de busca pela solução da controvérsia por meio de mediação ou conciliação previamente à arbitragem (*cláusula med-arb*), ou em fase própria durante o procedimento, com suspensão deste (*cláusula arb-med*). [...]
> Esta cláusula mostra-se pertinente em especial nos contratos de execução continuada (conflitos em contratos de franquia, representação comercial), de longa duração e significativa complexidade (grandes obras na

---

sistematicamente o art. 5º e o art. 19 da Lei, fixando-se tão somente nos termos do art. 7º, que se refere a situação isolada e específica, qual seja, a execução específica de cláusula compromissória vazia (ou à execução de cláusula compromissória que não contenha mecanismo de atuação imediata para nomeação de árbitros). Fique claro, pois, que a intenção da Lei não foi outra senão a de adotar o mesmo mecanismo que já nos idos de 1932, com a promulgação, no Brasil, do Pacto de Genebra, integra o ordenamento jurídico pátrio, a saber, a arbitragem pode prescindir completamente do compromisso arbitral" (CARMONA, Carlos Alberto. *Arbitragem e processo*: um comentário à Lei nº 9.307/96. 3. ed. São Paulo: Atlas, 2009. *E-book*. p. 78).

[321] À guisa de exemplo, o Centro de Arbitragem e Mediação da Câmara de Comércio Brasil-Canadá (CAM-CCBC) sugere a adoção do seguinte modelo de cláusula escalonada: "1- Qualquer conflito originário do presente contrato, inclusive quanto à sua interpretação ou execução, será submetido obrigatoriamente à Mediação, administrada pelo Centro de Arbitragem e Mediação da Câmara de Comércio Brasil-Canadá ('CAM/CCBC'), de acordo com o seu Roteiro e Regimento de Mediação, a ser conduzida por Mediador participante da Lista de Mediadores do CAM/CCBC, indicado na forma das citadas normas. 1.1- O conflito não resolvido pela mediação, conforme a cláusula de mediação acima, será definitivamente resolvido por arbitragem, nos termos da Lei Federal nº 9.307/96, administrada pelo mesmo CAM/CCBC, de acordo com o seu Regulamento. 2.1- A arbitragem será administrada pelo CAM/CCBC e obedecerá às normas estabelecidas no seu Regulamento, incluindo-se as normas complementares aplicáveis aos conflitos que envolvem a Administração Pública, cujas disposições integram o presente contrato. 2.2- O tribunal arbitral será constituído por [um/três] árbitros, indicados na forma prevista no Regulamento do CAM/CCBC. 2.3- A arbitragem terá sede em [Cidade, Estado], Brasil. 2.4- O procedimento arbitral será conduzido em língua portuguesa. 2.5- O procedimento arbitral respeitará o princípio constitucional da publicidade, salvo em relação às informações relacionadas à disputa que, eventualmente, se classifiquem como de caráter sigiloso, nos termos da legislação aplicável" (Disponível em: https://ccbc.org.br/cam-ccbc-centro-arbitragem-mediacao/resolucao-de-disputas/arbitragem/modelos-de-clausula/. Acesso em: 30 nov. 2022).

construção civil e infraestrutura, inclusive promovidas com parceria público-privada).

E tem seu atrativo exatamente porque as partes, mesmo diante de alguma controvérsia surgida no curso da execução do contrato, ainda terão um período prolongado de convivência, sendo de todo recomendável, assim, buscar soluções consensuais para as diferenças havidas. Ainda, muitas vezes o contrato envolve parcerias e subcontratações que podem ser abaladas pelas desavenças levadas a julgamento, com o risco de comprometer até mesmo todo o empreendimento, não só pela demora na solução (pequena em se tratando de arbitragem), mas também pelos naturais desconfortos na relação trazidos pelo conflito.[322]

Assim, previamente à instituição da arbitragem ou durante o processo arbitral, busca-se, mediante a intervenção de terceiro imparcial, o restabelecimento do diálogo entre as partes e a reflexão sobre a origem e a repercussão do litígio decorrente da execução do contrato.

Nesse contexto, a conciliação é empregada preferencialmente nos casos em que não haja vínculo anterior entre as partes, cabendo ao terceiro imparcial sugerir soluções circunstanciais para o litígio, a fim de que seja obtido um acordo. Impende destacar que o conciliador não se aprofunda na investigação das relações intersubjetivas, uma vez que não há a expectativa de gerar ou restabelecer uma relação continuada entre as partes. "Exemplos mais usuais de situações em que a conciliação é recomendada são: acidentes de trânsito e responsabilidade civil em geral; divergências comerciais entre consumidor e fornecedor do produto, entre clientes e prestadores de serviço etc.".[323]

A mediação, por sua vez, é adotada preferencialmente nos casos em que haja vínculo pessoal ou jurídico anterior entre as partes, assim como nas situações em que a solução do litígio gere uma nova relação sinalagmática continuada. O mediador, sem sugerir soluções, aprofunda-se na investigação das relações intersubjetivas, visando ao restabelecimento da comunicação entre as partes, a fim de que elas, mediante a compreensão das questões e dos interesses em conflito, alcancem, de moto próprio, uma situação consensual de vantagem. "Utiliza-se da mediação para conflitos com marcantes elementos subjetivos, como nas relações familiares e na dissolução de empresas,

---

[322] CAHALI, Francisco José. *Curso de arbitragem*. 8. ed. São Paulo: Revista dos Tribunais, 2020. p. 187.

[323] CAHALI, Francisco José. *Curso de arbitragem*. 8. ed. São Paulo: Revista dos Tribunais, 2020. p. 45.

sugerindo-se igualmente em outras relações continuadas, como relações de vizinhança, contratos de franquia etc.".[324]

Importante ressaltar que a cláusula compromissória escalonada é também chamada de cláusula "med-arb" ou "arb-med", uma vez que a conciliação é, em regra, endoprocessual, seja pela falta de interesse à conciliação extrajudicial, seja pela ausência de previsão na Lei nº 13.140/2015, que dispõe sobre a mediação como meio de solução de controvérsias entre particulares e sobre a autocomposição de conflitos no âmbito da Administração Pública.

> E a atenção maior é relativa à mediação, pois a incidência de conciliação extrajudicial é mínima, sendo, como antes referido, mais aproveitada como instituto endoprocessual (conciliação judicial). Neste aspecto é curioso observar indiferença cultural à conciliação extrajudicial, não só pela insignificante prática, como até mesmo por ter sido ela ignorada pelo Marco Legal da Mediação (Lei 13.140/2015).
> Parece não se ter vislumbrado a sua relevância em diversas questões, como no amplo ambiente das relações de consumo, diversas questões trabalhistas e até em algumas relações comerciais. [...]
> Daí porque se questionar (apenas para reflexão), se, definitivamente, não seria melhor incorporar definitivamente a conciliação como uma das técnicas de mediação, como fazem alguns países, deixando de ter regras próprias para uma e outra (como se faz na conciliação/mediação judicial).[325]

Desse modo, sendo convencionada a cláusula "med-arb", a despeito de o prévio emprego de meio não adversarial não ser condição necessária para a instituição da arbitragem, o não comparecimento da parte convidada à primeira reunião de mediação implicará a imposição da penalidade cominada na convenção à parte ausente. Caso a cláusula "med-arb" não comine penalidade, haverá, por força da Lei de Mediação, a assunção pela parte ausente de cinquenta por cento das custas e honorários sucumbenciais, caso venha a ser vencedora em ulterior processo arbitral que envolva o escopo da mediação para a qual foi convidada.[326]

---

[324] CAHALI, Francisco José. *Curso de arbitragem*. 8. ed. São Paulo: Revista dos Tribunais, 2020. p. 47.

[325] CAHALI, Francisco José. *Curso de arbitragem*. 8. ed. São Paulo: Revista dos Tribunais, 2020. p. 49.

[326] Nesse sentido, o Marco Legal da Mediação dispõe: "Art. 22. A previsão contratual de mediação deverá conter, no mínimo: [...] IV - penalidade em caso de não comparecimento da

De mais, por meio da cláusula "med-arb", as partes podem condicionar a instituição da arbitragem ao transcurso de certo prazo ou ao implemento de determinada condição. Assim, caso seja iniciado o processo arbitral antes de se verificar o evento futuro, caberá ao árbitro suspender o seu curso pelo prazo previamente convencionado ou até o implemento da condição.[327]

Por outro lado, sendo convencionada a cláusula "arb-med"[328] durante o curso do processo arbitral, as partes poderão requerer ao árbitro a suspensão da arbitragem por prazo suficiente para a solução consensual do litígio.[329]

Para além disso, insta destacar que, convencionada a cláusula compromissória escalonada, o prazo prescricional ficará suspenso durante o transcorrer do procedimento de mediação, que será encerrado com a lavratura de seu termo final, quando for celebrado acordo ou

---

parte convidada à primeira reunião de mediação. [...] §2º Não havendo previsão contratual completa, deverão ser observados os seguintes critérios para a realização da primeira reunião de mediação: [...] IV - o não comparecimento da parte convidada à primeira reunião de mediação acarretará a assunção por parte desta de cinquenta por cento das custas e honorários sucumbenciais caso venha a ser vencedora em procedimento arbitral ou judicial posterior, que envolva o escopo da mediação para a qual foi convidada".

[327] Assim, a Lei de Arbitragem estabelece: "Art. 23. Se, em previsão contratual de cláusula de mediação, as partes se comprometerem a não iniciar procedimento arbitral ou processo judicial durante certo prazo ou até o implemento de determinada condição, o árbitro ou o juiz suspenderá o curso da arbitragem ou da ação pelo prazo previamente acordado ou até o implemento dessa condição. Parágrafo único. O disposto no caput não se aplica às medidas de urgência em que o acesso ao Poder Judiciário seja necessário para evitar o perecimento de direito".

[328] Em guisa de exemplo, o Singapore International Arbitration Center – SIAC oferece o seguinte modelo de cláusula escalonada: "Any dispute arising out of or in connection with this contract, including any question regarding its existence, validity or termination, shall be referred to and finally resolved by arbitration administered by the Singapore International Arbitration Centre ('SIAC') in accordance with the Arbitration Rules of the Singapore International Arbitration Centre ('SIAC Rules') for the time being in force, which rules are deemed to be incorporated by reference in this clause. The seat of the arbitration shall be [Singapore]. The Tribunal shall consist of _____ arbitrator(s). The language of the arbitration shall be _____. The parties further agree that following the commencement of arbitration, they will attempt in good faith to resolve the Dispute through mediation at the Singapore International Mediation Centre ("SIMC"), in accordance with the SIAC-SIMC Arb-Med-Arb Protocol for the time being in force. Any settlement reached in the course of the mediation shall be referred to the arbitral tribunal appointed by SIAC and may be made a consent award on agreed terms" (Disponível em: https://siac.org.sg/the-singapore-arb-med-arb-clause. Acesso em: 30 nov. 2022).

[329] Nesses termos, a Lei de Arbitragem estatui: "Art. 16. Ainda que haja processo arbitral ou judicial em curso, as partes poderão submeter-se à mediação, hipótese em que requererão ao juiz ou árbitro a suspensão do processo por prazo suficiente para a solução consensual do litígio. §1º É irrecorrível a decisão que suspende o processo nos termos requeridos de comum acordo pelas partes. §2º A suspensão do processo não obsta a concessão de medidas de urgência pelo juiz ou pelo árbitro".

quando não se justificarem novos esforços para a obtenção de consenso. Ademais, celebrado acordo, o termo final de mediação constitui título executivo extrajudicial.[330]

4.3.1.4 Cláusula compromissória patológica

A cláusula compromissória patológica é a convenção "com redação contraditória, incongruente, confusa, ambígua ou de difícil interpretação. [...] Ainda, a disposição pode conter erros, impropriedades ou falhas capazes de afetar a sua própria eficácia, e até impedir a realização do projetado inicialmente pelos contratantes".[331]

Na hipótese de ser convencionada cláusula patológica, deve-se, primeiramente, perquirir se as partes têm a intenção de submeter os seus litígios à jurisdição arbitral.

De fato, caberá ao intérprete buscar a real intenção das partes consubstanciada na declaração de vontade. "Em outras palavras: a literalidade do texto é um limite à interpretação, mas, dentre as múltiplas possibilidades oferecidas pela linguagem, deve-se buscar não necessariamente o sentido mais evidente, mas aquele que mais se conforma à intenção comum dos contratantes".[332]

Assim, alcançada a conclusão de que não há um descompasso entre a vontade real ou subjetiva das partes e a vontade que foi exteriorizada por meio da declaração que atribui concretamente ao árbitro a jurisdição outorgada abstratamente pela lei, deve-se envidar esforços para preservar a arbitragem. "Fala-se princípio da salvação da convenção arbitral, da preservação da arbitragem, do favor arbitral".[333]

---

[330] Nesse sentido, a Lei de Arbitragem dispõe: "Art. 17. Considera-se instituída a mediação na data para a qual for marcada a primeira reunião de mediação. Parágrafo único. Enquanto transcorrer o procedimento de mediação, ficará suspenso o prazo prescricional. [...] Art. 20. O procedimento de mediação será encerrado com a lavratura do seu termo final, quando for celebrado acordo ou quando não se justificarem novos esforços para a obtenção de consenso, seja por declaração do mediador nesse sentido ou por manifestação de qualquer das partes. Parágrafo único. O termo final de mediação, na hipótese de celebração de acordo, constitui título executivo extrajudicial e, quando homologado judicialmente, título executivo judicial".

[331] CAHALI, Francisco José. *Curso de arbitragem*. 8. ed. São Paulo: Revista dos Tribunais, 2020. p. 184.

[332] SCHREIBER, Anderson *et al*. *Código Civil comentado*: doutrina e jurisprudência. 3. ed. Rio de Janeiro: Forense, 2021. *E-book*. p. 281.

[333] CAHALI, Francisco José. *Curso de arbitragem*. 8. ed. São Paulo: Revista dos Tribunais, 2020. p. 185.

Havendo a possibilidade de instituição da arbitragem, caberá ao árbitro, por força do princípio *kompetenz-kompetenz*, a tarefa de interpretar a cláusula compromissória, decidindo sobre a existência, validade e eficácia da convenção de arbitragem e do contrato que a contenha.

Não obstante, inexistindo a possibilidade de instituição da arbitragem, como ocorre, por exemplo, na hipótese de indicação de instituição arbitral inexistente ou indefinição na escolha da instituição, essa patologia deve ser corrigida pelo compromisso arbitral, por meio do procedimento para a supressão de lacuna da cláusula compromissória vazia, previsto nos arts. 6º e 7º da Lei de Arbitragem.

> Por isso, é de bom alvitre que os contratantes, ao fazerem a opção pela jurisdição privada em cláusula compromissória, estejam seguros da clareza e tecnicidade com que foram redigidas, e, se necessário, realizem uma revisão em seu texto e procedam, em comum acordo, às adequações ou correções imprescindíveis antes que se instaure o conflito, por meio de um termo aditivo de modificação ou complementação do ajuste primitivo, sob pena de terminarem nos tribunais estatais com a demanda do art. 7º da LA e, o que é pior, com pedido rejeitado por vício insanável da cláusula em que se funda a aludida pretensão.[334]

Enfim, em qualquer situação, caberá ao intérprete, durante o exercício da atividade de reconstruir o significado existente na cláusula compromissória patológica, compreender os interesses particulares das partes, a fim de revelar a norma jurídica que atenda ao escopo negocial comum.

4.3.1.5 Coexistência da cláusula de eleição de foro com a cláusula compromissória

A eleição de foro, assim como a não alegação da incompetência relativa, trata-se de modificação ou prorrogação voluntária de competência. Com efeito, por meio da cláusula de eleição de foro, amplia-se "a esfera de competência de um órgão judiciário para conhecer certas causas que não estariam, ordinariamente, compreendidas em suas atribuições jurisdicionais".[335]

---

[334] FIGUEIRA JR., Joel. *Arbitragem*. 3. ed. Rio de Janeiro: Forense, 2019. p. 170.

[335] DIDIER JR., Fredie. *Curso de direto processual civil*. 21. ed. Salvador: JusPodivm, 2019. v. 1. p. 272.

A cláusula de eleição de foro, constante necessariamente de instrumento escrito, serve para fixar a competência para processar e julgar demanda cuja causa de pedir decorra de negócio jurídico expressamente indicado pelas partes.[336]

Nada impede, ademais, que as partes elejam mais de um foro. "Pense-se no exemplo da eleição de dois foros contratuais: um para a hipótese de ser a parte autora o contratante 'A' e o outro para o caso de o demandante ser o contratante 'B'".[337]

Nos contratos administrativos, em regra, deve ser eleito o foro da sede da Administração para dirimir qualquer questão contratual.[338] Sucede que a Primeira Turma do Superior Tribunal de Justiça, no julgamento do Agravo Regimental no Recurso Especial nº 1.148.011-RS, concluiu que a existência de cláusula de eleição de foro em contrato administrativo não obsta o contratado de ajuizar a demanda em foro diverso daquele previsto contratualmente, desde que não haja prejuízo para a Administração Pública e seja necessário para assegurar a efetividade da prestação jurisdicional.

Por outro lado, na hipótese de haver, simultaneamente, a inserção de cláusula de eleição de foro e de cláusula compromissória, o foro de

---

[336] Nesse sentido, o Código de Processo Civil dispõe: "Art. 25. Não compete à autoridade judiciária brasileira o processamento e o julgamento da ação quando houver cláusula de eleição de foro exclusivo estrangeiro em contrato internacional, arguida pelo réu na contestação. §1º Não se aplica o disposto no caput às hipóteses de competência internacional exclusiva previstas neste Capítulo. §2º Aplica-se à hipótese do caput o art. 63, §§1º a 4º. [...] Art. 63. As partes podem modificar a competência em razão do valor e do território, elegendo foro onde será proposta ação oriunda de direitos e obrigações. §1º A eleição de foro só produz efeito quando constar de instrumento escrito e aludir expressamente a determinado negócio jurídico. §2º O foro contratual obriga os herdeiros e sucessores das partes. §3º Antes da citação, a cláusula de eleição de foro, se abusiva, pode ser reputada ineficaz de ofício pelo juiz, que determinará a remessa dos autos ao juízo do foro de domicílio do réu. §4º Citado, incumbe ao réu alegar a abusividade da cláusula de eleição de foro na contestação, sob pena de preclusão".

[337] DIDIER JR., Fredie. *Curso de direto processual civil*. 21. ed. Salvador: JusPodivm, 2019. v. 1. p. 273.

[338] Nesses termos, a Lei nº 14.133/2021 estabelece: "Art. 92. São necessárias em todo contrato cláusulas que estabeleçam: [...] §1º Os contratos celebrados pela Administração Pública com pessoas físicas ou jurídicas, inclusive as domiciliadas no exterior, deverão conter cláusula que declare competente o foro da sede da Administração para dirimir qualquer questão contratual, ressalvadas as seguintes hipóteses: I - licitação internacional para a aquisição de bens e serviços cujo pagamento seja feito com o produto de financiamento concedido por organismo financeiro internacional de que o Brasil faça parte ou por agência estrangeira de cooperação; II - contratação com empresa estrangeira para a compra de equipamentos fabricados e entregues no exterior precedida de autorização do Chefe do Poder Executivo; III - aquisição de bens e serviços realizada por unidades administrativas com sede no exterior".

eleição vinculará as partes para os casos de ajuizamento de demandas antecedentes ou subsequentes ao juízo arbitral, como, por exemplo: (a) ação de execução específica de cláusula compromissória vazia; (b) concessão, em caráter antecedente, de tutela provisória de urgência antecipada ou cautelar; (c) ação anulatória de sentença arbitral; (d) cumprimento de sentença arbitral; e (e) ação para prolação de sentença arbitral complementar.

Nesse sentido, a Terceira Turma do Superior Tribunal de Justiça, no julgamento do Recurso Especial nº 904.813-PR, definiu que a cláusula de eleição de foro não é incompatível com o juízo arbitral, pois o âmbito de abrangência pode ser distinto, havendo necessidade de atuação do Poder Judiciário, por exemplo, para a concessão de medidas de urgência, execução da sentença arbitral e instituição da arbitragem quando uma das partes não a aceita de forma amigável. Demais, esse órgão julgador admitiu a utilização da arbitragem pela Companhia Paranaense de Gás Natural – Compagas, sociedade de economia mista, a despeito de a arbitragem não estar prevista no edital de licitação, tampouco no contrato celebrado posteriormente. A Ministra Nancy Andrighi, relatora, assentou em seu voto:

> De fato, tanto a doutrina como a jurisprudência já sinalizaram no sentido de que não existe óbice legal na estipulação da arbitragem pelo poder público, notadamente pelas sociedades de economia mista, admitindo como válidas as cláusulas compromissórias previstas em editais convocatórios de licitação e contratos.
>
> Aliás, pelo contrário, exulta-se a utilização da arbitragem, diante da sua maior celeridade e especialidade em comparação com Poder Judiciário. [...]
>
> A previsão do juízo arbitral, em vez do foro da sede da administração (jurisdição estatal), para a solução de determinada controvérsia, não vulnera o conteúdo ou as regras do certame. [...]
>
> Embora seja cláusula obrigatória do contrato administrativo, nos termos do art. 55, XIII, §2º, da lei 8.666/93, a cláusula de foro não pode ser considerada essencial aos contratos administrativos. [...]
>
> Ademais, a referida cláusula de foro não é incompatível com o juízo arbitral. Dentre as várias razões apontadas pela doutrina, pode-se mencionar: a necessidade de atuação do Poder Judiciário para a concessão de medidas de urgência; para a execução da sentença arbitral; para a própria instituição da arbitragem quando uma das partes não a aceita de forma amigável. [...]

ARBITRAGEM COMO MEIO DE SOLUÇÃO EXTRAJUDICIAL DE CONTROVÉRSIAS ENTRE EMPRESA CONTRATADA...

Assim, ambas as cláusulas podem conviver harmonicamente, de modo que as áreas de abrangência de uma de outra são distintas, inexistindo qualquer conflito.

Especificamente, no âmbito do Poder Público, há ainda a questão da impossibilidade de instituição do juízo arbitral para dirimir determinadas controvérsias que envolvem direitos indisponíveis, sendo necessária, portanto, a atuação da jurisdição estatal, cuja competência será fixada pela cláusula de foro prevista obrigatoriamente nos contratos administrativos. [...]

Em suma, assim como a concessionária recorrente teria autonomia para resolver a controvérsia relativa ao equilíbrio econômico financeiro do contrato celebrado com a recorrida sem precisar de autorização legislativa ou de recorrer ao Poder Judiciário, haja vista a disponibilidade dos interesses envolvidos, ela também tem autonomia para eleger um árbitro que solucione a controvérsia.

Outrossim, uma vez firmado o compromisso e determinado o objeto da arbitragem, todas as demais controvérsias eventualmente existentes entre as partes, bem como as medidas de urgência ou de caráter executivo que envolvam a arbitragem, devem ser submetidas ao Poder Judiciário, no foro da sede da concessionária (Curitiba-PR), conforme cláusula inserta no contrato celebrado entre as partes, a qual, pelas razões supramencionadas, não é incompatível com o compromisso impugnado.

De resto, se a cláusula compromissória restringir a adoção da arbitragem a uma ou algumas questões eventuais e futuras do contrato, prevalecerá o foro de eleição para todas as demais.

Se os contratantes disserem que será submetida à arbitragem eventual disputa sobre a qualidade dos produtos que comerciam, não será possível submeter à arbitragem disputas sobre interpretação de cláusula contratual, muito menos levar à arbitragem dissenso que diga respeito ao cumprimento de outras obrigações contratuais. Eleito foro, já fixam as partes a competência para dirimir questões decorrentes de seu contrato que não sejam cobertas pela convenção de arbitragem: será dos árbitros a competência para tratar das matérias relacionadas na cláusula compromissória; será de algum magistrado da comarca eleita (foro) a competência para dirimir qualquer outra questão.[339]

A cláusula de eleição de foro, entretanto, não vinculará o árbitro ou o tribunal arbitral, uma vez que os eventuais pedidos de cooperação

---

[339] CARMONA, Carlos Alberto. *Arbitragem e processo*: um comentário à Lei nº 9.307/96. 3. ed. São Paulo: Atlas, 2009. *E-book*. p. 119.

formulados ao Estado-Juiz deverão observar o princípio da territorialidade da jurisdição. "É com base neste princípio que surge a necessidade de as autoridades judiciárias cooperarem entre si, cada uma ajudando a outra no exercício da atividade jurisdicional em seu território".[340]

Com efeito, o árbitro ou o tribunal arbitral, independentemente da existência de foro de eleição, deverá expedir a carta arbitral ao juízo com competência territorial, material e hierárquica para praticar ou determinar o cumprimento do ato processual.[341] Vale ressaltar que, ante o seu caráter itinerante, caso o juízo destinatário não tenha competência territorial, a carta arbitral deverá ser encaminhada a juízo diverso, a fim de que este pratique ou determine o cumprimento do ato processual.[342] Não obstante, no caso de incompetência material ou hierárquica, o juiz destinatário poderá, conforme o ato a ser praticado, remeter a carta arbitral ao juiz ou ao tribunal competente, ou recusar cumprimento, devolvendo-a ao árbitro ou ao tribunal arbitral com decisão motivada.[343]

Ante o exposto, infere-se que não há falar em contraditoriedade entre a cláusula de eleição de foro e a cláusula compromissória, haja vista que, como ambas têm áreas de abrangência diferentes, a presença de uma não invalida ou afasta a eficácia da outra.

---

[340] DIDIER JR., Fredie. *Curso de direto processual civil.* 21. ed. Salvador: JusPodivm, 2019. v. 1. p. 214.

[341] Nesse sentido, a Lei de Arbitragem estatui: "Art. 22-C. O árbitro ou o tribunal arbitral poderá expedir carta arbitral para que o órgão jurisdicional nacional pratique ou determine o cumprimento, na área de sua competência territorial, de ato solicitado pelo árbitro. (Incluído pela Lei nº 13.129, de 2015) Parágrafo único. No cumprimento da carta arbitral será observado o segredo de justiça, desde que comprovada a confidencialidade estipulada na arbitragem. (Incluído pela Lei nº 13.129, de 2015)".

[342] Nesses termos, o Código de Processo Civil dispõe: "Art. 262. A carta tem caráter itinerante, podendo, antes ou depois de lhe ser ordenado o cumprimento, ser encaminhada a juízo diverso do que dela consta, a fim de se praticar o ato. Parágrafo único. O encaminhamento da carta a outro juízo será imediatamente comunicado ao órgão expedidor, que intimará as partes".

[343] Nessa direção, o Código de Processo Civil estabelece: "Art. 267. O juiz recusará cumprimento a carta precatória ou arbitral, devolvendo-a com decisão motivada quando I - a carta não estiver revestida dos requisitos legais; II - faltar ao juiz competência em razão da matéria ou da hierarquia; III - o juiz tiver dúvida acerca de sua autenticidade. Parágrafo único. No caso de incompetência em razão da matéria ou da hierarquia, o juiz deprecado, conforme o ato a ser praticado, poderá remeter a carta ao juiz ou ao tribunal competente".

4.3.2 Compromisso arbitral

O Código Civil, naquilo que lhe diz respeito, trata o compromisso, judicial ou extrajudicial, como uma das várias espécies de contrato de direito privado.[344]

Logo, quando a Administração figurar em um dos polos do compromisso arbitral, ele será considerado um contrato privado da Administração, porquanto regulado pelo Código Civil e pela Lei de Arbitragem.

Convém rememorar que essa convenção de arbitragem, a par da cláusula compromissória, é um negócio jurídico processual, pois contentora de vontades que convergem para a submissão de uma controvérsia, determinada e já deflagrada entre as partes, ao juízo arbitral.

> Reitere-se que o Código Civil em vigor trata do compromisso na parte alusiva às várias espécies de contratos [...]. Sigo a afirmação doutrinária no sentido de que o conceito de compromisso é mais amplo do que o de arbitragem, pois, por meio do primeiro, as partes se remetem à segunda, para a solução de suas contendas. Em suma, pode-se dizer que o compromisso é contrato, a arbitragem é jurisdição; o compromisso é um contrato que gera efeitos processuais, um verdadeiro negócio jurídico processual. Sendo contrato, diante da mudança de tratamento dado pela codificação de 2002, o compromisso está regido pelo princípio da autonomia privada, que vem a ser o direito que a pessoa tem de regulamentar os próprios interesses.[345]

Com efeito, o compromisso arbitral trata-se de negócio jurídico processual que produz o efeito de afastar a jurisdição estatal, conforme a vontade voluntária e convergente das partes.

Além disso, essa convenção de arbitragem gera efeitos jurídicos para as partes, consubstanciados em direitos e obrigações recíprocas, como exemplo, a responsabilidade pelo pagamento das despesas com a arbitragem e dos honorários dos árbitros.

---

[344] Nesse sentido, o Código Civil estabelece: "Art. 851. É admitido compromisso, judicial ou extrajudicial, para resolver litígios entre pessoas que podem contratar. Art. 852. É vedado compromisso para solução de questões de estado, de direito pessoal de família e de outras que não tenham caráter estritamente patrimonial". Na mesma direção, a Lei e Arbitragem dispõe: "Art. 9º O compromisso arbitral é a convenção através da qual as partes submetem um litígio à arbitragem de uma ou mais pessoas, podendo ser judicial ou extrajudicial".

[345] SCHREIBER, Anderson *et al*. *Código Civil comentado*: doutrina e jurisprudência. 3. ed. Rio de Janeiro: Forense, 2021. *E-book*. p. 1671-1672.

Já Clóvis do Couto e Silva inclui o compromisso na categoria dos "atos de organização", pois tal contrato "não é, propriamente, um ato de que decorram obrigações ou de que se forme de imediato o juízo arbitral, mas um conjunto de tudo isso". Assim, o "ato de organização" conteria elementos de negócio obrigatório e de negócio dispositivo, reunidos num mesmo contrato, razão pela qual não se poderia classificá-lo apenas como negócio jurídico processual – pois a definição seria incompleta, da mesma forma que não basta asseverar que o compromisso é elemento de introdução da arbitragem – já que sem dúvida existem disposições no contrato que de fato criam obrigações entre as partes e entre estas e os árbitros. A finalidade do compromisso – conclui Couto e Silva – seria constitutiva, isto é, visaria excluir a possibilidade das partes de propor em juízo a demanda; mas ao mesmo tempo a finalidade do "ato de organização" seria negativa, obrigando as partes ao dever da renúncia à via judicial comum.[346]

Ademais, é importante ressaltar que a nomeação de um ou mais árbitros, o estabelecimento do procedimento de escolha dos árbitros ou a adoção das regras de uma instituição arbitral é elemento essencial do compromisso arbitral, constituindo, verdadeiramente, requisito de validade dessa convenção de arbitragem.[347]

Infere-se, portanto, que "a aceitação do encargo pelos árbitros não é elemento integrante do compromisso, que produz efeitos antes e independentemente desta aceitação. A manifestação dos árbitros é relevante, isso sim, para a instituição da arbitragem!".[348]

Destarte, caso os árbitros indicados não tenham firmado o compromisso arbitral, não há falar em arbitragem instituída, mas em mera expectativa de sua formação, porquanto a sua instituição somente ocorrerá quando aceita a nomeação pelo árbitro, se for único, ou por todos, se forem vários.[349]

---

[346] CARMONA, Carlos Alberto. *Arbitragem e processo*: um comentário à Lei nº 9.307/96. 3. ed. São Paulo: Atlas, 2009. *E-book*. p. 188-189.

[347] Nesse sentido, a Lei de Arbitragem dispõe: "Art. 10. Constará, obrigatoriamente, do compromisso arbitral: I - o nome, profissão, estado civil e domicílio das partes; II - o nome, profissão e domicílio do árbitro, ou dos árbitros, ou, se for o caso, a identificação da entidade à qual as partes delegaram a indicação de árbitros; III - a matéria que será objeto da arbitragem; e IV - o lugar em que será proferida a sentença arbitral".

[348] CARMONA, Carlos Alberto. *Arbitragem e processo*: um comentário à Lei nº 9.307/96. 3. ed. São Paulo: Atlas, 2009. *E-book*. p. 184.

[349] Nesses termos, a Lei nº 9.307/1996 estatui: "Art. 19. Considera-se instituída a arbitragem quando aceita a nomeação pelo árbitro, se for único, ou por todos, se forem vários".

Não obstante a aceitação do encargo pelos árbitros não ser elemento integrante do compromisso arbitral, não se pode olvidar que, caso a indicação seja personalíssima, a escusa de qualquer dos árbitros, antes de aceitar a nomeação, implicará a extinção dessa convenção de arbitragem.[350]

4.3.2.1 Compromisso arbitral judicial

O compromisso arbitral judicial, celebrado por termo nos autos no juízo ou tribunal em que tramita a demanda,[351] produz, imediatamente, o efeito de afastar a jurisdição estatal. Assim, não restará outra alternativa ao Estado-Juiz senão extinguir o processo sem resolução do mérito.[352]

Além disso, essa convenção de arbitragem pode ser celebrada a qualquer tempo e grau de jurisdição. De fato, como a lei não prescreve prazo para a celebração do compromisso arbitral judicial, conclui-se que as partes podem afastar a jurisdição estatal enquanto não houver trânsito em julgado de pronunciamento judicial terminativo ou definitivo.

> Há de entender-se, então, que enquanto não transitar em julgado a sentença (definitiva ou terminativa) podem os litigantes celebrar livremente compromisso, devendo o juiz extinguir o processo sem julgamento de mérito. Em outras palavras, ainda que já exista julgamento em segundo grau (decisão em recurso de apelação), nada impede a celebração de compromisso, desde que ainda flua prazo recursal (ou seja, desde que não tenha o acórdão transitado em julgado). [...]
> A hipótese aventada – de celebração de compromisso arbitral após a decisão de segunda instância – será por certo muito rara. Mas podem-se imaginar exemplos que justifiquem a escolha arbitral tardia, especialmente

---

[350] De fato, a Lei de Arbitragem estabelece: "Art. 12. Extingue-se o compromisso arbitral: I - escusando-se qualquer dos árbitros, antes de aceitar a nomeação, desde que as partes tenham declarado, expressamente, não aceitar substituto; II - falecendo ou ficando impossibilitado de dar seu voto algum dos árbitros, desde que as partes declarem, expressamente, não aceitar substituto; e III - tendo expirado o prazo a que se refere o art. 11, inciso III, desde que a parte interessada tenha notificado o árbitro, ou o presidente do tribunal arbitral, concedendo-lhe o prazo de dez dias para a prolação e apresentação da sentença arbitral".

[351] Nesse sentido, a Lei e Arbitragem dispõe: "Art. 9º [...] §1º O compromisso arbitral judicial celebrar-se-á por termo nos autos, perante o juízo ou tribunal, onde tem curso a demanda".

[352] Nesses termos, o Código de Processo Civil estatui: "Art. 200. Os atos das partes consistentes em declarações unilaterais ou bilaterais de vontade produzem imediatamente a constituição, modificação ou extinção de direitos processuais. [...] Art. 485. O juiz não resolverá o mérito quando: [...] VII - acolher a alegação de existência de convenção de arbitragem ou quando o juízo arbitral reconhecer sua competência; [...]".

se uma nova demanda, que as partes pretendam submeter a árbitros, abranja (ou envolva) também o objeto da demanda (judicial) em curso: assim, se o juiz togado estiver lidando com uma demanda relativa à cobrança de multa por atraso no cumprimento de certa obrigação contratual e as partes quiserem submeter a juízo arbitral a própria validade do contrato, será recomendável levar toda a controvérsia ao tribunal arbitral, prejudicando a competência do juiz togado em prol de decisão mais abrangente dos árbitros, que não estarão atados aos limites da coisa julgada que se formará no processo judicial.[353]

Não se pode olvidar, ademais, que o compromisso arbitral judicial deve ser assinado pelas partes e por seus respectivos procuradores, salvo se constar da procuração cláusula específica habilitando o advogado a firmar compromisso.[354]

4.3.2.2 Compromisso arbitral extrajudicial

O compromisso arbitral extrajudicial é negócio jurídico solene que gera, prontamente, o efeito de outorgar ao árbitro ou ao tribunal arbitral a autoridade para decidir o litígio.

Desse modo, por se tratar de negócio jurídico solene, a validade dessa convenção de arbitragem depende, em regra, da observância da forma prescrita em lei.[355] Com efeito, a manifestação voluntária e convergente de vontades deve ser exprimida por meio de escrito particular, assinado por duas testemunhas, ou por intermédio de instrumento público,[356] sob pena de invalidade do compromisso arbitral extrajudicial. "Significa isso que não se admite o compromisso arbitral

---

[353] CARMONA, Carlos Alberto. *Arbitragem e processo*: um comentário à Lei nº 9.307/96. 3. ed. São Paulo: Atlas, 2009. *E-book*. p. 192.

[354] Nessa esteira, o Código de Processo Civil estabelece: "Art. 105. A procuração geral para o foro, outorgada por instrumento público ou particular assinado pela parte, habilita o advogado a praticar todos os atos do processo, exceto receber citação, confessar, reconhecer a procedência do pedido, transigir, desistir, renunciar ao direito sobre o qual se funda a ação, receber, dar quitação, firmar compromisso e assinar declaração de hipossuficiência econômica, que devem constar de cláusula específica. [...] Art. 209. Os atos e os termos do processo serão assinados pelas pessoas que neles intervierem, todavia, quando essas não puderem ou não quiserem firmá-los, o escrivão ou o chefe de secretaria certificará a ocorrência".

[355] Nesse sentido, o Código Civil dispõe: "Art. 104. A validade do negócio jurídico requer: I - agente capaz; II - objeto lícito, possível, determinado ou determinável; III - forma prescrita ou não defesa em lei".

[356] Nesses termos, a Lei de Arbitragem prevê: "Art. 9º [...] §2º O compromisso arbitral extrajudicial será celebrado por escrito particular, assinado por duas testemunhas, ou por instrumento público".

epistolar, sendo da essência do ato a forma prevista em lei, tudo a cercar de cuidados extremos a decisão das partes de outorgar a árbitros a decisão de determinada controvérsia".[357]

Sem embargo, em razão da incidência da boa-fé objetiva, mesmo que o compromisso arbitral não observe a forma prescrita na Lei nº 9.307/1996, a parte sucumbente não poderá, depois de findada a arbitragem, propor ação declaratória de nulidade da sentença arbitral, caso não tenha arguido a invalidade dessa convenção de arbitragem na primeira oportunidade que teve de se manifestar, após a instituição da arbitragem.

Na verdade, em razão do dever de lealdade e confiança recíprocas, consectário da aplicação da boa-fé objetiva, não se mostra cabível a adoção da estratégia processual de permanecer silente, reservando a nulidade para ser arguida apenas na hipótese de sucumbência, após findada a arbitragem.

> Não pode restar dúvida que a falha meramente formal não pode servir de escudo para que a parte vencida, em sede de anulação (ou de cumprimento da sentença arbitral), possa alegar a inexistência ou invalidade da sentença por força da nulidade do compromisso arbitral, aceito sem reservas durante a tramitação da arbitragem. Tiro, assim, a seguinte conclusão: se as partes não criaram qualquer obstáculo à instituição da arbitragem por conta de compromisso que não ostente todos os requisitos formais previstos pela lei e submeteram-se ao juízo arbitral, não poderão, por conta do princípio da boa-fé, opor-se à sentença arbitral com base em tal nulidade.[358]

Desse modo, para não comprometer a segurança jurídica e a finalidade do processo arbitral, a nulidade da sentença arbitral somente poderia ser declarada com fundamento na invalidade da convenção arbitral se houvesse a conjugação do defeito desse negócio jurídico com a ausência de vontade de submeter-se, verdadeiramente, ao juízo arbitral.

---

[357] CARMONA, Carlos Alberto. *Arbitragem e processo*: um comentário à Lei nº 9.307/96. 3. ed. São Paulo: Atlas, 2009. *E-book*. p. 191.

[358] CARMONA, Carlos Alberto. *Arbitragem e processo*: um comentário à Lei nº 9.307/96. 3. ed. São Paulo: Atlas, 2009. *E-book*. p. 191-192.

4.3.3 Competência para celebrar a convenção de arbitragem

A competência é o poder atribuído ao agente público pela lei para a prática dos atos necessários ao desempenho específico de suas funções.

Assim, revelada a norma jurídica existente nos textos normativos, por meio da reconstrução dos significados dos dispositivos, a sua incidência em determinada situação jurídica importa concessão ao agente público dos poderes necessários à integral consecução da finalidade pública. "São os chamados *poderes implícitos*".[359]

Nesse contexto, a Lei de Arbitragem, no âmbito da Administração Pública direta, atribui ao agente público, que detém o poder legal para realizar acordos ou transações, a competência para celebrar a convenção de arbitragem.[360]

À guisa de exemplo, a Lei Orgânica da Advocacia-Geral da União atribui ao advogado-geral da União o poder de realizar acordos e transações nas ações de interesse da União, nos termos da legislação vigente.[361] Semelhantemente, a Lei Orgânica da Procuradoria-Geral do Estado de São Paulo confere ao procurador-geral do Estado o poder de transigir e firmar compromisso nas ações de interesse da Fazenda do Estado.[362]

Não se justifica, entretanto, que o advogado-geral da União ou o procurador-geral do Estado imiscua-se no juízo subjetivo de discricionariedade da autoridade competente para decidir a respeito da licitação e contratação administrativa, a fim de resolver sobre: (a) a

---

[359] MEIRELLES, Hely Lopes; BURLE FILHO, José Emmanuel. *Direito administrativo brasileiro*. 42. ed. São Paulo: Malheiros, 2016. p. 175.

[360] Nesses termos, a Lei nº 9.307/1996 dispõe: "Art. 1º [...] §2º A autoridade ou o órgão competente da administração pública direta para a celebração de convenção de arbitragem é a mesma para a realização de acordos ou transações. (Incluído pela Lei nº 13.129, de 2015)".

[361] Nesse sentido, a Lei Complementar nº 73, de 10.2.1993, estatui: "Art. 4º - São atribuições do Advogado-Geral da União: [...] VI - desistir, transigir, acordar e firmar compromisso nas ações de interesse da União, nos termos da legislação vigente; [...] §3º - É permitida a delegação das atribuições previstas no inciso VI ao Procurador-Geral da União, bem como a daquelas objeto do inciso XVII deste artigo, relativamente a servidores".

[362] Nessa direção, a Lei Complementar nº 1.270, de 25.8.2015, dispõe: "Artigo 7º - Além das competências previstas na Constituição Estadual e em lei, cabe ao Procurador Geral: [...] X - desistir, transigir, firmar compromisso e confessar nas ações de interesse da Fazenda do Estado; [...] §1º - O Procurador Geral poderá delegar as atribuições previstas nos incisos X, XI e XXII deste artigo, observando-se que, na hipótese do inciso XXII, a atribuição poderá apenas ser delegada aos Subprocuradores Gerais".

previsão ou não da arbitragem no edital de licitação; e (b) o conteúdo da cláusula compromissória.

Assim, sem menosprezar os conteúdos mínimos preexistentes nos textos legislados, a concentração de significados releva que a escolha discricionária de inserir a cláusula compromissória no contrato administrativo deve ser realizada pela autoridade competente para decidir sobre a licitação e contratação administrativa.

Sucede que, por força da Lei de Arbitragem, como preliminar à emanação do ato que lhe é próprio, a autoridade competente deverá consultar a Advocacia Pública, cujo parecer jurídico terá de ser seguido.

Infere-se que, no âmbito da Administração Pública direta, a inserção da cláusula compromissória trata-se, em regra, de ato administrativo composto,[363] pois, a despeito de ser uma escolha discricionária da autoridade competente, depende da opinião jurídica emitida pela Advocacia Pública para se tornar válida e eficaz.

Não se pode olvidar que, apesar de a competência administrativa para realizar acordos ou transações e, por consectário, para celebrar a convenção de arbitragem ser intransferível e improrrogável, esse poder pode ser delegado,[364] porquanto as leis orgânicas das Advocacias Públicas facultam, em regra, essa deslocação de função a advogados públicos hierarquicamente subordinados.

---

[363] "3.5.1.3 Ato composto: é o que resulta da vontade única de *um órgão*, mas depende da *verificação por parte de. outro*, para se tornar exequível. Exemplo: uma *autorização* que dependa do *visto* de uma autoridade superior. Em tal caso a *autorização* é o ato principal e o *visto* é o complementar que lhe dá exequibilidade. O *ato composto* distingue-se do *ato complexo* porque este só se forma com a conjugação de vontades de órgãos diversos, ao passo que aquele é formado pela vontade única de um órgão, sendo apenas ratificado por outra autoridade. Essa distinção é essencial para se fixar o momento da formação do ato e saber-se quando se toma operante e impugnável" (MEIRELLES, Hely Lopes; BURLE FILHO, José Emmanuel. *Direito administrativo brasileiro*. 42. ed. São Paulo: Malheiros, 2016. p. 197).

[364] "*Delegar* é conferir a outrem atribuições que originariamente competiam ao delegante. As delegações dentro do mesmo Poder são, em princípio, admissíveis, desde que o delegado esteja em condições de bem exercê-las. O que não se admite, no nosso sistema constitucional, é a delegação de atribuições de um Poder a outro, como também não se permite delegação de atos de natureza política, como a do poder de tributar, a sanção e o veto de lei. No âmbito administrativo as delegações são frequentes, e, como emanam do poder hierárquico, não podem ser recusadas pelo inferior, como também não podem ser subdelegadas sem expressa autorização do delegante. Outra restrição à delegação é a de atribuição conferida pela lei especificamente a determinado órgão ou agente. Delegáveis, portanto, são as atribuições genéricas, não individualizadas nem fixadas como privativas de certo executor" (MEIRELLES, Hely Lopes; BURLE FILHO, José Emmanuel. *Direito administrativo brasileiro*. 42. ed. São Paulo: Malheiros, 2016. p. 144).

A delegação de competência trata-se, verdadeiramente, de desconcentração[365] resultante, em regra, dos efeitos do sistema hierárquico[366] na Administração Pública, que objetiva imprimir maior eficiência na atuação dos agentes públicos.

> Mas acontece que as delegações se multiplicam hoje, mais do que nunca, nem sempre à base de um texto de lei, senão de decretos, em termos genéricos, quando não se insinuam, já à conta das novas dimensões das estruturas governamentais e, correlatamente, da maior presença do poder público em face dos problemas a resolver, já sob alegação da conveniência de deixar aos órgãos da periferia administrativa, supostamente mais bem informados desses problemas, ou mais capacitados para apreciá-los, o poder de decidir sobre eles. E a coisa chega a tal vulto que já há quem pretenda que a delegabilidade seja a regra, a indelegabilidade, a exceção.[367]

Não obstante, é possível a delegação de atribuições a agente público que não possua relação de subordinação com a autoridade delegante, desde que a prévia valoração das consequências e vantagens dessa deslocação de função indique ser conveniente ao interesse público.

Em guisa de exemplo, a lei que regula o processo administrativo no âmbito da Administração Pública Federal possibilita a delegação de competência a órgão ou titular que não seja hierarquicamente subordinado à autoridade delegante, quando conveniente em razão de circunstância técnica, social, econômica, jurídica ou territorial.[368]

---

[365] "A desconcentração, que é processo eminentemente interno, significa apenas a substituição de um órgão por dois ou mais com o objetivo de melhorar e acelerar a prestação do serviço. Note-se, porém, que na desconcentração *o serviço era centralizado e continuou centralizado*, pois que a substituição se processou apenas internamente. Em algumas ocasiões tem havido confusão no emprego dessas figuras, e isso se explica pelo fato de que, quando se desconcentra, procede-se, em última análise, a uma descentralização. Cuida-se, porém, de fenômenos diversos, já que na desconcentração ocorre mero *desmembramento orgânico*" (CARVALHO FILHO, José dos Santos. *Manual de direito administrativo*. 33. ed. São Paulo: Atlas, 2019. p. 364).

[366] "*Poder hierárquico* é o de que dispõe o Executivo para distribuir e escalonar as funções de seus órgãos, ordenar e rever a atuação de seus agentes, estabelecendo a relação de subordinação entre os servidores do seu quadro de pessoal. [...] *Hierarquia* é a relação de subordinação existente entre os vários órgãos e agentes do Executivo, com a distribuição de funções e a gradação da autoridade de cada um" (MEIRELLES, Hely Lopes; BURLE FILHO, José Emmanuel. *Direito administrativo brasileiro*. 42. ed. São Paulo: Malheiros, 2016. p. 142).

[367] PONDÉ, Lafayette. Da delegação administrativa. *Revista de Direito Administrativo*, v. 140, abr./jun. 1980. p. 1-2.

[368] Nesse sentido, a Lei nº 9.784, de 29.1.1999, dispõe: "Art. 12. Um órgão administrativo e seu titular poderão, se não houver impedimento legal, delegar parte da sua competência a outros órgãos ou titulares, ainda que estes não lhe sejam hierarquicamente subordinados, quando

Nesse cenário, desde que haja norma autorizante, é possível à Advocacia Pública transferir o poder de celebrar a cláusula compromissória à autoridade competente para decidir sobre a licitação e contratação administrativa, que, por estar em contato com a realidade, possui melhores condições de sentir e apreciar os motivos ocorrentes de oportunidade e conveniência da adoção do juízo arbitral.

Diante disso, é possível afirmar, por analogia, que a autoridade que celebra a convenção de arbitragem tem que ser autorizada pelo advogado-geral da União ou pelas autoridades indicadas nas leis estaduais e municipais. Se na via judicial essa é a autoridade competente, do mesmo modo ocorrerá se o litígio for submetido a juízo arbitral. Até com mais razão, por se tratar de modo amigável de solução de disputas. Trata-se de aplicação do velho brocardo jurídico: *"Ubi eadem est ratio, eadem est jus dispositivo"* (Onde existe o mesmo fundamento, aplica-se a mesma regra jurídica).[369]

Por outro lado, a celebração do compromisso arbitral, no âmbito da Administração Pública direta, deve ser realizada diretamente pela Advocacia Pública, que, além de deter a competência primária[370] para celebrar a convenção de arbitragem, possui condições de sentir e decidir se convém ou não convém ao interesse público a submissão à arbitragem de uma controvérsia determinada e de antemão deflagrada entre a Administração e o contratado.

Com efeito, não se justifica que essa escolha discricionária seja realizada pela autoridade competente para decidir sobre a licitação e contratação administrativa, ante a necessidade de a Advocacia Pública, no caso concreto, valorar juridicamente os diversos fatores ligados à

---

for conveniente, em razão de circunstâncias de índole técnica, social, econômica, jurídica ou territorial. [...] Art. 14. O ato de delegação e sua revogação deverão ser publicados no meio oficial. §1º O ato de delegação especificará as matérias e poderes transferidos, os limites da atuação do delegado, a duração e os objetivos da delegação e o recurso cabível, podendo conter ressalva de exercício da atribuição delegada. §2º O ato de delegação é revogável a qualquer tempo pela autoridade delegante. §3º As decisões adotadas por delegação devem mencionar explicitamente esta qualidade e considerar-se-ão editadas pelo delegado".

[369] DI PIETRO, Maria Sylvia Zanella. As possibilidades de arbitragem em contratos administrativos. *Revista Consultor Jurídico*, 24 de setembro de 2015. Disponível em: https://www.conjur.com.br/2015-set-24/interesse-publico-possibilidades-arbitragem-contratos-administrativos2. Acesso em: 18 mar. 2023.

[370] "Em outras palavras, a competência *primária* do órgão provém da lei, e a competência dos segmentos internos dele, de natureza *secundária*, pode receber definição através dos atos de organização" (CARVALHO FILHO, José dos Santos. *Manual de direito administrativo*. 33. ed. São Paulo: Atlas, 2019. p. 112).

situação conflitiva, a fim de concluir se a adoção da arbitragem apresenta ou não suficientes vantagens para a Administração na consecução dos objetivos perseguidos em relação a determinado contrato administrativo.

Já no âmbito da Administração Pública autárquica e fundacional, a Lei de Arbitragem não restringe a competência para celebrar convenção de arbitragem ao agente público que detém o poder legal para realizar acordos ou transações.

Assim, como não cabe ao intérprete restringir, infere-se que a competência para firmar convenção de arbitragem está implícita no poder de firmar contrato administrativo.

CAPÍTULO 5

CONCLUSÃO

O desafio deste trabalho foi o de estudar as condicionantes fáticas e jurídicas que podem levar à escolha da arbitragem como meio adequado para a solução de controvérsia, atual ou futura, entre empresa contratada e Administração Pública contratante, no âmbito dos contratos regidos pela Nova Lei de Licitações e Contratações Administrativas.

Para cumprir esse fim, analisou-se a produção teórica de eminentes doutrinadores, aproveitando-a no desenvolvimento de todo o texto, bem como a experiência do Superior Tribunal de Justiça no julgamento do tema.

Assim, durante o desenvolvimento do trabalho, alcançaram-se conclusões capazes de indicar "como" e "quando" utilizar a arbitragem para dirimir litígios no âmbito dos contratos regidos pela Lei nº 14.133/2021.

Por didatismo, estudou-se, no Capítulo 2, temas relevantes do direito administrativo moderno que têm reflexos na validade jurídica da adoção da arbitragem pela Administração Pública.

O regime jurídico da Administração Pública compreende os regimes jurídicos de direito privado e direito público a que ela pode submeter-se, cuja opção é feita, em regra, pela Constituição ou pela lei.

No regime jurídico de direito privado, como não há falar em posição de preponderância nas relações mantidas com os particulares, não se mostra possível à Administração, unilateralmente, impor comportamentos aos particulares e alterar relações jurídicas já estabelecidas. Sem embargo, mesmo se submetendo ao direito privado, o ordenamento jurídico outorga diversos privilégios e impõe várias restrições.

O regime jurídico administrativo, por sua vez, trata-se do complexo de normas (princípios e regras) que atribui prerrogativas e impõe restrições à Administração Pública, visando à satisfação do interesse público.

A diferença entre regras e princípios não decorre de uma distinção entre textos normativos (uma vez que, geralmente, utilizam sempre a mesma linguagem e os mesmos operadores deônticos de obrigação, permissão ou proibição), mas do produto da interpretação. Desse modo, cabe ao intérprete definir se a norma objeto da interpretação é uma regra ou princípio.

O direito garantido por uma regra é definitivo e realizado totalmente, não dependendo das condições jurídicas do caso concreto. Logo, pode-se afirmar que, no ordenamento jurídico, a regra tem a função de aumentar o grau de segurança na aplicação do direito. No caso dos princípios, há uma diferença entre o direito garantido *prima facie* e o definitivo e realizado no caso concreto. Isso ocorre porque: (a) os princípios podem ser realizados em diversos graus, de acordo com as condições fáticas e jurídicas; e (b) a realização de um direito garantido por princípio encontra, de modo frequente, obstáculos em outro direito garantido por princípio.

Nesse contexto, a antinomia jurídica real pode ser compreendida como a relação de incompatibilidade de normas emanadas de autoridades competentes num mesmo âmbito normativo, que levam o destinatário a um estado insustentável, ante a impossibilidade de decidir fazer ou deixar de fazer alguma coisa, de acordo com o ordenamento jurídico. A solução efetiva da antinomia real dar-se-á: (a) por meio da revogação de uma das normas contrárias ou contraditórias por norma posterior; ou (b) por intermédio da interpretação, que irá reconstruir os significados dos textos normativos, a fim de afastar, no caso concreto, a contrariedade ou a contraditoriedade.

Já a antinomia jurídica aparente ocorre quando o receptor (que ocupa posição inferior) ficar numa situação que consiga agir sem ferir a relação de complementaridade com o emissor (que está em posição superior), possuindo, portanto, meios para sair da circunstância de incompatibilidade normativa. Nesse diapasão, o ordenamento jurídico oferece critérios para solucionar a aparente contrariedade ou a contraditoriedade de normas.

O conflito entre regras será dirimido por meio dos critérios *lex posterior derogat legi priori, lex specialis derogat legi generali* ou *lex superior derogat legi inferiori*. A colisão entre princípios será dirimida por meio da ponderação, que consiste em uma técnica de decisão jurídica aplicável aos casos difíceis. Já a colisão entre regra e princípio nada mais é que o resultado do processo de restrição ao princípio, que se exprime nessa regra colidente. Assim, a regra tem de ser pura e simplesmente aplicada por subsunção, sob pena de criar um alto grau de insegurança jurídica. Não obstante, quando uma regra criada pelo legislador violar, em abstrato, um direito *prima facie* assegurado por princípio constitucional, o Poder Judiciário tem o dever de declarar a sua inconstitucionalidade ou afastar a sua incidência no caso concreto, por meio da criação de uma regra decorrente de construção jurisprudencial.

O estudo dos princípios da Administração Pública não pode basear-se puramente em raciocínios lógicos e semânticos, mas igualmente em raciocínios pragmáticos, a fim de resolver problemas sociais eminentemente complexos por meio de soluções práticas.

O princípio da legalidade é reconhecido pela Constituição Federal como direito fundamental individual, restrição da atuação da Administração Pública e limitação do poder de tributar. A legalidade, como fundamento jurídico de toda e qualquer ação administrativa, deve ser entendida como conformidade ao direito, adquirindo, assim, um sentido mais extenso. Logo, a lei ou mais precisamente o sistema legal, ao mesmo tempo em que garante direitos, estabelece os limites da atuação administrativa que tenha por objeto a restrição ao exercício desses direitos em benefício da coletividade.

O princípio da publicidade é tratado pela Constituição Federal como direito e garantia fundamental, restrição da atuação da Administração Pública e condição de validade dos julgamentos dos órgãos do Poder Judiciário.

Como corolário do princípio democrático, o princípio da publicidade assegura: (a) o direito à informação e ao acesso à informação, como garantia de participação e controle social pelos cidadãos; e (b) o dever de transparência, que impõe aos órgãos e entidades do Poder Público a obrigação de divulgar as informações de forma objetiva, clara e em linguagem de fácil compreensão pelo seu receptor. A transparência ativa impõe à Administração Pública o dever de promover, independentemente de requerimento, a divulgação de informações de interesse coletivo ou geral, por ela produzidas ou custodiadas. Já a transparência passiva ocorre quando a Administração, atendendo a pedido apresentado pelo interessado, autoriza ou concede o acesso à informação disponível.

A forma como a concretização do princípio da publicidade será satisfeita constitui tarefa dos órgãos e entidades do Poder Público, nos diferentes níveis federativos, que dispõem de liberdade de conformação, dentro dos limites constitucionais e legais. Desse modo, o princípio da publicidade será observado, em regra, com a divulgação da informação no órgão oficial ou em sítio eletrônico oficial, de forma objetiva, clara e em linguagem de fácil compreensão.

O princípio da supremacia do interesse público, a despeito de não constar expressamente do texto da Constituição Federal de 1988, trata-se de princípio geral de direito, ínsito a qualquer sociedade democrática, que assegura o poder de autoridade à Administração Pública para o cumprimento do dever de satisfação das necessidades de interesse geral.

Sem embargo, esse princípio não determina a supremacia dos interesses do Estado sobre os direitos do cidadão, mas sim a prevalência dos legítimos interesses da coletividade sobre aqueles exclusivamente particulares. Advém daí a diferenciação entre interesse primário (ou interesse público), que revela, verdadeiramente, a dimensão pública dos interesses intergeracionais que as pessoas particularmente têm como partícipes da sociedade, e interesse secundário (ou fazendário), que representa o interesse do Estado, como pessoa jurídica de direito público.

Para além disso, como o princípio da supremacia do interesse público encontra o seu fundamento de validade na Constituição, ele não afeta, por esse próprio fato, os direitos fundamentais constitucionalmente assegurados. Assim, na hipótese de conflito entre o interesse público e um direito fundamental individual, será necessário definir, casuisticamente, por meio dos critérios para a solução de antinomias aparentes, o interesse que irá preponderar.

Enfim, como a tutela do interesse público corresponde ao próprio fim do Estado, negar o princípio da supremacia do interesse público equivale a recusar a atuação do Estado para favorecer o bem-estar social.

O princípio da indisponibilidade do interesse público, embora não conste expressamente do texto da Constituição Federal de 1988, trata-se também de norma jurídica ínsita a qualquer sociedade democrática.

Assim, o Estado, como titular dos interesses públicos, pode disponibilizá-los por meio de sua manifestação legislativa, ao passo que a Administração Pública, mediante o desempenho contínuo das funções administrativas, tem o dever de gerir, conservar e tutelar os interesses coletivos, de forma impessoal e igualitária, nos termos da finalidade pública prevista em lei. Deveras, ante o caráter instrumental da Administração, não é a vontade que comanda a sua atuação, mas sim o dever e a finalidade dispostos em lei, mesmo quando ocorre a prática de ato discricionário.

A Administração Pública, portanto, não pode praticar atos de liberalidade não previstos em lei, seja dispondo do interesse coletivo, seja renunciando aos deveres-poderes que lhe foram atribuídos para a gestão, preservação e proteção do interesse geral. Além disso, o princípio da indisponibilidade do interesse público assegura a subordinação das funções administrativas à lei, visando à consecução da finalidade pública.

Os bens públicos são todos aqueles de propriedade pública (regidos pelo regime jurídico de direito público ou de direito privado) e de propriedade privada afetados a uma finalidade pública (porquanto sujeitos ao mesmo regime jurídico de direito público).

Os poderes exercidos pela Administração sobre os bens públicos regidos pelo direito público não decorrem do direito de propriedade, mas do regime jurídico administrativo, que impõe e protege a destinação pública dessas coisas, mesmo contra os seus eventuais proprietários.

Nesse contexto, são regidos pelo regime jurídico administrativo os bens de uso comum do povo e os bens de uso especial.

Os bens públicos de uso comum do povo pertencem ao domínio eminente do Estado, como uma das manifestações de soberania interna, mas o seu titular é o povo. Trata-se, verdadeiramente, de bens indisponíveis, porquanto não se revestem de característica patrimonial.

Os bens de uso especial pertencem ao domínio patrimonial do Estado, como direito de propriedade pública, sendo utilizados pela Administração Pública para a persecução de finalidade pública prevista em lei. Trata-se, realmente, de bens do patrimônio público indisponível, pois, a despeito de ser possível avaliá-los economicamente, são indisponíveis pela circunstância de estar afetados a uma finalidade pública. Para além disso, o bem pertencente à pessoa jurídica de direito privado que está afetado à prestação de serviços públicos é, igualmente, classificado como bem público de uso especial, uma vez que, por ato ou fato da Administração, o bem do domínio patrimonial privado foi incorporado ao domínio patrimonial do Estado.

Já os bens públicos regidos pelo direito privado são os bens dominicais, pertencentes ao Estado em sua qualidade de proprietário, como objeto de direito pessoal ou real, sem se poder fazer distinção quanto a serem móveis ou imóveis, fungíveis ou infungíveis, consumíveis ou inconsumíveis. Trata-se, de fato, de bens que comportam função patrimonial ou financeira, pois, em regra, destinam-se a assegurar rendas ao Estado, que são empregáveis no custeio de necessidades coletivas ou na viabilização de empreendimentos públicos.

Enfim, a classificação dos bens públicos em bens de uso comum do povo, bens de uso especial e bens dominicais é imprescindível para identificar a arbitrabilidade objetiva, porquanto apenas as controvérsias relativas a direitos patrimoniais disponíveis podem ser dirimidas por meio da arbitragem.

Os contratos da Administração, cuja noção corresponde a um gênero, são aqueles ajustes bilaterais em que a Administração Pública figura em um dos polos da relação contratual.

Os contratos bilaterais da Administração são, em regra, comutativos ou sinalagmáticos, pois, durante a sua execução, o contratado tem de realizar determinada prestação, que corresponderá ao dever de a Administração adimplir a sua prestação. Assim, como há a troca no patrimônio de cada parte, a Constituição Federal impõe o dever de a contratação ser precedida de licitação. A exigência de prévia licitação pode relacionar-se, igualmente, aos contratos unilaterais da Administração, ante a necessidade de selecionar a melhor proposta possível e assegurar o tratamento isonômico a todos os potencialmente interessados.

Os contratos privados da Administração, regulados pelo direito civil ou empresarial, estão subordinados a mecanismos de mercado. Logo, como esses ajustes presumem-se paritários e simétricos, a situação jurídica da Administração se aproxima da do particular, não lhe sendo atribuídas, em regra, quaisquer prerrogativas.

Já os contratos administrativos são os contratos típicos da Administração, pois sofrem a incidência de normas especiais de direito público, só se lhes aplicando supletivamente as normas de direito privado. Efetivamente, o contrato administrativo não observa a igualdade entre as partes, pois a Administração ocupa posição de supremacia em relação ao particular. Ademais, não há falar em autonomia privada, tampouco em força obrigatória das convenções, haja vista que o regime jurídico administrativo confere à Administração a prerrogativa de modificá-lo unilateralmente, quando presentes os pressupostos normativos que visam à realização adequada e satisfatória de interesse público indisponível.

No Capítulo 3, analisou-se a arbitragem como jurisdição privada e as suas características inerentes, pontualmente atenuadas pela incidência de normas de direito público.

CAPÍTULO 5
CONCLUSÃO

A arbitragem, como uma das portas de acesso à ordem jurídica justa, trata-se de método adversarial e heterocompositivo em que as partes, por meio de convenção arbitral, outorgam consensualmente autoridade ao árbitro para dirimir litígio relativo a direito patrimonial disponível.

A concepção de jurisdição, atualmente, deve estar de acordo com o reconhecimento da força normativa dos princípios constitucionais, que exige uma postura ativa e criativa para a solução dos problemas, e com a aplicação direta e imediata das normas que consagram os direitos fundamentais, independentemente de qualquer concretização legislativa. Assim, a jurisdição deve ser vista como a atividade de realizar o direito de modo imperativo e reconstrutivo, uma vez que, no Estado constitucional, os escopos sociais, econômicos, políticos e filosóficos da jurisprudência são, igualmente, necessários na apreciação de fatos já ocorridos, a fim de alcançar, de forma imparcial, a pacificação justa de conflitos que envolvam os titulares dos interesses.

Desse modo, como a Lei nº 9.307/1996 adotou a teoria jurisdicional, a arbitragem é jurisdição outorgada abstratamente pela lei e atribuída concretamente ao árbitro por meio da convenção de arbitragem.

Com efeito, a Lei de Arbitragem dispõe que o árbitro é juiz de fato e de direito, tendo o dever de proceder com imparcialidade, independência, competência, diligência e discrição, a fim de aplicar o direito ao caso concreto. Demais, firme no princípio *kompetenz-kompetenz*, o árbitro possui competência para decidir em primeiro lugar sobre a sua própria jurisdição, afastando, assim, a jurisdição estatal. Além disso, a sentença proferida pelo árbitro ou tribunal arbitral não fica sujeita a recurso ou à homologação pelo Poder Judiciário, produzindo, entre as partes e seus sucessores, os mesmos efeitos da sentença judicial.

Sem embargo, como a Lei nº 9.307/1996 não outorga ao árbitro o poder de coerção e a possibilidade de execução, as atividades satisfativas são realizadas pelo Estado-Juiz, por meio da sub-rogação ou da coerção. Assim, o Código Processo Civil, a despeito de não dispor sobre o juízo arbitral, trata de institutos processuais específicos concernentes à arbitragem que repercutem, direta ou indiretamente, na jurisdição estatal.

A jurisdição arbitral é pautada pela solução de litígios relativos a direitos patrimoniais disponíveis que não encontram no Estado-Juiz a resposta mais adequada, notadamente por serem complexos e de elevado valor econômico.

Não obstante, como não é possível afirmar, abstratamente, que a arbitragem é o meio mais adequado para dirimir determinado litígio relativo a direito patrimonial disponível, as características ínsitas ao juízo arbitral devem ser ponderadas a par da conveniência social, econômica e política da adoção desse instituto, a fim de alcançar a conclusão de sua adequabilidade ou inadequabilidade.

O processo arbitral, quando comparado ao processo judicial, é muito mais célere. De fato, além de o julgamento arbitral se fazer em instância única, sem a possibilidade de recursos, a sentença arbitral tem de ser proferida no prazo estipulado pelas partes ou, caso nada tenha sido convencionado, no de seis meses, contado da instituição da arbitragem ou da substituição do árbitro.

De mais, as partes têm a possibilidade de escolher o árbitro mais habilitado para o exame da questão, de acordo com o seu conhecimento específico sobre a matéria objeto da controvérsia, a sua experiência na administração de processos arbitrais e a sua confiabilidade decorrente da idoneidade e competência.

Além disso, cabe às partes, seja na convenção arbitral, seja no termo de arbitragem, seja no curso do processo arbitral, ajustar o procedimento arbitral às especificidades da causa, desde que respeitado o devido processo constitucional, a ordem pública e as disposições cogentes da Lei de Arbitragem. Impende ressaltar que não há regra legal estabelecendo a aplicação supletiva ou subsidiária das disposições do Código de Processo Civil, pois, quando a Lei nº 9.307/1996 pretendeu a incidência das normas do processo civil, ela o fez expressamente.

As partes podem, igualmente, convencionar que a arbitragem será de direito ou de equidade, ou que se realizará com base nos princípios gerais de direito, nos usos e costumes e na *lex mercatoria*, salvo se o processo arbitral tiver como parte a Administração Pública, hipótese em que será sempre de direito brasileiro.

Oportuno destacar que, na hipótese de a Administração Pública ser parte, o árbitro necessariamente terá de observar as decisões do Supremo Tribunal Federal em controle concentrado de constitucionalidade e os enunciados de súmula vinculante, haja vista o efeito vinculante expressamente previsto na Constituição Federal. Ademais, em razão do efeito vinculante dos precedentes administrativos, em relação ao órgão ou entidade a que se destinam, o árbitro, por força do dever de fundamentação adequada, terá de identificar os seus fundamentos determinantes e demonstrar que o caso sob julgamento se ajusta ou não a esses fundamentos.

Nas demais arbitragens de direito, em que a Administração Pública não for parte, caberá ao árbitro observar as normas de direito material definidas pelas partes na convenção de arbitragem. Convém destacar que, como os precedentes judiciais indicados no art. 927 do Código de Processo Civil não vinculam os contendentes, tampouco são de observância obrigatória pelo árbitro, é recomendável às partes, caso lhes aprouver, convencionarem que o árbitro decidirá com base no sistema normativo, seguindo os enunciados de súmula e precedentes do Poder Judiciário. Sem embargo, mesmo que não conste da convenção de arbitragem, caso a parte, por meio de sua tese jurídica, invoque precedente judicial ou enunciado de súmula, o árbitro terá o dever de identificar os seus fundamentos determinantes e demonstrar que o caso sob julgamento se ajusta ou não a esses fundamentos, sob pena de invalidade da sentença arbitral.

Já a confidencialidade – que pode decorrer da lei, da convenção arbitral, do termo arbitral ou de estipulação no curso do processo arbitral – trata-se do dever de os sujeitos da arbitragem guardarem sigilo das informações obtidas durante o processo arbitral. Não obstante a Lei de Arbitragem não prever expressamente a confidencialidade do processo arbitral, há para o árbitro o dever legal de discrição, que abrange a totalidade das informações que ele vier a obter dos demais sujeitos da arbitragem durante o processo arbitral, bem como aquelas relevantes e pertinentes ao mérito da causa. Já para as partes, a confidencialidade do processo arbitral decorrerá da convenção de arbitragem ou do regulamento da câmara de arbitragem. Não obstante, se a Administração for parte do processo arbitral, ela terá o dever de divulgar informações requeridas por terceiros interessados, desde que restritas à própria atividade estatal.

No Capítulo 4, abordou-se especificamente as facetas polêmicas do tema deste trabalho.

O Estado, como pessoa jurídica de direito público, possui a aptidão para estabelecer relações jurídicas, como titular de direitos e obrigações. Isso equivale a dizer que o Estado possui capacidade de contratar, podendo, por consectário lógico, empregar a arbitragem para dirimir litígios.

Ademais, o Estado pode submeter à arbitragem as questões relativas a direitos patrimoniais cuja constituição, modificação, extinção ou renúncia dependem, em regra, da vontade das partes. Assim, a disponibilidade patrimonial terá em consideração: (a) a não incidência de norma cogente; e (b) a relação entre a parte e o direito patrimonial. No âmbito da Lei nº 14.133/2021, a concentração de significados do texto normativo revela que são cogentes as normas que atribuem competências anômalas à Administração, restringindo os direitos do contratado no interesse da coletividade. Logo, mostra-se possível empregar a arbitragem para dirimir os litígios contratuais economicamente mensuráveis, decorrentes da translação de direito patrimonial entre a Administração e o contratado, porquanto disponíveis. Além disso, é cabível a adoção da arbitragem para solucionar litígio relativo aos efeitos patrimoniais decorrentes da aplicação de norma cogente, por envolver direito patrimonial economicamente mensurável.

A convenção de arbitragem, cujas espécies são cláusula compromissória e compromisso arbitral, trata-se de negócio jurídico processual que vincula as partes a submeter os seus litígios, atuais ou futuros, à jurisdição arbitral.

A cláusula compromissória é um dispositivo contratual autônomo e de natureza preventiva, porquanto, por meio dela, as partes convencionam por escrito submeter à arbitragem questões indeterminadas e futuras, que possam surgir durante a execução do contrato. A cláusula compromissória, em regra, abrange todos os conflitos relacionados a direitos patrimoniais disponíveis advindos do contrato em que a convenção de arbitragem está inserta. Nos contratos administrativos, a determinabilidade do objeto da arbitragem tem especial importância, uma vez que evita discussões sobre o conteúdo da cláusula compromissória e da competência do árbitro. Nesse contexto, mostra-se adequada a expressa previsão do objeto material da arbitragem no edital de licitação.

Na cláusula compromissória, as partes têm a possibilidade de convencionar sobre a instituição da arbitragem, inclusive no âmbito das contratações administrativas. Com efeito, no contrato administrativo, a despeito de as cláusulas regulamentares ou de serviço serem fixadas unilateralmente pela Administração, a cláusula compromissória mantém a sua autonomia, de sorte que o contratante e o contratado podem negociar o seu conteúdo.

A eleição de foro, assim como a não alegação da incompetência relativa, trata-se de modificação ou prorrogação voluntária de competência. Nos contratos administrativos, em regra, deve ser eleito o foro da sede da Administração para dirimir qualquer questão contratual.

Não obstante, a Primeira Turma do Superior Tribunal de Justiça, no julgamento do Agravo Regimental no Recurso Especial nº 1.148.011-RS, concluiu que a existência de cláusula de eleição de foro em contrato administrativo não obsta o contratado de ajuizar a demanda em foro diverso daquele previsto contratualmente, desde que não haja prejuízo para a Administração Pública e seja necessário para assegurar a efetividade da prestação jurisdicional. Na hipótese de haver, simultaneamente, a inserção de cláusula de eleição de foro e de cláusula compromissória, o foro de eleição vinculará as partes para os casos de ajuizamento de demandas antecedentes ou subsequentes ao juízo arbitral. Ademais, se a cláusula compromissória restringir a adoção da arbitragem a uma ou algumas questões eventuais e futuras do contrato, prevalecerá o foro de eleição para todas as demais. A cláusula de eleição de foro, entretanto, não vinculará o árbitro ou o tribunal arbitral, uma vez que os eventuais pedidos de cooperação formulados ao Estado-Juiz deverão observar o princípio da territorialidade da jurisdição.

O compromisso arbitral, judicial ou extrajudicial trata-se de uma das várias espécies de contrato de direito privado, pois contentor de vontades que convergem para a submissão de uma controvérsia, determinada e já deflagrada entre as partes, ao juízo arbitral. Qualifica-se como negócio jurídico processual solene, uma vez que tem de observar a forma prescrita na Lei nº 9.307/1996.

O compromisso arbitral judicial, celebrado por termo nos autos a qualquer tempo e grau de jurisdição, produz, imediatamente, o efeito de afastar a jurisdição estatal. Assim, não restará outra alternativa ao Estado-Juiz senão extinguir o processo sem resolução do mérito. Já o compromisso arbitral extrajudicial é negócio jurídico processual solene que gera, prontamente, o efeito de outorgar ao árbitro ou ao tribunal arbitral a autoridade para decidir o litígio.

A Lei de Arbitragem, no âmbito da Administração Pública direta, atribui ao agente público, que detém o poder legal para realizar acordos ou transações, a competência para celebrar a convenção de arbitragem. Sem embargo, a escolha discricionária de inserir a cláusula compromissória no contrato administrativo deve ser realizada pela autoridade competente para decidir sobre a licitação e contratação administrativa.

Assim, por força da Lei nº 9.307/1996, a inserção da cláusula compromissória em contrato administrativo trata-se, em regra, de ato administrativo composto, pois, não obstante ser uma escolha discricionária da autoridade competente, depende da opinião jurídica emitida pela Advocacia Pública para se tornar válida e eficaz. Sucede que, desde que haja norma autorizante, é possível à Advocacia Pública transferir o poder de celebrar a cláusula compromissória à autoridade competente para decidir sobre a licitação e contratação administrativa, que, por estar em contato com a realidade, possui melhores condições de sentir e apreciar os motivos ocorrentes de oportunidade e conveniência da adoção do juízo arbitral.

Já a celebração do compromisso arbitral, no âmbito da Administração Pública direta, deve ser realizada diretamente pela Advocacia Pública, uma vez que possui condições de sentir e decidir se convém ou não convém ao interesse público a submissão à arbitragem de uma controvérsia determinada e de antemão deflagrada entre a Administração e o contratado.

Por outro lado, no âmbito da Administração Pública autárquica e fundacional, como a Lei de Arbitragem não restringe, infere-se que a competência para firmar convenção de arbitragem está implícita no poder de firmar contrato administrativo.

REFERÊNCIAS

ALEXY, Robert. A dignidade humana e a análise da proporcionalidade. Tradução de Rogério Luiz Nery da Silva. *In*: ALEXY, Robert; BAEZ, Narciso Leandro Xavier; SILVA, Rogério Luiz Nery da (Org.). *Dignidade humana, direitos sociais e não-positivismo inclusivo*. Florianópolis: Qualis, 2015.

ARISTÓTELES. *Ética a Nicômaco*. Tradução de António de Castro Caeiro. 2. ed. São Paulo: Forense, 2017. *E-book*.

ÁVILA, Humberto Bergmann. *Teoria dos princípios*: da definição à aplicação dos princípios jurídicos. 18. ed. rev. e atual. São Paulo: Malheiros, 2018.

BANDEIRA DE MELLO, Celso Antônio. *Curso de direito administrativo*. 32. ed. São Paulo: Malheiros, 2015.

BANDEIRA DE MELLO, Celso Antônio. *Elementos de direito administrativo*. 2. ed. São Paulo: Revista dos Tribunais, 1990.

BANDEIRA DE MELLO, Celso Antônio. O conteúdo do regime jurídico-administrativo e seu valor metodológico. *Revista de Direito Administrativo*, v. 89, p. 8-33, 1967. DOI: 10.12660/rda.v89.1967.30088. Disponível em: https://bibliotecadigital.fgv.br/ojs/index.php/rda/article/view/30088. Acesso em: 23 jul. 2022.

BARROSO, Luís Roberto. *Curso de direito constitucional contemporâneo*: os conceitos fundamentais e construção do novo modelo. 2. ed. São Paulo: Saraiva, 2010. *E-book*.

BOBBIO, Norberto. *Teoria do ordenamento jurídico*. Tradução de Maria Celeste Cordeiro Leite dos Santos. 6. ed. Brasília: Universidade de Brasília, 1995.

BRASIL. *Políticas para aquisição de bens e contratação de obras financiadas pelo Banco Interamericano de Desenvolvimento*. Revisão BID-Brasil, 20 de janeiro de 2012. Disponível em: https://www.economia.go.gov.br/images/imagens_migradas/upload/arquivos/2017-11/politicas-bid-obras-e-bens--gn-2349-9--rev_-09-1.pdf. Acesso em: 4 maio 2022.

CABRAL, Antonio do Passo. *Convenções processuais*: teoria geral dos negócios jurídicos processuais. 3. ed. Salvador: JusPodivm, 2020.

CAHALI, Francisco José. *Curso de arbitragem*. 8. ed. São Paulo: Revista dos Tribunais, 2020.

CANOTILHO, José Joaquim Gomes (Org.) *et al. Comentários à Constituição do Brasil*. 2. ed. São Paulo: Saraiva Educação, 2018.

CARMONA, Carlos Alberto. *Arbitragem e processo*: um comentário à Lei nº 9.307/96. 3. ed. São Paulo: Atlas, 2009. *E-book*.

CARVALHO FILHO, José dos Santos. *Manual de direito administrativo*. 33. ed. São Paulo: Atlas, 2019.

CARVALHO, Cristiano. *Teoria da decisão tributária*. São Paulo: Saraiva, 2013.

CARVALHO, Gustavo Marinho de. *Precedentes administrativos no direito brasileiro*. São Paulo: Contracorrente, 2015.

CRETELLA JÚNIOR, José. Os cânones do direito administrativo. *Revista de Informação Legislativa*, v. 25, n. 97, p. 5-52, jan./mar. 1988. Disponível em: https://www2.senado.leg.br/bdsf/bitstream/handle/id/181819/000435101.pdf?sequence=1&isAllowed=y. Acesso em: 8 set. 2022.

CRETELLA JÚNIOR, José. *Tratado do domínio público*. Rio de Janeiro: Forense, 1984.

DI PIETRO, Maria Sylvia Zanella. As possibilidades de arbitragem em contratos administrativos. *Revista Consultor Jurídico*, 24 de setembro de 2015. Disponível em: https://www.conjur.com.br/2015-set-24/interesse-publico-possibilidades-arbitragem-contratos-administrativos2. Acesso em: 18 mar. 2023.

DI PIETRO, Maria Sylvia Zanella. *Direito administrativo*. 30. ed. Rio de Janeiro: Forense, 2017. *E-book*.

DIDIER JR., Fredie. *Curso de direto processual civil*. 21. ed. Salvador: JusPodivm, 2019. v. 1.

DIDIER JR., Fredie; CUNHA, Leonardo Carneiro da. *Curso de direito processual civil*. 16. ed. Salvador: JusPodivm, 2019. v. 3.

DINAMARCO, Cândido Rangel. *Arbitragem na teoria geral do processo*. São Paulo: Malheiros, 2013.

DINAMARCO, Cândido Rangel; BADARÓ, Gustavo Henrique Righi Ivahy; LOPES, Bruno Vasconcelos Carrilho. *Teoria geral do processo*. 33. ed. São Paulo: Malheiros, 2021.

FERRAZ JUNIOR, Tercio Sampaio. *Introdução ao estudo do direito*: técnica, decisão, dominação. 9. ed. São Paulo: Atlas, 2016.

FERREIRA, Olavo Augusto Vianna Alves; ROCHA, Matheus Lins; FERREIRA, Débora Cristina Fernandes Ananias. *Lei de Arbitragem comentada*. 2. ed. São Paulo: JusPodivm, 2021.

FICHTNER, José Antonio; MONTEIRO, André Luis. A confidencialidade na reforma da Lei de Arbitragem. *In*: ROCHA, Caio Cesar Vieira; SALOMÃO, Luis Felipe (Coord.). *Arbitragem e mediação*: a reforma da legislação brasileira. São Paulo: Atlas, 2017.

FIGUEIRA JR., Joel. *Arbitragem*. 3. ed. Rio de Janeiro: Forense, 2019.

FINKELSTEIN, Cláudio. Arbitragem internacional. *In*: CAMPILONGO, Celso Fernandes; GONZAGA, Alvaro de Azevedo; FREIRE, André Luiz (Coord.). *Enciclopédia jurídica da PUC-SP*. São Paulo: Pontifícia Universidade Católica de São Paulo, 2017. Disponível em: https://enciclopediajuridica.pucsp.br/verbete/486/edicao-1/arbitragem-internacional. Acesso em: 11 nov. 2022.

FIUZA, César. *Direito Civil*: curso completo. 2. ed. São Paulo: Revista dos Tribunais, 2015. *E-book*.

REFERÊNCIAS | 207

GOMES, Orlando. *Introdução ao direito civil*. 12. ed. Rio de Janeiro: Forense, 1996.

GRECO, Rogério. *Curso de direito penal*. 18. ed. Rio de Janeiro: Impetus, 2016. v. 1.

GUERRA FILHO, Willis Santiago. Proposta de teoria fundamental da constituição (com uma inflexão processual). *Revista Brasileira de Direito Constitucional*, São Paulo, v. 1, n. 7, p. 365-377, jan./jun. 2006. Disponível em: http://www.esdc.com.br/seer/index.php/rbdc/article/view/328/321. Acesso em: 8 jun. 2023.

HACHEM, Daniel Wunder. *Princípio constitucional do interesse público*. Belo Horizonte: Fórum, 2011.

JUSTEN FILHO, Marçal. *Comentários à lei de licitações e contratações administrativas*: lei 14.133/2021. São Paulo: Thomson Reuters Brasil, 2021.

JUSTEN FILHO, Marçal. *Comentários à lei de licitações e contratos administrativos*: lei 8.666/1993. 3. ed. São Paulo: Thomson Reuters Brasil, 2019. *E-book*.

JUSTEN FILHO, Marçal. *Curso de direito administrativo*. 11. ed. São Paulo: Revista dos Tribunais, 2015.

KELSEN, Hans. *Teoria pura do direito*. 6. ed. São Paulo: Martins Fontes, 1998.

MARINONI, Luiz Guilherme; ARENHART, Sérgio Cruz; MITIDIERO, Daniel. *Novo Curso de Processo Civil*: teoria do processo civil. 3. ed. São Paulo: Revista dos Tribunais, 2017. v. 1. *E-book*.

MASTROBUONO, Cristina Margarete Wagner; JUNQUEIRA, André Rodrigues. A escolha da câmara de arbitragem pela Administração Pública. *Revista de Arbitragem e Mediação*, São Paulo, ano 13, v. 48, p. 115-130, jan./mar. 2016.

MAXIMILIANO, Carlos. *Hermenêutica e aplicação do direito*. 21. ed. Rio de Janeiro: Forense, 2018.

MEGNA, Bruno Lopes. *Arbitragem e Administração Pública*: fundamentos teóricos e soluções práticas. Belo Horizonte: Fórum, 2020.

MEIRELLES, Hely Lopes; BURLE FILHO, José Emmanuel. *Direito administrativo brasileiro*. 42. ed. São Paulo: Malheiros, 2016.

MENDES, Gilmar Ferreira; BRANCO, Paulo Gustavo Gonet. *Curso de direito constitucional*. 13. ed. São Paulo: Saraiva Educação, 2018.

NERY JUNIOR, Nelson; NERY, Rosa Maria de Andrade. *Código Civil comentado*. 12. ed. São Paulo: Revista dos Tribunais, 2017.

NÓBREGA, Flavianne Fernanda Bitencourt. *Um método para a investigação das consequências*: a lógica pragmática da abdução de C. S. Pierce aplicada ao direito. João Pessoa: Ideia, 2013.

NOGUEIRA, Pedro Henrique. *Negócios jurídicos processuais*. 4. ed. Salvador: JusPodivm, 2020.

PEREIRA, Caio Mário da Silva. *Instituições de direito civil*. 30. ed. rev. e atual. Rio de Janeiro: Forense, 2017. v. I. *E-book*.

PONDÉ, Lafayette. Da delegação administrativa. *Revista de Direito Administrativo*, v. 140, abr./jun. 1980.

PUGLIESE, Antonio Celso Fonseca; SALAMA, Bruno Meyerhof. A economia da arbitragem: escolha racional e geração de valor. *Revista Direito GV São Paulo*, v. 4, n. 1, jan./jun. 2008.

REALE, Miguel. *Lições preliminares de direto*. 27. ed. São Paulo: Saraiva, 2002.

SAID FILHO, Fernando Fortes. *(Re)pensando o acesso à justiça*: a arbitragem como mecanismo alternativo à crise funcional do Poder Judiciário. Rio de Janeiro: Lumen Juris, 2016.

SALLES, Carlos Alberto de. *Arbitragem em contratos administrativos*. Rio de Janeiro: Forense, 2011.

SCHREIBER, Anderson *et al*. *Código Civil comentado*: doutrina e jurisprudência. 3. ed. Rio de Janeiro: Forense, 2021. *E-book*.

SILVA, Virgílio Afonso da. *Direitos fundamentais*: conteúdo essencial, restrições e eficácia. 2. ed. São Paulo: Malheiros, 2017.

SOARES, Ricardo Maurício Freire. *Hermenêutica e interpretação jurídica*. 4. ed. São Paulo: Saraiva Educação, 2019.

SOUZA NETO, Cláudio Pereira de; SARMENTO, Daniel. *Direito constitucional*: teoria, história e métodos de trabalho. 2. ed. Belo Horizonte: Fórum, 2016.

TENÓRIO, Oscar. *Lei de Introdução ao Código Civil brasileiro*. Rio de Janeiro: Borsoi, 1955.

THEODORO JÚNIOR, Humberto. *Curso de direito processual civil*. 56. ed. Rio de Janeiro: Forense, 2015. v. 1.

VALÉRIO, Marco Aurélio Gumieri. Homologação de sentença arbitral estrangeira: cinco anos da Reforma do Judiciário. *Revista de Informação Legislativa*, Brasília, ano 47, n. 186, p. 61-76, abr./jun. 2010. Disponível em: https://www2.senado.leg.br/bdsf/bitstream/handle/id/198681/000888826.pdf?sequence=1. Acesso em: 11 nov. 2022.

VIDIGAL, Erick. A lex mercatoria como fonte do direito do comércio internacional e a sua aplicação no Brasil. *Revista de Informação Legislativa*, Brasília, ano 47, n. 186, p. 171-193, abr./jun. 2010. Disponível em: https://www2.senado.leg.br/bdsf/bitstream/handle/id/198681/000888826.pdf?sequence=1. Acesso em: 11 nov. 2022.

VILLEY, Michel. *Filosofia do direito*: definições e fins do direito: os meios do direito. 3. ed. São Paulo: Martins Fontes, 2019.

Legislação e jurisprudência

BRASIL. Conselho da Justiça Federal. III Jornada de Direito Civil. *Enunciado 141*. A remissão do art. 41, parágrafo único, do Código Civil às pessoas jurídicas de direito público, a que se tenha dado estrutura de direito privado, diz respeito às fundações públicas e aos entes de fiscalização do exercício profissional. Disponível em: https://www.cjf.jus.br/cjf/corregedoria-da-justica-federal/centro-de-estudos-judiciarios-1/publicacoes-1/jornadas-cej/EnunciadosAprovados-Jornadas-1345.pdf. Acesso em: 12 jun. 2023.

REFERÊNCIAS | 209

BRASIL. Conselho da Justiça Federal. III Jornada de Direito Civil. *Enunciado 170*. A boa-fé objetiva deve ser observada pelas partes na fase de negociações preliminares e após a execução do contrato, quando tal exigência decorrer da natureza do contrato. Disponível em: https://www.cjf.jus.br/cjf/corregedoria-da-justica-federal/centro-de-estudos-judiciarios-1/publicacoes-1/jornadas-cej/EnunciadosAprovados-Jornadas-1345. pdf. Acesso em: 13 jun. 2023.

BRASIL. Conselho da Justiça Federal. IV Jornada de Direito Civil. *Enunciado n. 287*. O critério da classificação de bens indicado no art. 98 do Código Civil não exaure a enumeração dos bens públicos, podendo ainda ser classificado como tal o bem pertencente a pessoa jurídica de direito privado que esteja afetado à prestação de serviços públicos. Disponível em: https://www.cjf.jus.br/cjf/corregedoria-da-justica-federal/centro-de-estudos-judiciarios-1/publicacoes-1/jornadas-cej/EnunciadosAprovados-Jornadas-1345. pdf. Acesso em: 12 jun. 2023.

BRASIL. Conselho Nacional de Justiça. *Justiça em números 2022*. Brasília: CNJ, 2022. Disponível em: https://www.cnj.jus.br/pesquisas-judiciarias/justica-em-numeros/. Acesso em: 17 jun. 2023.

BRASIL. *Constituição da República dos Estados Unidos do Brasil, de 24 de fevereiro de 1891*. Disponível em: http://www.planalto.gov.br/ccivil_03/constituicao/constituicao91.htm. Acesso em: 3 abr. 2023.

BRASIL. *Constituição da República dos Estados Unidos do Brasil, de 16 de julho de 1934*. Disponível em: https://www2.camara.leg.br/legin/fed/consti/1930-1939/constituicao-1934-16-julho-1934-365196-publicacaooriginal-1-pl.html. Acesso em: 3 abr. 2023.

BRASIL. *Constituição da República Federativa do Brasil, de 24 de janeiro de 1967*. Disponível em: http://www.planalto.gov.br/ccivil_03/constituicao/constituicao67.htm. Acesso em: 3 abr. 2023.

BRASIL. *Constituição da República Federativa do Brasil, de 5 de outubro de 1988*. Disponível em: https://www.planalto.gov.br/ccivil_03/constituicao/constituicao.htm. Acesso em: 3 abr. 2023.

BRASIL. *Constituição dos Estados Unidos do Brasil, de 10 de novembro de 1937*. Disponível em: https://www2.camara.leg.br/legin/fed/consti/1930-1939/constituicao-35093-10-novembro-1937-532849-publicacaooriginal-15246-pl.html. Acesso em: 7 abr. 2023.

BRASIL. *Constituição dos Estados Unidos do Brasil, de 18 de setembro de 1946*. Disponível em: https://www.planalto.gov.br/ccivil_03/constituicao/constituicao46.htm. Acesso em: 3 abr. 2023.

BRASIL. *Constituição Política do Império do Brasil, de 25 de março de 1824*. Disponível em: https://www.planalto.gov.br/ccivil_03/constituicao/constituicao24.htm.

BRASIL. *Decreto 10.025, de 20 de setembro de 2019*. Dispõe sobre a arbitragem para dirimir litígios que envolvam a Administração Pública federal nos setores portuário e de transporte rodoviário, ferroviário, aquaviário e aeroportuário, e regulamenta o inciso XVI do *caput* do art. 35 da Lei nº 10.233, de 5 de junho de 2001, o § 1º do art. 62 da Lei nº 12.815, de 5 de junho de 2013, e o § 5º do art. 31 da Lei nº 13.448, de 5 de junho de 2017. Disponível em: https://www.planalto.gov.br/ccivil_03/_ato2019-2022/2019/decreto/D10025.htm. Acesso em: 3 abr. 2023.

BRASIL. *Decreto 3.900, de 26 de junho de 1867*. Regula o Juízo Arbitral do Comércio. Disponível em: http://www.planalto.gov.br/ccivil_03/decreto/historicos/dim/dim3900.htm#:~:text=DECRETO%20N%C2%BA%203.900%2C%20DE%2026,a%20autorisa%C3%A7%C3%A3o%20concedida%20pelo%20art. Acesso em: 3 abr. 2023.

BRASIL. *Decreto 737, de 25 de novembro de 1850*. Determina a ordem do Juízo no Processo Comercial. Disponível em: https://www.planalto.gov.br/ccivil_03/decreto/historicos/dim/dim0737.htm#:~:text=Determina%20a%20ordem%20do%20Juizo%20no%20Processo%20Commercial.

BRASIL. *Decreto-lei 1.608, de 18 de setembro de 1939*. Código de Processo Civil. Disponível em: https://www2.camara.leg.br/legin/fed/declei/1930-1939/decreto-lei-1608-18-setembro-1939-411638-publicacaooriginal-1-pe.html. Acesso em: 7 abr. 2023.

BRASIL. *Decreto-lei 4.657, de 4 de setembro de 1942*. Lei de Introdução às Normas do Direito Brasileiro. Disponível em: https://www.planalto.gov.br/ccivil_03/decreto-lei/del4657compilado.htm. Acesso em: 3 abr. 2023.

BRASIL. *Lei 1.350, de 14 de setembro de 1866*. Derroga o Juízo Arbitral necessário estabelecido pelo art. 20, título único do Código Comercial. Disponível em: https://www.camara.leg.br/Internet/InfDoc/conteudo/colecoes/Legislacao/leis1866a/pdf13.pdf#page=2. Acesso em: 3 abr. 2023.

BRASIL. *Lei 10.406, de 10 de janeiro de 2002*. Institui o Código Civil. Disponível em: http://www.planalto.gov.br/ccivil_03/leis/2002/l10406compilada.htm. Acesso em: 3 abr. 2023.

BRASIL. *Lei 12.016, de 7 de agosto de 2009*. Disciplina o mandado de segurança individual e coletivo. Disponível em: http://www.planalto.gov.br/ccivil_03/_ato2007-2010/2009/lei/l12016.htm. Acesso em: 3 abr. 2023.

BRASIL. *Lei 12.527, de 18 de novembro de 2011*. Regula o acesso a informações previsto no inciso XXXIII do art. 5º, no inciso II do § 3º do art. 37 e no § 2º do art. 216 da Constituição Federal. Disponível em: http://www.planalto.gov.br/ccivil_03/_ato2011-2014/2011/lei/l12527.htm. Acesso em: 7 abr. 2023.

BRASIL. *Lei 13.105, de 16 de março de 2015*. Código de Processo Civil. Disponível em: https://www.planalto.gov.br/ccivil_03/_ato2015-2018/2015/lei/l13105.htm. Acesso em: 3 abr. 2023.

BRASIL. *Lei 13.140, de 26 de junho de 2015*. Dispõe sobre a mediação como meio de solução de controvérsias entre particulares e sobre a autocomposição de conflitos no âmbito da Administração Pública. Disponível em: http://www.planalto.gov.br/ccivil_03/_ato2015-2018/2015/lei/l13140.htm. Acesso em: 3 abr. 2023.

BRASIL. *Lei 14.133, de 1º de abril de 2021*. Lei de Licitações e Contratos Administrativos. Disponível em: https://www.planalto.gov.br/ccivil_03/_ato2019-2022/2021/lei/l14133. htm. Acesso em: 3 abr. 2023.

BRASIL. *Lei 3.071, de 1º de janeiro de 1916*. Código Civil dos Estados Unidos do Brasil. Disponível em: https://www.planalto.gov.br/ccivil_03/leis/l3071.htm. Acesso em: 3 abr. 2023.

BRASIL. *Lei 4.717, de 29 de junho de 1965*. Regula a ação popular. Disponível em: http://www.planalto.gov.br/ccivil_03/leis/l4717.htm. Acesso em: 3 abr. 2023.

BRASIL. *Lei 5.172, de 25 de outubro de 1966*. Dispõe sobre o Sistema Tributário Nacional e institui normas gerais de direito tributário aplicáveis à União, Estados e Municípios. Disponível em: http://www.planalto.gov.br/ccivil_03/leis/l5172compilado.htm. Acesso em: 3 abr. 2023.

BRASIL. *Lei 5.869, de 11 de janeiro de 1973*. Código de Processo Civil. Disponível em: http://www.planalto.gov.br/ccivil_03/leis/l5869.htm. Acesso em: 3 abr. 2023.

BRASIL. *Lei 556, de 25 de junho de 1850*. Código Comercial. Disponível em: http://www.planalto.gov.br/ccivil_03/leis/lim/LIM556compilado.htm:~:text=L0556%2DCompila do&text=LEI%20N%C2%BA%20556%2C%20DE%2025%20DE%20JUNHO%20DE%20 1850.&text=Art.,nelas%20possua%20parte%20ou%20interesse. Acesso em: 3 abr. 2023.

BRASIL. *Lei 7.716, de 5 de janeiro de 1989*. Define os crimes resultantes de preconceito de raça ou de cor. Disponível em: https://www.planalto.gov.br/ccivil_03/leis/l7716. htm#:~:text=LEI%20N%C2%BA%207.716%2C%20DE%205%20DE%20JANEIRO%20 DE%201989.&text=Define%20os%20crimes%20resultantes%20de,de%20ra%C3%A7a%20 ou%20de%20cor. Acesso em: 3 abr. 2023.

BRASIL. *Lei 8.078, de 11 de setembro de 1990*. Dispõe sobre a proteção do consumidor. Disponível em: https://www.planalto.gov.br/ccivil_03/leis/l8078compilado.htm. Acesso em: 3 abr. 2023.

BRASIL. *Lei 8.987, de 13 de fevereiro de 1995*. Dispõe sobre o regime de concessão e permissão da prestação de serviços públicos previsto no art. 175 da Constituição Federal. Disponível em: http://www.planalto.gov.br/ccivil_03/leis/l8987cons.htm. Acesso em: 3 abr. 2023.

BRASIL. *Lei 9.307, de 23 de setembro de 1996*. Dispõe sobre a arbitragem. Disponível em: https://www.planalto.gov.br/ccivil_03/leis/l9307.htm#:~:text=LEI%20N%C2%BA%209.307%2C%20 DE%2023,Disp%C3%B5e%20sobre%20a%20arbitragem.&text=Art.,relativos%20a%20 direitos%20patrimoniais%20dispon%C3%ADveis. Acesso em: 3 abr. 2023.

BRASIL. *Lei 9.784, de 29 de janeiro de 1999*. Regula o processo administrativo no âmbito da Administração Pública Federal. Disponível em: https://www. planalto.gov.br/ccivil_03/leis/l9784.htm#:~:text=Regula%20o%20processo%20 administrativo%20no%20%C3%A2mbito%20da%20Administra%C3%A7%C3%A3o%20 P%C3%BAblica%20Federal.&text=Art.,cumprimento%20dos%20fins%20da%20 Administra%C3%A7%C3%A3o. Acesso em: 3 abr. 2023.

BRASIL. *Lei Complementar 73, de 10 de fevereiro de 1993*. Institui a Lei Orgânica da Advocacia-Geral da União. Disponível em: http://www.planalto.gov.br/ccivil_03/leis/LCP/Lcp73.htm. Acesso em: 3 abr. 2023.

BRASIL. Superior Tribunal de Justiça. *Agravo Regimental no Recurso Especial 1.148.011-RS*. Relator Ministro Arnaldo Esteves Lima. Brasília, 12 de abril de 2011. Disponível em: https://processo.stj.jus.br/processo/pesquisa/?termo=REsp+1.148.011&aplicacao=proce ssos.ea&tipoPesquisa=tipoPesquisaGenerica&chkordem=DESC&chkMorto=MORTO. Acesso em: 3 abr. 2023.

BRASIL. Superior Tribunal de Justiça. *Conflito de Competência 139.519-RJ*. Relator: Ministro Napoleão Nunes Maia Filho. Relatora para acórdão: Ministra Regina Helena Costa. Brasília, 11 de outubro de 2017. Disponível em: https://processo.stj.jus.br/processo/pesquisa/?termo=cc+139.519&aplicacao=processos.ea&tipoPesquisa=tipoPesquisaGenerica&chkordem=DESC&chkMorto=MORTO. Acesso em: 3 abr. 2023.

BRASIL. Superior Tribunal de Justiça. *Recurso Especial 1.448.026-PE*. Relatora Ministra Nancy Andrighi. Brasília, 17 de novembro de 2016. Disponível em: https://processo.stj.jus.br/processo/pesquisa/?termo=REsp+1.448.026&aplicacao=processos.ea&tipoPesquisa=tipoPesquisaGenerica&chkordem=DESC&chkMorto=MORTO. Acesso em: 3 abr. 2023.

BRASIL. Superior Tribunal de Justiça. *Recurso Especial 1.602.076-SP*. Relatora: Ministra Nancy Andrighi. Brasília, 15 de setembro de 2016. Disponível em: https://processo.stj.jus.br/processo/pesquisa/?termo=REsp+1.602.076&aplicacao=processos.ea&tipoPesquisa=tipoPesquisaGenerica&chkordem=DESC&chkMorto=MORTO. Acesso em: 3 abr. 2023.

BRASIL. Superior Tribunal de Justiça. *Recurso Especial 1.903.359-RJ*. Relator Ministro Marco Aurélio Bellizze. Brasília, 11 de maio de 2021. Disponível em: https://processo.stj.jus.br/processo/pesquisa/?termo=REsp+1.903.359&aplicacao=processos.ea&tipoPesquisa=tipoPesquisaGenerica&chkordem=DESC&chkMorto=MORTO. Acesso em: 3 abr. 2023.

BRASIL. Superior Tribunal de Justiça. *Recurso Especial 612.439-RS*. Relator Ministro João Otávio de Noronha. Brasília, 25 de outubro de 2005. Disponível em: https://processo.stj.jus.br/processo/pesquisa/?termo=REsp+612.439&aplicacao=processos.ea&tipoPesquisa=tipoPesquisaGenerica&chkordem=DESC&chkMorto=MORTO. Acesso em: 3 abr. 2023.

BRASIL. Superior Tribunal de Justiça. *Recurso Especial 904.813-PR*. Relatora: Ministra Nancy Andrighi. Brasília, 20 de outubro de 2011. Disponível em: https://processo.stj.jus.br/processo/pesquisa/?termo=REsp+904.813&aplicacao=processos.ea&tipoPesquisa=tipoPesquisaGenerica&chkordem=DESC&chkMorto=MORTO. Acesso em: 3 abr. 2023.

BRASIL. Supremo Tribunal Federal. *Ação direta de inconstitucionalidade por omissão 26*. Relator: Ministro Celso de Mello. Brasília, 13 de junho de 2019. Disponível em: https://jurisprudencia.stf.jus.br/pages/search?classeNumeroIncidente=%22ADO%2026%22&base=acordaos&sinonimo=true&plural=true&page=1&pageSize=10&sort=_score&sortBy=desc&isAdvanced=true. Acesso em: 3 abr. 2023.

BRASIL. Supremo Tribunal Federal. *Súmula 437*. A administração pode anular seus próprios atos, quando eivados de vícios que os tornam ilegais, porque deles não se originam direitos; ou revogá-los, por motivo de conveniência ou oportunidade, respeitados os direitos adquiridos, e ressalvada, em todos os casos, a apreciação judicial. Disponível em: https://portal.stf.jus.br/textos/verTexto.asp?servico=jurisprudenciaSumula&pagina=sumula_401_500. Acesso em: 12 jun. 2023.

FRANÇA. *Declaração dos Direitos do Homem e do Cidadão, de 1789*. Disponível em: https://www.ufsm.br/app/uploads/sites/414/2018/10/1789.pdf. Acesso em: 3 abr. 2023.

SÃO PAULO. *Constituição Política do Estado de São Paulo, de 14 de julho de 1891*. Disponível em: https://www.al.sp.gov.br/leis/constituicoes/constituicoes-anteriores/constituicao-estadual-1891/. Acesso em: 3 abr. 2023.

SÃO PAULO. *Lei 2.421, de 14 de janeiro de 1930*. Código de Processo Civil e Comercial do Estado de São Paulo. Disponível em: https://www.al.sp.gov.br/repositorio/legislacao/lei/1930/lei-2421-14.01.1930.html. Acesso em: 3 abr. 2023.

SÃO PAULO. *Lei Complementar 1.270, de 25 de agosto de 2015*. Lei Orgânica da Procuradoria Geral do Estado de São Paulo. Disponível em: https://www.al.sp.gov.br/repositorio/legislacao/lei.complementar/2015/original-lei.complementar-1270-25.08.2015.html. Acesso em: 3 abr. 2023.

Esta obra foi composta em fonte Palatino Linotype, corpo 10
e impressa em papel Pólen Bold 70g (miolo) e Supremo 250g
(capa) pela Formato Artes Gráficas.